WESLEY L. DUEWEL

FOGO DO

O AVIVAMENTO DE DEUS ATRAVÉS DA HISTÓRIA

AVIVA

E SUA APLICAÇÃO PARA HOJE

MENTO

Revival Fire
Copyright ©2015 por Wesley L. Duewell. Edição portuguesa © 2015 por Editora Hagnos Ltda.
Todos os direitos reservados.

1ª edição: janeiro de 2016
3ª reimpressão: setembro de 2023

TRADUÇÃO
Elizabeth S. C. Gomes

REVISÃO
Josemar de S. Pinto
Doris Körber

CAPA
Maquinaria Studio

DIAGRAMAÇÃO
OM Designers Gráficos

EDITOR
Aldo Menezes

COORDENADOR DE PRODUÇÃO
Mauro Terrengui

IMPRESSÃO E ACABAMENTO
Imprensa da Fé

As opiniões, as interpretações e os conceitos emitidos nesta obra são de responsabilidade do autor e não refletem necessariamente o ponto de vista da Hagnos.

Todos os direitos desta edição reservados à
EDITORA HAGNOS LTDA.
Rua Geraldo Flausino Gomes, 42, conj. 41
CEP 04575-060 — São Paulo, SP
Tel.: (11) 5990-3308

E-mail: hagnos@hagnos.com.br
Home page: www.hagnos.com.br

Editora associada à:

Dados Internacionais de Catalogação na Publicação (CIP)
Angélica Ilacqua CRB-8/7057

Duewell, Wesley L.

Fogo do avivamento: o avivamento de Deus através da história e sua aplicação para hoje / Wesley L. Duewell; [tradução de Elizabeth S. C. Gomes]. — São Paulo: Hagnos, 2015.

ISBN 978-85-243-0500-9

Título original: Revival Fire

1. Reavivamentos: história 2. Orações 3. Bíblia 4. Espírito Santo 5. Deus I. Título II. Gomes, Elizabeth S. C.

15-0681 CDD 269.24

Índices para catálogo sistemático:
1. Renovação espiritual

DEDICATÓRIA

Com gratidão, este livro é dedicado a todos os que batalham em oração, os intercessores anônimos que investem fome santa, intercessão fervorosa e obediência conduzida pelo Espírito Santo para que Deus envie o avivamento. Deus não se esquece de sua fidelidade. Tem sido o seu investimento na eternidade. Se eles não viverem até ver a resposta completa de suas orações em seu lugar ou tempo de vida, verão ainda o resultado e o galardão nos registros da eternidade.

Todos os anseios santos e as intercessões por avivamento são guardados por Deus e unidos em seu suprimento de bênçãos do avivamento com outras orações que aparentemente não foram respondidas. São acrescidos à poderosa intercessão do Filho de Deus no trono do céu. As orações pedindo a extensão do reino de Deus são respondidas em subsequentes derramamentos de avivamento e finalmente no grande avivamento do milênio.

SUMÁRIO

Apresentação..7

Introdução...9

1. O Deus que abençoa... 13
2. Quando o fogo realmente caiu... 16
3. Avivamento: bênção ou juízo?... 21
4. Renovação sob o Pai e o Filho... 24
5. Ezequias: nunca é tarde demais... 30
6. O avivamento de um monge 35
7. Aurora do Grande Avivamento 39
8. George Whitefield: em chamas por Deus................................ 44
9. O ministério de Whitefield continua 49
10. Wesley, o avivalista 54
11. Os avivamentos do metodismo... 62
12. Fogos de avivamento seguem Finney 69
13. O fogo do avivamento espalha-se pelo centro
     do estado de Nova Iorque... 74
14. Cidades em chamas.. 79
15. Oberlin e além... 86
16. A oração por avivamento acende o fogo do avivamento......... 93
17. A glória de Deus sobre terra e mar.. 98
18. Atravessando o mar até Ulster 102
19. A conexão Belfast 108
20. O ano da graça na Irlanda 113
21. Avivamento de oração de 1859 no País de Gales.................... 120
22. O fogo do avivamento na África do Sul................................. 127

23.	Preparo em oração	132
24.	A visão de Evan Roberts	135
25.	Cânticos de avivamento no sul de Gales	140
26.	A chama se espalha	147
27.	1901-1910: uma década de avivamento	152
28.	Colheita na América	156
29.	Avivamento no Mukti de Ramabai	160
30.	A oração transforma o centro e o norte da Índia	166
31.	Um ano de bênção no sul da Índia	171
32.	Avivamento no estado de Andhra	176
33.	Poderosas ondas de avivamento no nordeste da Índia	180
34.	O Pentecostes presbiteriano na Coreia	188
35.	Goforth e o avivamento do norte da China	192
36.	A grande colheita chinesa	199
37.	Fogos de avivamento na África	205
38.	O avivamento de Shantung	211
39.	O avivamento no leste da África	218
40.	O avivamento nas Ilhas Hébridas	225
41.	Fogo do avivamento nos *campi*	234
42.	O Espírito vem sobre a Faculdade Asbury	243
43.	O avivamento de 1970 na Faculdade Asbury	251
44.	O avivamento está chegando	258

Apêndice A: Perguntas para reflexão e discussão	265
Apêndice B: Movimentos adicionais de avivamento	269
Notas	271
Bibliografia	279
Sobre o autor	283
Outros livros do autor	285

APRESENTAÇÃO

"Se não houver alguma espécie de avivamento em nosso país [...] caminharemos para um estado muito semelhante ao do paganismo de Roma." Esta avaliação espiritual das condições do nosso país (EUA), hoje foi a conclusão perspicaz de John W. Whitehead, presidente e fundador do Instituto Rutherford. Suas palavras são assustadoras, se as tomarmos com seriedade. Roma era pagã. É só ler o capítulo 1 da epístola de Paulo aos Romanos para ver o quadro. O fato é que existe uma lei moral que diz que, se os homens e as mulheres forem deixados à mercê de suas livres escolhas e atos, irão de mal a pior — a não ser que essa tendência seja revertida pela graça divina. Lemos as palavras de condenação: [...] *Deus os entregou à impureza sexual*; [...] *Deus os entregou a paixões desonrosas.* [...] *foram entregues pelo próprio Deus a uma mentalidade condenável...* (Rm 1.24,26,28).

É aqui que entra o avivamento, como o livro do dr. Wesley L. Duewel, *Fogo do avivamento*, ilustra tantas vezes. Quando a maré de maldade ameaçar vencer a Igreja, *o Espírito do Senhor arvorará contra ele a sua bandeira* (Is 59.19, ACF).

Tenho lido, pesquisado e documentado os movimentos de Deus nos avivamentos durante mais de cinquenta anos de ministério, e também orado e pregado por avivamento em nosso tempo. Tive o privilégio de conversar sobre este assunto vital com homens como Evan Roberts, do avivamento no País de Gales (1904-1905), Duncan Campbell, do avivamento das Ilhas Hébridas (1949-1953, 1957) e, em anos mais recentes, com o dr. Edwin Orr, cujas obras sobre avivamento são clássicas. Menciono esses nomes para dizer que conhecer esses homens e sua literatura tem sido enriquecedor e esclarecedor, mas nada impele mais meu coração a orar por uma poderosa invasão do Espírito Santo em nosso tempo que *Fogo do avivamento*. Meu amigo Wesley Duewel compilou, em breves capítulos, uma grande massa de matérias sobre avivamento que informa a mente e incendeia o coração. Nenhum pastor, líder leigo ou membro de igreja deve deixar de ler este livro. Eu o recomendo enfaticamente.

Ao longo das Escrituras, *fogo* é símbolo da presença de Deus (Gn 15.17; Êx 3.2; 13.21,22 etc.), do poder de Deus (Êx 19.18; 24.17; 1Rs 18.24,38) e da pureza divina (Is 6.1-6). Não é por acaso que as palavras "purificar" e "purgar" vêm do vocábulo grego usado para fogo. Que desafio esse para os cristãos: purificar-se pelo fogo da Palavra de Deus (Jr 5.14) e pelo fogo do Espírito de Deus (At 2.3), a fim de serem instrumentos de uma poderosa conflagração que queime as barreiras e traga a bênção do avivamento! Foi o dr. W. Graham Scroggie que disse certa vez que "jamais houve avivamento espiritual que não começasse com um profundo senso de pecado. Nunca estamos preparados para o avanço espiritual até que vejamos a necessidade de nos livrar daquilo que o tem impedido e que, aos olhos de Deus, é pecado". A promessa de Deus é clara: *e se o meu povo, que se chama pelo meu nome, se humilhar, orar e buscar a minha presença, e se desviar dos seus maus caminhos, então ouvirei dos céus, perdoarei os seus pecados e sararei a sua terra* (2Cr 7.14).

Fogo do avivamento — é isso! Deus nos desperta para orar: *Oh! Se fendesses os céus e descesse, e os montes tremessem à tua presença, como quando o fogo acende os gravetos e faz a água ferver para que os teus adversários conhecessem o teu nome, e as nações tremessem diante de ti!* (Is 64.1,2).

Stephen Olford
Stephen Olford Center for Biblical Preaching
Memphis, Tennessee

INTRODUÇÃO

Bem-vindo a estas páginas descritivas de alguns dos singulares derramamentos do Espírito de Deus no santo avivamento, no decorrer dos séculos. Que Deus as utilize para fazer com que tenhamos fome do poder de sua salvação em nossos dias. Que nos leve a uma vida mais profunda de oração e a uma caminhada mais próxima com Deus.

Dias de avivamento não são dias normais na vida da igreja. São supranormais, sobrenaturais. São os grandes dias da igreja em que a presença de Deus é manifesta em uma realidade que a tudo domina. O avivamento deixa em nós profundo reconhecimento da grandeza e transcendência de Deus e de nossa incapacidade e dependência dele.

A presença e o poder de Deus operam tão poderosa e extensamente durante o avivamento que Deus realiza mais em algumas horas do que geralmente resulta de anos de ministério fiel sem avivamento. Em geral, o avivamento envolve a pregação e o evangelismo, mas vai muito além do evangelismo. Os homens podem evangelizar — somente Deus pode dar o avivamento.

Durante o avivamento, as pessoas são impelidas para Cristo — pessoas que não se movem de nenhuma outra maneira. Muitas orações que passaram anos sem ser respondidas são respondidas de modo glorioso. Frequentemente, a atmosfera parece maravilhosamente carregada pelo poder de Deus. Os cristãos reconhecem estar na santa presença de Deus. Os pecadores têm consciência cheia de temor da presença de Deus e do próprio pecado.

Deus pode revelar sua presença de formas não inesperadas. Pode haver ocorrências surpreendentes que acompanham a profunda obra de Deus na alma. Pode haver tamanho senso da presença e do poder de Deus que alguns tremem. Alguns são levados a chorar diante de Deus; outros, às vezes, caem por terra em incapacidade física. Outros, ainda, poderão sentir-se atraídos irresistivelmente a reuniões de avivamento ou se ajuntam em lugares e horários não anunciados com antecedência.

O entusiasmo e a emoção produzidos pelo homem serão sempre superficiais e baratos. No verdadeiro avivamento, a emoção não é produzida ou manipulada pelo ser humano — é resposta, não buscada nem esperada pelo homem, à operação do Espírito de Deus nas profundezas da alma das pessoas.

Alguns se tornam tão cônscios da presença de Deus que ficam imóveis por alguns minutos. Outros são inexplicável e instantaneamente curados, surpreendendo pessoas não salvas que estejam observando. Tais demonstrações do poder de Deus podem levar ao arrependimento e à salvação de amigos e parentes.

Algumas pessoas ficam cheias de alegria do Senhor a ponto de cantar repetidas vezes hinos e cânticos profundos demais para serem expressos por palavras. Alguns louvam em alta voz porque se sentem rompendo de santa alegria e gratidão.

Muitos temem o avivamento por causa dessas manifestações incomuns. Não há o que temer. Se, ocasionalmente, alguém for demasiadamente incontido ou exagerar ao expressar tristeza pelo pecado ou alegria pelo perdão de Cristo e a presença sobrepujante de Deus, isso é compreensível e aceitável. As pessoas estão acostumadas à exuberância irrestrita nos eventos esportivos ou quando encontram pessoas amadas depois de longa ausência.

O dr. A. T. Schofield diz:

> Uma coisa para se ter em mente é que desde os dias do Pentecostes não há registro da obra repentina e direta do Espírito de Deus sobre a alma dos homens que não viesse acompanhada de acontecimentos mais ou menos anormais. Pensando bem, é natural que seja assim. Não podemos esperar um influxo anormal de luz e poder divinos que afete tão profundamente as emoções e transforme a vida do homem sem ter resultados surpreendentes. Não se espera de um furacão, terremoto ou inundação que deixem em seu curso tudo do mesmo jeito que antes, assim como não se pode esperar de um verdadeiro avivamento que não venha acompanhado de eventos fora de nossa experiência normal.[1]

Pessoas convertidas em avivamentos tendem a ser convertidas para sempre. Repetidamente tem-se observado que as pessoas que, nos avivamentos, foram profundamente convencidas dos seus pecados permanecem fiéis com o passar dos anos depois da conversão. Têm um permanente temor a Deus e persistente amor por Cristo. Têm entendimento e apreço profundo pela graça de Deus.

Nas palavras de Jó: *Com os ouvidos eu tinha ouvido falar a teu respeito; mas agora os meus olhos te veem. Por isso, me desprezo e me arrependo no pó e na cinza* (Jó 42.5,6).

DE REPENTE VEM
(MI 3.1)

Vem de repente e novamente, Senhor, teu tempo te aguarda hoje.
Vem conforme tua Palavra; vem de repente enquanto estamos em oração.
Bendito, bendito Santo Espírito, traze o avivamento de que mais carecemos.

Com maior graça, nosso coração se prepara para tua grande obra neste dia.
Ajuda cada um de nós a fazer sua parte: remove empecilhos que nos retardam.
Bendito, bendito Santo Espírito, inspira nosso coração; faze cair sobre
todos o teu santo fogo.

Precisamos de ti mais do que podemos dizer; de ti carecemos mais
do que poderemos expressar.
Dissipa nosso mundanismo e pecado; vem, purifica e enche-nos, oramos.
Ó Espírito Santo, vem sobre nós enquanto, necessitados, nos inclinamos diante de ti.

Oramos, amado Senhor, pedindo: mais uma vez acende tua chama de avivamento.
Vem como nos dias de outrora, pois aguardamos com grande desejo.
Vem de repente sobre os teus e faze conhecida em nós a tua presença.

Vem de repente e faze muito além do que podemos nos meses e anos.
Imploramos tua misericórdia vez após vez, louvando porque o avivamento chega!
Vem, Espírito Santo, desce sobre nós hoje! Vem de repente sobre nós, oramos.

— Wesley L. Duewel

(Escrito na Capela Moriah, Loughor, Gorseinon, sul de Gales, em 28 de setembro de
1964. Eu me ajoelhava em oração com John e Henry Penry, convertidos na primeira
semana do avivamento de 1904 com Evan Roberts. Após ouvir seus testemunhos de
como Deus viera sobre eles, enquanto ainda orávamos, Henry disse: "Vem, Senhor,
vem sobre nós novamente". Eu iniciei esse poema enquanto ele ainda orava e enquanto nós estávamos de joelhos, concluindo-o depois que ele fez uma oração em meu
favor. Essa é a mesma capela onde aconteceu o avivamento do País de Gales; o povo
ainda canta essa poesia com a melodia "Stella" em diversos hinários.)

CAPÍTULO UM

O DEUS QUE ABENÇOA

Faz parte da natureza de Deus abençoar. Ele nos criou para sermos por ele abençoados. O derramar do Espírito de Deus sobre uma pessoa, grupo ou determinada área é uma das maiores formas pelas quais Deus nos abençoa. Este livro trata dessa bênção. De tempos em tempos, Deus derramou seu Espírito abundantemente nos dias do Antigo Testamento e mais ainda nos tempos do Novo Testamento. Ao longo da história de sua igreja, Deus continua a fazer exatamente isso em todas as partes do mundo.

Por que chamar esses tempos de bênçãos especiais? Algumas pessoas gostam do termo "despertamento espiritual". Outros preferem o termo "reavivamento". Às vezes, emprega-se o termo "renovação espiritual" ou "derramamento do Espírito". Talvez o termo mais simples e consagrado pelo tempo seja "avivamento". Este livro trata da graça de Deus que concede avivamento a seu povo.

VARIEDADES DE AVIVAMENTO

Às vezes, Deus concede avivamento pessoal a um cristão de coração faminto e profunda dedicação. Que experiência bendita de renovação espiritual e novas manifestações da graça e do poder de Deus isso traz! É sempre uma experiência a ser lembrada com carinho. Você realmente tem fome de um avivamento pessoal que se dissemina por toda parte? Deus anseia vir a você com graça e poder.

Às vezes, Deus traz avivamento a uma igreja local ou a um grupo de pessoas. Às vezes, uma comunidade toda é abençoada e transformada pelo avivamento. Em algumas ocasiões, uma região geográfica inteira ou toda uma nação é despertada espiritualmente e transformada moralmente por um amplo derramamento do Espírito de Deus no avivamento.

Às vezes, esse avivamento só dura um ou dois dias, mas Deus está tão poderosamente presente nesse breve tempo que ele resulta em maior transformação espiritual do que meses e anos de vida e testemunho cristão normais. Outras vezes, o avivamento dura por meses a fio.

DEUS COORDENA O AVIVAMENTO

Em tempos de avivamento regional ou nacional, o Espírito de Deus opera de uma a outra igreja, e de uma a outra comunidade. Esses tempos de visitação em avivamento do Espírito Santo às vezes começam simultaneamente em várias igrejas de uma cidade ou comunidade, outras vezes em diversas cidades de determinada nação, e ocasionalmente começaram simultaneamente em diferentes partes do mundo. Descreverei cada uma dessas ocasiões. Só Deus pode planejar essa espécie de divina obra coordenada.

É quase como se o celeste fogo espiritual vindo de Deus tocasse como um poderoso furacão de bênçãos que salta de um lugar para outro. Todas essas manifestações divinas são marcadas por uma consciência singular da presença, misericórdia e do poder transformador de Deus na vida das pessoas.

Deus é infinitamente original em sua operação. Em nenhum lugar os relatos sobre avivamentos são iguais nos detalhes — a obra poderosa de salvação tem transformado situações das mais desesperadoras e pessoas das mais espiritualmente avariadas. Quanto mais difundido o movimento de avivamento, mais transformadores os efeitos morais na região onde queima o fogo santo de Deus.

AVIVAMENTOS NO DECORRER DOS SÉCULOS

Deus visitou Israel com tempos de avivamento no período do Antigo Testamento. Visitou com avivamento a igreja primitiva e, no decorrer dos séculos, vez após vez, enviou avivamentos para abençoar seu povo. Nos primeiros anos do século 20 (1905-1910), ardia o fogo do avivamento. Deus enviou um poderoso despertamento a Gales e a muitas regiões da Inglaterra, Escócia, Irlanda, Estados Unidos, Índia, Coreia, Manchúria, China, Japão, Austrália, Madagascar, Noruega, partes da América do Sul e ilhas do Caribe. Em meados desse século, Deus enviou avivamento a algumas faculdades cristãs norte-americanas e um derramamento sobre algumas das Ilhas Hébridas.

Será que o avivamento vai varrer novamente nossa nação? Precisamos de avivamento hoje? Os avivamentos são fruto da obra soberana de Deus, mas sempre estão relacionados com a obediência do povo de Deus. Você e eu estamos preparados para pavimentar o caminho do Senhor orando, jejuando e obedecendo?

FOME ESPIRITUAL

O propósito deste livro é empolgá-lo com relatos verdadeiros de como Deus opera com bênçãos poderosas ao longo dos séculos e por todo o mundo. Que Deus aumente nossa fome espiritual para que o vejamos abençoando nossas igrejas com grande renovação espiritual. Que nossa nação seja mais uma vez abençoada com poderoso despertamento espiritual.

Deus é Deus de avivamento. Até que Jesus volte, que *venham tempos de refrigério* (At 3.20). Que, ao ler esses relatos de avivamento, você peça a Deus que aumente a sua fome espiritual para que novamente ele nos visite em graça. Você intercederá por um avivamento em todo o mundo e por uma colheita mundial como parte de sua comunhão diária com Jesus? Ele intercede por nós agora mesmo (Rm 8.34; Hb 7.25). Você se juntará a ele em intercessão por um novo e poderoso despertar? Senhor, envia novamente teu fogo!

CAPÍTULO DOIS
QUANDO O FOGO REALMENTE CAIU

"Se Deus não responder à minha oração hoje mesmo com fogo, ele não é real, e podemos esquecer dele." Com efeito, foi assim que Elias desafiou a nação israelita. Você ousaria fazer um desafio dessa espécie? Elias colocou-se diante da assembleia nacional e clamou: *o deus que responder por meio de fogo, esse será Deus* (1Rs 18.24).

Por que Elias, o grande profeta do Antigo Testamento, arriscaria todo o seu ministério futuro e toda a fé e confiança do povo na resposta de Deus em enviar fogo instantâneo do céu? Era o momento mais crucial de seu ministério. Foi um momento que decidiria o destino da nação. Quando foi que outro profeta teve coragem de fazer uma coisa dessa?

NUNCA É TARDE DEMAIS PARA DEUS
A malévola rainha Jezabel e seu transigente marido, o rei Acabe, tinham quase destruído o culto a Javé por toda a terra de Israel. Acabe fora precedido por uma sucessão de reis ímpios, mas

> *Acabe, filho de Onri, fez o que era mau perante o Senhor, mais do que todos os que o antecederam. Como se não bastasse seguir os pecados de Jeroboão, filho de Nebate, tomou por mulher a Jezabel, filha de Etbaal, rei dos sidônios, e passou a cultuar Baal e a adorá-lo. Ele levantou um altar a Baal no templo de Baal que construíra em Samaria. Fez também um poste sagrado. De maneira que Acabe fez muito mais para provocar à ira o Senhor, Deus de Israel, do que todos os reis de Israel que o antecederam* (1Rs 16.30-33).

Na verdade, Elias achava que era o único fiel seguidor de Javé que restara em toda a nação (1Rs 19.10). Será que sua nação tinha ido longe demais para retornar a Deus? Claro que não. Nunca é tarde demais para Deus agir. Nenhuma situação é tão desesperadora que seja inútil orar. Nenhuma igreja se torna tão transigente ou apóstata a ponto de Deus não poder renovar sua

QUANDO O FOGO REALMENTE CAIU 17

bênção. Nenhum povo se tornou tão pecador que Deus desistiu dele e não quis salvá-lo.

Para Deus não era tarde demais, e não era tarde demais para Elias. Você se lembra do que Elias enfrentava? Esteve escondido por três anos. Lembra por quê? O rei Acabe obviamente teve muito sucesso em levar a nação à adoração de Baal. O culto a Baal muitas vezes envolvia atos sexuais obscenos e imorais como parte da religião. A malévola Jezabel tinha ordenado a execução de todos os profetas do Senhor.

Imagine a surpresa de Acabe quando um estranho, vestido com roupas rudes, apareceu diante dele e disse: *Tão certo como vive o* SENHOR, *Deus de Israel, a quem sirvo, nestes anos não haverá orvalho nem chuva, senão por meio de minha palavra* (1Rs 17.1). A declaração de Elias provou ser verdadeira. Por três anos a nação sofreu terrível seca. O rei Acabe tentava encontrar Elias e até mesmo enviou patrulhas às nações vizinhas, mas não o encontrou.

Deus escondia e alimentava Elias de maneira milagrosa — com a ajuda de corvos. Jamais se ouvira dizer tal coisa. Elias vivia realmente pela fé. Depois, em uma nação vizinha, Elias foi hospedado por uma viúva e seu filho. A cada refeição, Deus multiplicava de maneira milagrosa a comida. Não era viver pela fé um dia de cada vez — era viver pela fé a cada refeição.

Depois de três anos, Deus ordenou que Elias voltasse a Acabe, porque agora enviaria chuva. Conduziu Elias a desempenhar o mais ousado confronto entre Deus e Satanás já relatado nas Escrituras. Baal era o demônio que se apresentava como deus da chuva, da fertilidade e da natureza.

Tão desesperado por chuva em sua terra desolada ele estava, e tão óbvio era que a única esperança por chuva viria por meio de Elias, que, surpreendentemente, Acabe concordou com as exigências do profeta. Convocou a nação no monte Carmelo, a cerca de 65 quilômetros de Samaria, e ordenou os sacerdotes-profetas de Baal e de Aserá (deusa da fertilidade) que estivessem presentes no confronto nacional com Elias e Javé, o Deus de Elias.

Elias tomou a frente, cercado por adoradores de Baal no centro de cultos a Baal. E fez o desafio: "Construam um altar a Baal e peçam que ele mande chuva hoje. Mas não façam fogo. Vocês acreditam que Baal controla os raios — que ele incendeie o seu altar. Eu vou oferecer um sacrifício a Javé sobre o altar do Senhor e não colocarei fogo nele. O Deus que responder com fogo, só ele é o Deus verdadeiro".

Claro, sabemos o resultado. A despeito das orações frenéticas dos sacerdotes, que até mesmo se autoimolaram, Baal não deu resposta. A falsidade deste deus foi evidente a todos.

Então Elias chamou o povo para se aproximar e observar de perto cada movimento. Construiu um altar a Javé. Cavou um fosso ao redor — provavelmente com 1 metro de largura. Mandou derramar água sobre o sacrifício até que tudo estivesse encharcado, e o fosso, cheio d'água. Então fez uma breve oração: *Ó Senhor, Deus de Abraão, de Isaque e de Israel, seja manifestado hoje que tu és Deus em Israel, e que eu sou teu servo, e que tenho feito todas essas coisas conforme a tua palavra. Responde-me, ó Senhor, responde-me para que este povo reconheça que tu, ó Senhor, és Deus e que fizeste voltar o seu coração para ti* (1Rs 18.36,37). Não deu nem tempo de dizer "amém" antes que o fogo sobrenatural e santo de Deus descesse do céu, queimando o sacrifício, a lenha, as pedras, a terra e fazendo evaporar a água do fosso.

Instantaneamente, os milhares de observadores caíram com o rosto em terra em humilde reconhecimento e adoração a Javé: *O Senhor é Deus! O Senhor é Deus!* (1Rs 18.39) Jamais na história da humanidade houve outro avivamento tão instantâneo. O povo agarrou os falsos profetas que o tinham enganado e, conforme a ordem de Deus em Êxodo 22.20, Deuteronômio 13.5 e 18.20, os matou. Deus deu um golpe gigantesco no culto a Baal.

FOGO NO DESERTO

A primeira revelação transformadora que Deus fez de si mesmo a Moisés foi na sarça ardente (Êx 3.2). Moisés não reconheceu imediatamente aquilo que viu: um arbusto comum do deserto queimava, mas não se consumia. As chamas que viu eram diferentes de quaisquer outras que ele conhecia. Queimavam, mas não se destruíam. O fogo de Deus nas pessoas que ele controla, que são totalmente entregues a ele, queima e continua queimando. Transforma, mas não consome.

O fogo do juízo de Deus pode consumir o pecador. Mas o fogo santo de Deus consome o pecado nos crentes que se arrependem e se entregam a ele. Não os destrói, nem aniquila a sua personalidade. Eles se tornam santos, com uma santidade semelhante à de Cristo. O fogo de Deus purifica os crentes e os torna seres humanos mais belos, mais como Deus originariamente os criou para ser. Qualquer "arbusto" se tornará radiante quando queima com o fogo do Senhor.

FOGO NO SINAI

A grande e visível manifestação de Deus a Israel como nação foi no monte Sinai. Uns 5 milhões de pessoas ficaram em pé com Moisés no sopé do Sinai, uma gigantesca torre rochosa com 2.285 metros de altura. Durante dois dias, à ordem de Javé, os israelitas se prepararam para esse momento. Agora todo o monte Sinai sacudiu e tremeu diante da presença do Senhor (Êx 19.16-20; Dt 4.11,12; Hb 12.18-21).

Estrondo após estrondo de trovão reverberava pelo ar. Raios caíam repetidamente. Um lancinante toque de trombeta se tornava cada vez mais forte. Será que não seria a mesma trombeta da qual Cristo diz que anunciará sua segunda vinda (Mt 24.31; 1Co 15.52)?

Todo o cume do monte Sinai foi coberto por fumaça, nuvens negras, e profunda escuridão. Então Javé desceu sobre ele em fogo (Êx 19.18). O topo do Sinai ardia em chamas até o céu, enquanto o monte tremia à vista de todo o povo. O fogo permaneceu ardendo por pelo menos quarenta e, talvez, até oitenta dias (Dt 9.15).

FOGO DA PRESENÇA DO SENHOR

O fogo santo de Deus é a glória da igreja. Deus conduziu Israel para fora do Egito com a nuvem visível de sua presença durante o dia e uma coluna de fogo à noite (Êx 40.36-38). Em certas ocasiões, a glória resplandecente de Deus enchia de tal maneira o tabernáculo do Antigo Testamento que nem Moisés podia ali entrar (Êx 40.34,35).

Essa nuvem de fogo e glória foi um milagre visível durante os quarenta anos em que Israel andou pelo deserto. A presença santa de Deus pode ser experimentada repetidamente em sua igreja de hoje, não em chamas atuais e visíveis, mas no viver radiante do povo de Deus. Até a aparência e conduta dos apóstolos testificava aos que os observavam que eles estiveram com Jesus (At 4.13). Em sentido semelhante, a santidade de Deus deve ser visível vez após vez em nossa vida e nas reuniões de nossas igrejas. Se não for assim, com certeza carecemos de avivamento!

Quando Moisés comungou face a face com Deus em toda a sua glória, tanto no monte Sinai quanto na tenda da congregação que mais tarde montou fora do arraial, a glória de Deus parecia absorvida em seu rosto. Era o testemunho visível de que Moisés estava em comunhão com Deus. Outros viam isso, mas Moisés não o percebia (Êx 34.29). Ocasionalmente, algo semelhante tem sido visto no rosto de crentes, especialmente em tempos de avivamento.

FOGO NO TEMPLO

Quando Salomão consagrou o templo, Deus novamente se manifestou enviando fogo do céu para alumiar o altar. Todo o Israel viu o fogo descer e a glória *shekinah* pairando sobre o templo. Os israelitas prostraram-se com o rosto em terra diante de Deus e o adoraram (2Cr 7.1-3).

Quando Ezequiel teve uma visão de Deus assentado no trono, foi-lhe mostrado fogo santo, radiante e brilhante luz (Ez 1.26-28). Na visão que Daniel teve de Deus, *o seu trono era de chamas de fogo, e as rodas dele eram fogo ardente. Um rio de fogo manava e saía de diante dele* (Dn 7.9,10).

FOGO NO PENTECOSTES

João Batista profetizou que Jesus batizaria o seu povo com o Espírito Santo e com fogo (Mt 3.11). No dia de Pentecostes, Deus restaurou a glória *shekinah* à igreja, que Ezequiel vira, antes de Deus retirá-la do templo séculos antes (Ez 10.4,8,18; 11.22,23). Dessa vez, o fogo da glória de Deus se dividiu em chamas individuais, pairando sobre aqueles que estavam cheios do Espírito (At 2.3). Era esse o batismo do Espírito Santo e fogo prometido por Jesus (At 1.5).

O fogo do Espírito ainda pode purificar, dar poder, encher, aquecer, alumiar e refletir o brilho de Deus. Muitas vezes, aqueles que realmente vivem na plenitude do Espírito Santo são facilmente reconhecidos como homens ou mulheres de Deus. Em numerosas ocasiões em diferentes partes do mundo, as pessoas têm percebido um resplendor parcial ou até plenamente visível no rosto de alguém singularmente dotado pelo Santo Espírito durante um tempo de avivamento.

FOGO NA ÍNDIA

Muito raramente, o fogo santo que arde e não consome tem sido visto durante tempos de avivamento. Por exemplo, no despertamento de 1905 no centro Mukti, na Índia, a evangelista Ramabai ensinava centenas de meninas a respeito do Espírito Santo. Quando elas estavam reunidas em oração, começaram a ficar cheias do Espírito. Numa manhã bem cedo, em que as meninas estavam de joelhos chorando e orando, de repente surgiu uma chama de fogo visível ao redor de uma delas. Todas elas viram, e uma menina atravessou a sala para pegar um balde de água. Estava prestes a derramar o balde quando percebeu que não era literalmente fogo.

A menina disse-lhes que ela havia sido cheia do Espírito e as exortou a se arrependerem: "Ó Senhor, estou cheia de alegria, mas perdoa e purifica as minhas irmãs como fizeste comigo [...]. Ó Senhor, carecemos de avivamento, temos de ter isso. Começa hoje". Quando Deus as reavivou, muitas meninas testificaram sentir uma sensação de ardume santo em seu interior. Elas o chamaram de batismo de fogo. Foram grandemente transformadas, e o rosto delas brilhava de alegria. Duas meninas pequenas tinham derramado sobre elas espírito de oração tal que durante horas elas oraram com uma "luz visível, brilhante em seu rosto".[1]

Não devemos buscar experiências espetaculares e visíveis, nem êxtases ou visões altamente emotivos. Devemos lembrar, porém, que em tempos de avivamento Deus faz muitas coisas incomuns. Buscamos apenas mais da presença de Deus, maior percepção de sua santidade e bondade, mais profunda experiência de sua santidade, graça e amor.

Talvez você pergunte por que Deus em raras ocasiões derrama seu Espírito de maneira milagrosa e visível. Não tenho certeza da resposta. Talvez seja para nos lembrar de que ele ainda é o Deus de fogo. Talvez seja para nos lembrar que ele é santo e soberano em todas as suas obras.

Não, não devemos buscar tais manifestações físicas visíveis. Mas precisamos, sim, ansiar por e procurar as poderosas obras do Espírito na transformação de vidas, igrejas e comunidades. Nosso Deus ainda hoje é Deus que revigora e transforma por seu poder. Ele é o Deus do fogo do avivamento. Senhor, carecemos novamente de teu fogo!

CAPÍTULO TRÊS
AVIVAMENTO: BÊNÇÃO OU JUÍZO?

Nosso Deus é o Deus do avivamento. O avivamento é parte essencial de seu plano de redenção. Desde quando Deus criou Adão e Eva e eles caíram em pecado, Satanás tem tentado alienar a humanidade de Deus. Ele tenta nos fazer desobedecer a Deus e cortar nossas relações com ele.

AVIVAMENTO: DEUS VISITA EM AMOR

Deus é um Deus que redime, abençoa e aviva. Por quê? Porque Deus é amor. *Nisto está o amor: não fomos nós que amamos a Deus, mas foi ele quem nos amou* (1Jo 4.10). *Nós amamos porque ele nos amou primeiro* (1Jo 4.19).

No tempo do Antigo Testamento, Israel repetidamente se esquecia de Deus, desviava-se dos seus caminhos e voltava à idolatria. Mas Deus não desistiu de Israel. Seu coração é revelado pelas palavras ditas por intermédio de Isaías: *Estendi as mãos o dia todo a um povo rebelde, que anda por um caminho que não é bom, seguindo os seus próprios pensamentos* (Is 65.2). Mas Israel desprezou os braços de amor que Deus estendia. Deus respondeu a um povo obstinado e rebelde: *Como te abandonaria, ó Efraim? [...] O meu coração se comove, as minhas compaixões despertam todas de uma vez. Não executarei o furor da minha ira; não voltarei para destruir Efraim, porque eu sou Deus e não homem, o Santo no meio de ti; eu não chegarei com ira* (Os 11.8,9).

De uma perspectiva, o avivamento é a manifestação de Deus a seu povo, convencendo-o por seu maravilhoso poder e infinita santidade. De outra perspectiva, o avivamento é Deus estendendo os braços de amor e recusando-se a desistir de nós.

Vez após vez no período do Antigo Testamento, Deus estendeu os braços a Israel, por meio dos profetas, reis justos ou líderes a quem levantara, para chamar seu povo Israel de volta a ele. A maior situação de avivamento na História foi com Jesus: *Porque Deus amou tanto o mundo, que deu o seu Filho unigênito, para que todo aquele que nele crê não pereça, mas tenha a vida eterna* (Jo 3.16).

Deus seguiu o ministério de Jesus com o poderoso avivamento de Pentecostes, em que Cristo fundou sua igreja neotestamentária. A igreja nasceu do fogo do avivamento. É da natureza da igreja experimentar avivamento mediante o Espírito Santo.

A história da igreja de Pentecostes até os dias atuais mostra a repetida necessidade de avivamento. Leia as cartas de Cristo às sete igrejas em Apocalipse 2 e 3. Nenhuma igreja, por mais santa e piedosa que seja, deixou de necessitar de renovação e avivamento. Até mesmo os efésios precisaram buscar de novo o seu *primeiro amor* (Ap 2.4).

Deus entende. Deus ama. Deus provê resposta. Chame-o de renovação, revitalização, chame-o do que quiser. Deus planejou o ministério do Espírito Santo para suprir essa nossa grande necessidade. Todos nós precisamos repetidamente do toque renovador de Deus. Mas há tempos especiais em que a igreja carece de avivamento de forma singularmente urgente. Creio que hoje precisamos desesperadamente de avivamento.

AVIVAMENTO OU JUÍZO?

Na longa linhagem de reis que vieram depois de Saul e Davi, após a divisão da nação nos reinos de Israel e Judá, a maioria dos reis não ficou conhecida como reis de justiça. Todos os reis no reino do Norte, Israel, a nação maior, são assim descritos: fizeram "o que era mau aos olhos do Senhor". Tais palavras são encontradas pelo menos 46 vezes nas Escrituras. O primeiro rei de Israel foi Jeroboão. Estabeleceu ídolos de norte a sul, e o povo se inclinou diante de bezerros de ouro. Embora mantivessem semelhança de culto a Javé, os bezerros eram uma tentativa de misturar o culto a Baal com o culto a Javé.

Deus enviou seus profetas a Israel e a seus reis: Aías, Jeú, Elias, Miqueias, Eliseu, Oseias, Amós, Jonas, Obede e ainda um profeta de nome desconhecido. Nem os reis nem a maior parte da nação tiveram verdadeiro arrependimento. Não houve nem um único avivamento verdadeiro em Israel.

Quando Deus clama por arrependimento e o povo se recusa a se arrepender, como Deus o acorda para o perigo iminente? Não há alternativa senão o juízo. Israel eventualmente foi levado ao cativeiro um século e meio antes de o pequeno Judá ser levado cativo. Como um todo, a nação jamais voltou após o cativeiro. Quando as pessoas que tiveram a luz de Deus rejeitam o avivamento, é inescapável o juízo.

Judá, a pequenina nação do Sul, com o centro em Jerusalém, também teve seus profetas, mais do que Israel. Semaías, filho de Obede, Jeú, Jaziel, Eliezer, Elias, Zacarias, o filho de Jeoiada, Joel, Isaías, Miqueias, Naum, Habacuque, Hulda, Sofonias, Jeremias, Urias — estes eram profetas antes de Judá ser levado para o cativeiro babilônico. Ezequiel, Obadias, Jeremias e Daniel foram profetas durante o cativeiro. Ageu, Zacarias e Malaquias foram profetas depois que o remanescente de Judá retornou do exílio babilônico.

Muitos dos reis de Judá responderam melhor às coisas espirituais e eram mais fiéis a Javé. Cinco dos reis de Judá focam especialmente justos. Cooperaram com os profetas e atenderam ao chamado ao arrependimento que estes transmitiram. Certo grau de avivamento ou reforma nacional foi experimentado durante cada um desses cinco reinados. Examinaremos brevemente três dessas épocas de reavivamento específico em capítulos futuros.

O JUÍZO PODE CONDUZIR A AVIVAMENTO

Permita-me repetir: Deus é Deus de avivamento, um Deus de amor... Deus deseja visitar seu povo com avivamento em vez de juízo. Ele anseia abençoar, perdoar, e é tardio em punir (Êx 34.6; Ne 9.17; Sl 103.8-12), mas quando o seu povo se afasta dele e se desvia, recusando-se a se arrepender, é possível que Deus tenha de enviar juízo, acordar o seu povo e trazê-lo de volta ao arrependimento, a fim de ser misericordioso com ele.

Apostasia e idolatria eram perigos constantes e pecados frequentes em Israel e Judá, até que finalmente Deus os levou a um terrível juízo durante o cativeiro. Jerusalém e o templo de Salomão foram destruídos. A maioria dos judeus remanescentes foi levada para a Babilônia, onde foram forçados a permanecer por setenta anos. Então, por meio de Neemias e Esdras, Deus enviou um tempo de avivamento, e muitos voltaram a Jerusalém. Deus cumpriu seu plano conforme profetizado nas Escrituras, e na plenitude dos tempos Jesus Cristo encarnou e proveu a salvação por sua morte expiatória na a cruz.

Quando o juízo é aceito com humildade e o povo se arrepende, Deus está sempre pronto a perdoar e restaurar. Os judeus aprenderam bem essa lição por meio do juízo do cativeiro. Nunca mais, desde aquele tempo, algum número considerável de judeus voltou à idolatria. O juízo de Deus tornou-se uma bênção para eles como nação.

Nos dois próximos capítulos, veremos três épocas na história de Judá em que aprouve a Deus mandar avivamento, porque houve um líder a quem o povo atendeu. Quando este se humilhou e voltou para Deus, ele manifestou sua graça e misericórdia. Deus está pronto a fazer o mesmo hoje.

CAPÍTULO QUATRO
RENOVAÇÃO SOB O PAI E O FILHO

Durante um período de 65 anos no reinado de Asa e de seu filho, o rei Josafá, houve um movimento de avivamento e reforma. Às vezes, a presença e o poder de Deus eram visíveis a todos, enquanto em outras ocasiões não eram tão claras. Mas, sem dúvida, esse avivamento-reforma salvou Judá de ser extinto e conclamou a nação de volta para Deus.

COMO SOMOS RÁPIDOS EM ESQUECER

A glória do reinado de Davi foi sucedida pela prosperidade material e o esplendor secular do reinado de Salomão. Salomão construiu um majestoso e belo templo, de acordo com o modelo dado por Deus a Davi. Funcionalmente, era similar ao tabernáculo que Moisés edificara. No começo de seu reinado, Salomão servia a Javé. Por duas vezes, Deus se manifestara a Salomão em visão especial. Mas Salomão tornou-se materialista e secularizado, e suas muitas mulheres o seduziram em concessões à idolatria. O livro de Eclesiastes, escrito por Salomão em sua velhice, é um triste comentário sobre sua condição espiritual e visão de vida decaída.

O filho de Salomão, Roboão, provou ser um rei tolo, obstinado e cheio de pecado, que abandonou a lei do Senhor e permitiu que a idolatria e as práticas pagãs de fertilidade se alastrassem pela terra. Após o triste e pecaminoso reinado de Roboão, veio o curto reinado de maldade do seu filho Abias, sobre o qual dizem as Escrituras: *Ele seguiu todos os pecados que seu pai havia cometido antes dele* (1Rs 15.3).

Que esperança havia para Judá sobreviver como nação ou para o plano de Deus em enviar o Messias por meio da linhagem de Davi? Que esperança havia para que as promessas feitas a Davi eventualmente viessem a ser cumpridas? Graças a Deus que, na longa linhagem de reis até Judá ir para o cativeiro babilônico, houve tempos em que os reis serviam ao Senhor e seguiam, alguns mais, outros menos, o exemplo de seu antepassado Davi. Por meio deles, Deus mandou tempos de renovação, reforma e até mesmo avivamento nacional.

O AVIVAMENTO INCOMPLETO SOB ASA

Graças a Deus, não é necessário que um mau pai sempre tenha um mau filho. Desconhecemos como a influência piedosa entrou na vida de Asa, filho de Abias, nem qual era sua idade quando se tornou rei, mas sabemos que reinou por 41 anos. Não sabemos em que ano de seu reinado ele começou a fazer a nação voltar para Deus, mas aparentemente desde o tempo em que subiu ao trono começou a trazer a nação de volta a Javé e seguir os passos de seu tataravô Davi.

A influência santa de uma pessoa piedosa pode se estender por várias gerações, ainda que suas orações sejam rejeitadas por uma ou duas delas. Essas orações continuam vivas e ainda serão respondidas em gerações futuras. A oração é um tesouro tremendo que legamos às gerações descendentes. Por amor de Davi, Deus abençoou repetidamente Israel no decorrer dos séculos.

Os primeiros dez anos de Asa foram tempos de paz, e ele aproveitou a oportunidade para dedicar grande parte de suas energias a fazer com que a nação voltasse para Deus (1Rs 15.9-24; 2Cr 14-15). Removeu todos os altares e altos dedicados aos ídolos estrangeiros e destruiu as colunas de pedra e postes-ídolos que cercavam esses altares. Ele removeu os altares falsificados a Javé para que a nação cultuasse no templo, como Deus ordenara.

Judá então foi invadido por Zerá, o etíope, um comandante militar egípcio com imenso exército. Com exército muito menor, Asa orou e confiou em Deus, e Javé lhe deu surpreendente vitória. Asa e seu exército capturaram grandes riquezas dos inimigos vencidos que foram destruídos. Voltaram a Jerusalém com grande manada de ovelhas, cabras e camelos.

Quando o exército vitorioso chegou a Jerusalém, Deus levantou um profeta antes desconhecido para encorajar Asa e todo o povo. O Espírito Santo veio sobre Azarias, e ele clamou: *Ouvi-me, Asa, e todos de Judá e Benjamim: O* Senhor *está convosco, enquanto estais com ele; se o buscardes, o achareis; mas se o deixardes, ele vos deixará. [...] Mas esforçai-vos, e não enfraqueçam as vossas mãos; porque a vossa obra terá recompensa* (2Cr 15.2,7).

Como ainda hoje isso prova ser verdade! Deus recompensa e manda avivamento aos que o buscam. Encorajado pela grande vitória que Deus lhes dera, e pela profecia de Azarias, Asa renovou seus esforços de reforma e avivamento. Destruiu todos os altares em Judá e Benjamim e nas cidades que acabara de vencer. Reparou o altar de Javé em frente ao pórtico do templo. Grande número de pessoas havia emigrado do reino de Israel ao norte, estabelecendo-se em Judá, porque *viram que o* Senhor*, seu Deus, estava com ele* (2Cr 15.9). Assim, no décimo quinto ano de seu reinado, Asa ajuntou o povo de toda a nação, para celebrarem um culto de sacrifício a Javé. Asa conclamou-os a reconsagrar a vida ao Senhor, renovando a aliança com Deus que tinha sido feita no tempo de Moisés e a aliança estabelecida no reinado de Davi.

Asa e seu povo ofereceram muitos sacrifícios a Deus: *Eles fizeram uma aliança de buscar o* Senhor, *Deus de seus pais, de todo o coração e de toda a alma* (2Cr 15.12). Fizeram juramento ao Senhor, clamando em alta voz, gritando de alegria e tocando clarins e trombetas. Foi um poderoso avivamento. *Todo o Judá se alegrou com esse juramento, porque de todo o coração juraram e de toda a vontade buscaram o* Senhor, *e o encontraram. Então o* Senhor *lhes deu descanso ao redor* (2Cr 15.15).

Asa removeu sua avó Maaca da posição de rainha-mãe porque ela erguera um poste-ídolo de Aserá, deusa da fertilidade. O poste foi derrubado, despedaçado e queimado fora da cidade. Não permitiu à própria avó manter a posição de honra por ela ter dado mau exemplo com a prática da idolatria. Em seguida, Asa levou ao templo todo ouro, toda prata e todos os tesouros que sua família possuía.

O verdadeiro avivamento pode ocorrer quando nos dispomos a nos posicionar diante de Deus, a despeito de entes queridos e amigos não concordarem ou entender. Asa sabia que a terra tinha de ser purificada a todo custo. A Bíblia dá o seguinte resumo disso: *o coração de Asa foi íntegro todos os seus dias* (2Cr 15.17).

Infelizmente, paira uma sombra no final do reinado de Asa. Após anos de tensão, Baasa, rei de Israel, começou a se preparar para invadir Judá. Asa passou da sua total dependência de Deus para uma dependência de sua aliança militar com o rei da Síria, Ben-Hadade. Tomou a prata e o ouro do próprio palácio e do templo para convencer Ben-Hadade a juntar-se a ele no ataque contra Baasa.

O profeta Hanani veio a Asa e o repreendeu, dizendo que, se ele tão somente confiasse em Deus, teria a vitória e bênção ainda maiores. Em vez de se humilhar na presença de Deus, Asa lançou Hanani na prisão e, irado, maltratou alguns do seu povo. Deus permitiu que Asa tivesse uma severa doença nos pés, e Asa, em lugar de confiar em Deus, obstinadamente procurou apenas os médicos, recusando-se a orar. O que poderia ter sido o maior dos avivamentos de todo o reinado de Asa acabou em fracasso.

O AVIVAMENTO CONTÍNUO SOB JOSAFÁ

Nos últimos três anos do reinado de Asa, com a deterioração de sua saúde, seu filho Josafá foi corregente. Graças a Deus, Josafá tinha o mesmo zelo ardente que Asa tivera em seus primeiros anos. Talvez o fogo do avivamento ardesse mais no coração de Josafá, pois sua fervorosa dedicação ao Senhor espelhava a de seu antepassado Davi.

Aqueles que buscam as coisas espirituais sempre as encontrarão, e Josafá buscou o Deus de seu pai. Não queria nenhuma relação com Baal nem com as práticas de apostasia de Israel. *Seu coração se despertou para seguir os caminhos do* Senhor, *e ele tirou de Judá os altares das colinas e os postes-ídolos* (2Cr 17.6). Josafá planejou, trabalhou e orou por avivamento na nação. Deus confirmou seu reinado. O povo seguiu-o com alegria e lhe trouxe presentes, e Josafá tornou-se rico e honrado. Sua liderança era totalmente aceita.

Josafá seguiu de perto a orientação política de seu pai, removendo de Judá os altares e postes-ídolos de Aserá. Asa os havia removido, mas, durante seus 41 anos de reinado, alguns tinham sido reintroduzidos. Contudo, Josafá fez muito mais. No terceiro ano de seu reinado, começou um ministério de ensino por toda a nação. Designou cinco oficiais, nove levitas e dois sacerdotes. Esses homens levaram as Escrituras de cidade em cidade, de uma extremidade da terra à outra, ensinando ao povo os mandamentos do Senhor e a história sagrada de sua nação. Josafá sabia que a nação tinha de estar fundamentada na Palavra do Senhor. O avivamento que perdura só pode vir quando o povo é abençoado na alma e bem fundamentado na verdade de Deus.

O resultado foi maravilhoso. Sem ganhar uma batalha sequer que demonstrasse seu poder militar, todas as nações à sua volta passaram a respeitar Judá e a liderança de Josafá. As Escrituras dizem: *Então o temor do* Senhor *caiu sobre todos os reinos das terras que estavam ao redor de Judá, de modo que não guerrearam contra Josafá* (2Cr 17.10). Os filisteus ofereceram-lhe presentes de ouro e prata, e os árabes lhe trouxeram gado miúdo: 7.700 carneiros e 7.700 bodes.

O poder de Josafá cresceu grandemente; ele edificou fortalezas, cidades-celeiros e muitas obras nas cidades de Judá, organizando um imenso exército. Cometeu, porém, um erro sério. Josafá estava cansado dos anos de fricção e lutas contra Israel na fronteira norte. Após alguns anos, começou uma política de cooperação com Israel. Casou seu filho com uma filha de Acabe e Jezabel, o que trouxe influência maléfica à vida de seu filho.

Acabe pediu a Josafá que o acompanhasse em uma invasão à Síria. Josafá respondeu que cooperaria desde que pudesse consultar primeiro um profeta do Senhor. O profeta o advertiu de que ele perderia essa guerra. Mas, de alguma forma, Josafá permitiu que Acabe o persuadisse a ajudá-lo. Acabe foi morto, e Josafá quase perdeu a vida.

Quando Josafá voltou dessa batalha, o profeta Jeú o repreendeu, advertindo-o da ira de Javé, mas reconheceu que *alguma virtude se acha em ti, porque tiraste os postes-ídolos da terra e dispuseste o coração para buscar a Deus* (2Cr 19.3).

Era essa a prioridade de Josafá: buscar Deus. Ele aceitou a repreensão. Já se passara algum tempo desde aquela renovação de ensino com a equipe de dezesseis mestres em todas as cidades e vilarejos da nação. Aparentemente, o rei Josafá também os acompanhou, e ele alcançou seu povo, pois a Bíblia diz: *Josafá morou em Jerusalém e voltou a passar pelo povo, desde Berseba até a região montanhosa de Efraim, fazendo com que voltasse ao* Senhor, *Deus de seus pais* (2Cr 19.4).

Não conhecemos os métodos desse rei-evangelista. Sem dúvida, Josafá ensinava, exortava, pleiteava e orava por seu povo. Jamais um profeta desempenhara uma cruzada tão completa para conduzir o povo de volta a Deus.

Além do mais, Josafá procurou reformar a administração. Designou levitas, sacerdotes e cabeças de famílias para administrar a lei do Senhor e resolver as disputas.

> *Assim procedei no temor do SENHOR, com fidelidade e com coração íntegro. Todas as vezes que vos chegar alguma controvérsia de vossos irmãos que habitam nas suas cidades, seja um crime de sangue, seja sobre lei e mandamento ou estatutos e juízos, adverti-os a que não se façam culpados para com o SENHOR, para que não venha grande ira sobre vós e sobre vossos irmãos. Procedei assim, e não vos fareis culpados* (2Cr 19.9,10).

Começou também a reforma do sistema judicial, designando juízes em cada uma das cidades fortificadas. Ele ordenou: *Vede o que fazeis, porque não julgais para o homem, mas para o SENHOR, e ele está convosco no julgamento. Agora, seja o temor do SENHOR convosco; tende cuidado no que fazeis, porque não há injustiça ou parcialidade no SENHOR, nosso Deus, e ele não aceita suborno* (2Cr 19.6,7).

Josafá fazia todo o possível para trazer um avivamento espiritual e moral, com governo e administração justos. A reforma iniciada por Asa estava agora transformando toda a nação, enquanto alcançava mais profunda e amplamente a vida de seu povo.

Como sempre, Satanás não se alegra quando Deus envia avivamento e procura interromper a renovação espiritual criando uma guerra. Um imenso exército de moabitas, amonitas e meunitas veio atacá-los do sudeste. Imediatamente, Josafá confiou primeiramente no Senhor, proclamando um dia de jejum e oração e convocando uma assembleia nacional. *Judá uniu-se para pedir socorro ao SENHOR; vieram pessoas de todas as cidades de Judá para buscarem o SENHOR* (2Cr 20.4) e se reuniram diante do templo.

Josafá dirigiu uma poderosa oração de intercessão. Naquele mesmo momento, o Espírito do Senhor veio sobre um dos levitas comuns que estava na congregação diante do Senhor. Esse homem profetizou:

> *Dai ouvidos todo o Judá, e vós, moradores de Jerusalém, e tu, ó rei Josafá. Assim diz o SENHOR: Não temais, nem vos assusteis por causa dessa grande multidão, porque a luta não é vossa, mas de Deus. Amanhã descereis contra eles; [...] Não tereis que lutar nesta batalha; tomai posição, ficai parados e vede o livramento que o*

Senhor vos concederá, ó Judá e Jerusalém. Não temais, nem vos assusteis. Saí amanhã para encontrá-los, porque o Senhor está convosco (2Cr 20.15-17).

Imediatamente Josafá se inclinou com o rosto em terra, e todo o povo seguiu o seu exemplo, humilhando-se e adorando ao Senhor.

De manhã bem cedo, começaram a marcha para o deserto. Nunca na História um exército tinha marchado para a batalha conduzido por um coral cantando hinos e louvando a Deus pela beleza de sua santidade. Enquanto louvavam a Deus, Deus armou emboscadas contra o exército dos inimigos. Como? De repente, os exércitos de Moabe e Amom atacaram e mataram o exército de Seir. Em seguida, os dois exércitos restantes viraram um contra o outro e lutaram, até que todos se destruíram.

Chegando Josafá ao local, não havia mais ninguém contra quem lutar. Por três dias, o povo de Josafá tomou as joias dos corpos e saqueou os cadáveres e tesouros deixados por esses exércitos.

Passaram o quarto dia em assembleia nacional em um vale próximo, que chamaram de Beraca — Vale de Bênção. Satanás intentara que fosse para eles um vale de morte, mas Deus o transformou em vale de bênção. Com alegria, marcharam de volta a Jerusalém e ao templo do Senhor, carregando a grande riqueza obtida. Foram conduzidos por harpas e alaúdes e trombetas, e todos louvavam ao Senhor.

Mais uma vez, o temor do Senhor veio sobre todas as nações vizinhas. A história foi contada e recontada. Deus luta por Israel. Deus peleja por Israel e livra seu povo! Deus deu-lhes paz por todos os lados. São muitos os grandes avivamentos que Deus dá aos que preparam o caminho do Senhor. Mas nenhum avivamento é exatamente igual a outro. Senhor, envia novamente o fogo do avivamento!

CAPÍTULO CINCO

EZEQUIAS: NUNCA É TARDE DEMAIS

Ezequias chegou ao trono em um dos mais negros momentos da história de Judá. Seu pai, Acaz, era um fracasso como rei, muito mau. Fez tanto para destruir a nação que nem sepultado foi nos túmulos reais. Foi um alívio para a nação quando ele saiu de cena.

Acaz não fez o que era reto aos olhos do Senhor. Seguiu o estilo de vida e as práticas dos reis ímpios de Israel. Participou da idolatria das nações que os cercavam. Ofereceu sacrifícios pagãos e queimou incenso nos altos de Baal que Deus tanto havia condenado. Ele cultuava debaixo de toda árvore frondosa (2Rs 16.4). Isso se refere aos ritos sexuais e imorais em lugares sagrados a deuses pagãos e símbolos de fertilidade. Acaz chegou a sacrificar mais de um de seus filhos, queimando-os em holocausto em flamejantes altares cananeus (2Cr 28.3).

Por fim, os reis da Síria e de Israel venceram Acaz. O rei de Israel matou 120 mil soldados de Acaz em um só dia. Matou o filho dele, seu administrador do palácio, e seu segundo filho no comando. Israel tomou todos os despojos que conseguiu e levou cativos 200 mil esposas e filhos para Samaria. Lá, o profeta Obede convenceu-os a libertar os prisioneiros e levá-los de volta a Jerusalém.

Depois que estes voltaram, Edom atacou Judá e fez prisioneiros. Os filisteus invadiram cidades fronteiriças do oeste e do sul. Acaz procurou ajuda do rei da Assíria, mas só recebeu mais problemas. Acaz saqueou ouro e utensílios do templo para subornar a Assíria a ir embora.

Durante todo esse período conturbado em Judá, Acabe tornou-se cada vez mais infiel ao Senhor Javé. Removeu o altar de bronze e o substituiu com um altar modelado segundo um altar pagão de Damasco. Retirou do templo a cobertura usada no sábado e fechou a entrada real (2Rs 16.10-18).

Finalmente, Acaz fechou as portas do templo e estabeleceu altares pagãos em todos os cantos de Jerusalém. Construiu altos para cultuar os deuses pagãos em todas as cidades de Judá (2Cr 28.24,25). Até os portões do pórtico do templo foram fechados, e as lâmpadas, apagadas, e todos os sacrifícios e ofertas queimadas do templo foram proibidos (2Cr 29.7).

EZEQUIAS: NUNCA É TARDE DEMAIS

A nação de Judá foi reduzida à desgraça, atacada por todos os lados. Graças a Deus, um filho de Acaz sobreviveu. Mas que situação desesperadora este jovem rei de 25 anos tinha de enfrentar! Espere, veja o que Deus faz em favor e por meio de um jovem rei com o coração em chamas por ele.

A INFLUÊNCIA DE UM PROFETA

No ano em que Ezequias nasceu, Deus chamou Isaías por meio de uma maravilhosa visão e o tornou profeta. Isaías vivia em Jerusalém e era parente da família real. Era profundo observador de tudo que acontecia no palácio e na nação. Isaías era o profeta de Deus no lugar que Deus o colocou, no tempo de Deus.

As Escrituras não documentam quais eram as influências piedosas que prepararam Ezequias para o seu grandioso papel. Com um pai apóstata, totalmente entregue à idolatria e à rejeição de toda a herança piedosa de Israel, como foi que Ezequias chegou a uma dedicação tão completa ao Senhor?

Não seria por que Deus usou Isaías nos bastidores, em um papel mais estratégico? Isaías tinha acesso especial ao palácio. Era o profeta eloquente da nação. Certamente Isaías tornou-se conselheiro-pastor para o jovem príncipe Ezequias. Pode ser que tenham conversado e orado juntos muitas vezes sobre como Ezequias traria a nação de volta a Deus uma vez que se tornasse rei. A maioria dos avivamentos tem raízes em longos períodos de oração intercessória nos bastidores.

É provável que Isaías e Ezequias orassem repetidamente enquanto Acaz se tornava cada vez mais apóstata e Deus enviava juízo após juízo sobre Judá por causa dos pecados de Acaz e do povo. A nação cambaleava de um ataque para outro por parte dos países vizinhos. Seria tarde demais para Ezequias agir? A nação seria destruída antes de Ezequias tornar-se rei? Ezequias tinha prontos os seus planos, sobre os quais muito orara.

Mal podia esperar para começar a trabalhar em prol de um avivamento nacional. Talvez o seu pai, Acaz, nem tivesse sido sepultado quando Ezequias iniciou a sua reforma. A Bíblia diz que no primeiro mês de seu reinado Ezequias ordenou que os portais do templo fossem abertos e começassem os reparos. Chamou os sacerdotes e levitas e desafiou-os a restaurar o templo ao estado santo que tivera anteriormente. Ezequias disse-lhes: *Por isso, a ira do Senhor veio contra Judá e Jerusalém, e ele os entregou para serem objeto de horror, espanto e zombaria, como estais vendo com os vossos olhos.* [...] *Agora, tenho no coração o propósito de fazer uma aliança com o Senhor, Deus de Israel, para que a sua fúria se desvie de nós* (2Cr 29.8,10).

Os sacerdotes se consagraram e começaram a obedecer à ordem de Ezequias: *vieram purificar o templo do Senhor, conforme a ordem do rei, segundo as palavras do Senhor* (2Cr 29.15). Como Ezequias recebeu a palavra do Senhor? Provavelmente por meio de Isaías.

Durante oito dias, eles não fizeram nada além de purificar o templo, colocando para fora tudo que era imundo. É provável que isso incluísse não somente o entulho e a sujeira acumulada durante os anos em que o templo permaneceu fechado, mas também os ídolos que Acaz fizera e colocara no templo (2Cr 28.2). Todos eles foram destruídos e queimados à beira do ribeiro de Cedrom, assim como Asa fizera 150 anos antes (2Cr 15.16). Durante mais oito dias, limparam e consagraram o próprio templo e todos os seus utensílios sagrados. Então foram ao encontro de Ezequias.

Esse era o dia pelo qual o rei esperara. Na manhã do dia seguinte, o jovem rei conduziu a procissão até o templo. Tinha 28 animais prontos para o sacrifício como oferta pelo pecado, para serem imolados pelo pecado de toda a nação. Em seguida, começou imediatamente o culto no templo. Os sacerdotes e levitas tocaram os instrumentos e cantaram, como Davi havia ordenado muitos anos antes (2Cr 29.25,26). Toda a nação se curvou em adoração até ter completado o sacrifício.

Ezequias ordenou que louvassem o Senhor com as palavras de Davi e Asafe. Que alegria encheu o coração de todos ali presentes! Seus pecados foram perdoados, e o povo regozijava. Disse-lhes o rei: *Agora que vos consagrastes ao* Senhor, *chegai-vos e trazei sacrifícios e ofertas em ação de graças ao templo do* Senhor. *E a comunidade trouxe sacrifícios e ofertas em ação de graças, e todos os que estavam dispostos de coração trouxeram sacrifícios* (2Cr 29.31).

Foram trazidos tantos sacrifícios que não havia sacerdotes suficientes para completar o sacrifício, e assim os levitas os ajudaram. *Ezequias alegrou-se, e com ele todo o povo, por causa daquilo que Deus tinha preparado a favor do povo; pois isso tinha sido feito de improviso* (2Cr 29.36).

UM CONVITE AO AVIVAMENTO

Ezequias estava tão emocionado que enviou cartas a todo o Judá e a todos os judeus que haviam sobrevivido em Efraim e Manassés, convidando-os a celebrar a Páscoa: *Israelitas, voltai para o* Senhor, *Deus de Abraão, de Isaque e de Israel, para que ele se volte para o restante de vós que escapastes da mão dos reis da Assíria* [...] *porque o* Senhor, *vosso Deus, é bom e compassivo, e não desviará o rosto de vós, se voltardes para ele* (2Cr 30.6,9).

A intenção de Ezequias era unir os reinos. Que alegria veio sobre os piedosos de toda a terra. Era mais uma vez como nos dias de Davi e Salomão. É verdade que muitos tinham apostatado de tal forma que zombaram e ridicularizavam os mensageiros que levaram o convite. Mas muitos foram os que se humilharam e vieram em arrependimento buscar o Senhor. O avivamento sempre começa entre o povo mais próximo de Deus.

O povo ficou tão empolgado que se uniu na reforma-renovação. Andavam por Jerusalém limpando as ruas dos altares de incenso que Acaz erigira.

EZEQUIAS: NUNCA É TARDE DEMAIS 33

Que Páscoa então celebraram! Por mais de um século não houvera tal tempo de Páscoa e avivamento. Ezequias orou pelo povo, os sacerdotes tocaram seus instrumentos, os levitas cantaram, e todo o povo se alegrou.

Ezequias encorajou os levitas e agradeceu-lhes, dizendo que continuassem a boa obra. O povo teve comunhão e louvou a Deus durante sete dias, para então pedir mais. Não queriam ir para casa! Durante catorze dias, eles se reuniram, celebraram, louvaram e cantaram. Sacrificaram dois mil novilhos e dezessete mil ovelhas e cabritos.

O povo estava de tal modo aceso, avivado, abençoado, que todos queriam ajudar a purificar a nação da idolatria. *Depois que tudo isso terminou, todos os israelitas que estavam ali saíram às cidades de Judá e despedaçaram as colunas, cortaram os postes-ídolos e derrubaram os altares das colinas e os demais altares por todo Judá e Benjamim, como também em Efraim e Manassés, até os destruírem completamente. Depois, todos os israelitas voltaram para as suas cidades, cada um para o seu território* (2Cr 31.1).

Então Ezequias reorganizou os sacerdotes e levitas para seu serviço conforme haviam servido nos tempos de Davi. Fez doações generosas de suas posses pessoais e então conclamou o povo a trazer as primícias e os dízimos. A resposta foi de tal maneira sincera que todas as necessidades foram supridas, e ainda sobraram enormes pilhas de grãos. Construíram-se celeiros especiais para armazenar os dízimos e as ofertas. Quando as pessoas vivem o avivamento, a casa de Deus é amplamente suprida.

Conforme diz Esdras, o provável autor de Crônicas, *Ezequias fez isso em todo o Judá; e fez o que era bom, correto e fiel diante do* SENHOR, *seu Deus. Toda a obra que realizou no serviço do templo de Deus, e de acordo com a lei e os mandamentos, para buscar a seu Deus, ele a fez de todo o coração e foi bem-sucedido* (2Cr 31.20,21).

VITÓRIA NO MEIO DA NOITE

Asa e Josafá tiveram seus tempos de problemas, e com certeza Ezequias não estava isento de provações também. Depois de todo o avivamento e da reforma nacional que Deus fez por meio de Ezequias, Senaqueribe, o rei da Assíria, veio atacar o pequeno Judá. Imediatamente, Ezequias começou a guarnecer as fortificações de Jerusalém, designar oficiais sobre o povo e convocar uma assembleia nacional. *Sede fortes e corajosos; não temais, nem desanimeis, por causa do rei da Assíria, nem por causa de todo o exército que está com ele, pois está conosco um maior do que o que está com ele. Ele tem a força humana, mas nós temos o* SENHOR, *nosso Deus, para nos ajudar e lutar por nós. E o povo se tranquilizou com as palavras de Ezequias, rei de Judá* (2Cr 32.7,8).

Senaqueribe mandou os seus oficiais gritarem ameaças e insultos contra o povo, contra o rei e contra Deus. Ezequias e Isaías ficaram unidos em oração.

Senaqueribe mandou mais uma carta insultando Ezequias e o Senhor Javé. Novamente, Ezequias foi ao templo e derramou seu coração diante de Deus.

Na mesma noite, Deus enviou seu anjo vingador. Na manhã seguinte, tudo que Ezequias e seu povo encontraram foram os cadáveres de 185 mil soldados assírios. Senaqueribe voltou em desgraça para sua terra e, quando entrou no templo do seu deus, dois de seus filhos o assassinaram.

O avivamento de Ezequias foi característico dos avivamentos no Antigo Testamento. Contudo, ainda hoje Deus pode nos avivar. Senhor, envia de novo o teu fogo do avivamento!

CAPÍTULO SEIS

O AVIVAMENTO DE UM MONGE

Quando veio o avivamento a Florença, na Itália, em 1496-1498, o instrumento humano de Deus foi o católico romano italiano Savonarola. Quando começou o avivamento de Savonarola, Martinho Lutero era apenas um pequeno menino na Alemanha. Savonarola estava chocado com o vício e a imoralidade do mundo a seu redor na Itália e pela corrupção da Igreja Católica Romana. Quando jovem, ele andava à margem do rio Pó, cantando a Deus e chorando pelos pecados, pelas injustiças e pela pobreza do povo a seu redor. Ele chorava e lamentava a impudicícia, o luxo e a crueldade de muitos líderes na igreja. Ficava deitado, prostrado, durante horas a fio, sobre os degraus do altar na igreja, chorando e orando pelos pecados de sua época e os pecados da igreja.

O que pôde um monge desconhecido fazer em tempo de imoralidade tanto da sociedade quanto da única igreja existente naquela época? Embora católico devoto, as orações de Savonarola e sua vida cheia do Espírito ajudaram a preparar o caminho para a Reforma Protestante. Martinho Lutero chamou-o de "mártir do protestantismo". A sua vida é mais um exemplo glorioso de que um guerreiro de oração, pela graça de Deus, pode ser usado para virar a maré e preparar o caminho para um poderoso avivamento.

UM PROFETA DO ANTIGO TESTAMENTO
NO MUNDO DO NOVO TESTAMENTO

Aos 22 anos de idade, Savonarola escreveu um tratado, *Desprezo do mundo*, em que comparou os pecados da sua época com os de Sodoma e Gomorra. Saiu sem avisar sua família e entrou num monastério para dar início a uma vida de jejum e oração. Estava desesperado por ver Deus enviar o avivamento.

Durante anos, Savonarola estudou as Escrituras, esperava em Deus e orava. Um dia, Deus de repente deu-lhe uma visão: os céus se abriram, e uma voz ordenou que ele anunciasse ao povo as calamidades futuras da igreja. Transbordando de poderosa unção do Espírito Santo, Savonarola começou a pregar para a população.

Quando o Espírito de Deus vinha sobre ele, a voz de Savonarola trovejava ao denunciar os pecados do povo. Um poder avivador se apoderou de toda a região. Seus ouvintes — homens e mulheres, poetas e filósofos, artesãos e trabalhadores braçais — choravam aos soluços. As pessoas andavam pelas ruas tão impactadas pelo convencimento do Espírito Santo que durante dias ficavam pasmas e sem palavras.

Em diversas ocasiões, assentado no púlpito, o rosto de Savonarola parecia iluminado com um brilho celeste que todos na igreja viam, e ele subia ao púlpito em oração como que em transe, por até cinco horas de cada vez.[1] As igrejas menores não suportavam mais as multidões que iam ouvi-lo pregar, e por oito anos Savonarola pregou na grande catedral de Florença, na Itália. As pessoas chegavam no meio da noite, esperando as portas da catedral se abrirem, para que pudessem entrar e ouvir a mensagem. Savonarola profetizou que estaria com eles apenas oito anos.

REFORMA POR TODA A CIDADE

O Espírito do Senhor estava sobre Savonarola. Ele profetizou que o governante da cidade, o papa e o rei de Nápoles morreriam dentro de um ano, e foi o que aconteceu. Por meses ele profetizou que Deus puniria Florença com uma invasão vinda do outro lado dos Alpes. O rei Carlos VIII da França e seu exército atravessaram os Alpes e se prepararam para o ataque. Savonarola saiu sozinho para se encontrar com eles. Enfrentou sozinho o exército francês e duas vezes persuadiu o rei a voltar e não atacar Florença.

O governo ímpio foi deposto, e Savonarola ensinou o povo a estabelecer uma forma democrática de governo. Esse avivamento trouxe imensas transformações morais. O mundo parou de ler livros vis e mundanos. Os mercadores restituíram às pessoas os lucros excessivos que tinham extorquido. Criminosos e moleques de rua pararam de cantar cantigas pecaminosas e começaram a cantar hinos nas ruas. Foram proibidos e abandonados os carnavais. Foram feitas gigantescas fogueiras em que livros mundanos, máscaras, perucas e ilustrações obscenas foram queimados. As crianças faziam procissão de casa em casa cantando hinos, conclamando todos ao arrependimento e a tirar das casas toda espécie de "vaidade".

Fez-se uma grande pilha octogonal de objetos mundanos na praça pública de Florença, em sete níveis, de cerca de dezoito metros de altura e 73 metros de circunferência. Enquanto soavam os sinos, o povo cantava, e o fogo ardia, lembrando a fogueira do avivamento do apóstolo Paulo em Éfeso séculos antes (cf. At 19.18-20).

MARTÍRIO

O corrupto papa, os cardeais e os sacerdotes estavam enfurecidos. Com o tempo, inimigos políticos e religiosos incitaram uma rude turba a atacar

Savonarola. Derrubaram portas do santuário do convento onde ele estava e o capturaram.

Savonarola foi torturado severamente, e seus inimigos tentaram fazer com que confessasse heresia. Suas mãos foram amarradas por trás, ele foi içado a grande altura e deixado cair quase ao chão, e imediatamente içado de novo pela corda, puxando os ombros e rasgando seus músculos. Brasas vivas foram colocadas em seus pés para que ele abjurasse. Ele recusou. Isso foi repetido diversas vezes. De volta à sua cela, Savonarola se ajoelhava e pedia a Deus que perdoasse o povo.

Finalmente, Savonarola e mais dois monges companheiros foram levados para a execução diante de uma multidão de milhares de espectadores. Terrível silêncio pairou sobre a turba. As últimas palavras de Savonarola foram: "Não deveria eu voluntariamente morrer por aquele que tanto sofreu por mim?" Em seguida, comungou tão profundamente com Deus que parecia totalmente alheio ao que acontecia a seu redor. Ele e seus dois amigos foram enforcados na praça, e seus corpos, queimados.

UM HOMEM PODE TRANSFORMAR O MUNDO

Um homem sozinho, totalmente entregue a Deus, ardendo de paixão por avivamento na igreja e pela salvação de seu povo, durante vários anos mudara a maré contra a maldade na igreja, no governo e na vida do povo. Se Deus pôde usar Savonarola a trazer tão poderoso avivamento em tempos tão improváveis, o que ele poderá fazer em resposta a um movimento de oração da parte de milhares de crentes e líderes cristãos que amam Cristo hoje? Será que prepararemos o caminho do Senhor como fez Savonarola? Estaremos nos alimentando da Palavra de Deus e memorizando boa parte da Bíblia, como ele fez? Passaremos as noites e horas em oração e jejum como ele?

Savonarola não temia homens nem demônios. Ele expunha o pecado onde quer que o encontrasse. Foi pioneiro da Reforma Protestante, embora permanecesse fiel à Igreja Católica Romana mesmo excomungado pelo papa. Do púlpito, Savonarola respondeu que antes importava obedecer a Deus do que aos homens. Afirmou que o papa era pessoa falível como os demais pecadores e que errava e pecava como qualquer outro homem. Savonarola ressaltou que o líder da igreja daquela época, o papa Alexandre, havia comprado ilegalmente seu ofício com dinheiro e não era nem crente.

Ao crescer, Martinho Lutero foi grandemente influenciado pela vida, pelo ministério e pela morte de Savonarola. Com certeza, Savonarola é um dos grandes heróis na história da Igreja e na história dos avivamentos. Ele estará diante do trono do juízo de Deus como testemunha contra todos os que nos dias atuais negociaram sua consciência e ficaram calados para conseguir favores e posições na igreja, nas empresas e nos governos da terra. Ele denunciará os covardes que deixaram de condenar o pecado nos altos lugares, que diluí-ram suas convicções a fim de conseguir promoções, posições ou poder, até mesmo nas denominações e organizações cristãs.

CAPÍTULO SETE

AURORA DO GRANDE AVIVAMENTO

Nos anos 1500, outro monge, Martinho Lutero, foi guiado pelo Espírito Santo para liderar o avivamento na Alemanha. O seu movimento de renovação espalhou-se pela Suíça, por intermédio de Ulrico Zuínglio e João Calvino, e para a Escócia, por John Knox. Daquelas áreas, espalhou-se pela França, Escandinávia, Holanda e as Ilhas Britânicas. A renovação de Lutero foi verdadeira reforma, mais que avivamento. Os seus líderes, embora homens piedosos do século 16, foram vistos mais como reformadores do que avivalistas.

Nas localidades afetadas por esses líderes protestantes, Deus mandou o avivamento verdadeiro repetidas vezes. No coração recém-avivado das pessoas, igreja, governo e sociedade experimentaram uma transformação muito necessária. Os resultados não eram vistos como diversos avivamentos, mas como parte de um movimento amplamente difundido de reforma.

TRÊS JOVENS ARDENTES

Dois séculos após Deus ter usado Lutero, Calvino e outros na reforma da Europa, a vida espiritual das igrejas estava, em grande parte, extinta. Mais uma vez o pecado dominava as nações. Inquietação civil, motins, contrabando e violência ameaçavam a Inglaterra. A Revolução Francesa quase destruiu a França. Eram agora os anos 1730, e o Espírito de Deus ardia no coração de três jovens ingleses: John Wesley, de 34 anos, Charles Wesley, de 31 anos, e George Whitefield, de apenas 18 anos de idade.

O avivamento wesleyano, ou "Grande Avivamento", espalhou-se poderosamente pelas Ilhas Britânicas e a colônia da América do Norte, lançando um período na história da igreja em que, por quase dois séculos, houve recorrentes movimentos de avivamento.

Esse avivamento começou na Inglaterra e espalhou-se pelo País de Gales, Escócia e Irlanda.

Mais tarde espalhou-se para a América, por meio de Whitefield e colportores-pregadores itinerantes metodistas como Francis Asbury. Em todos os lugares que os Wesleys, Whitefield e seus sucessores chegavam, o fogo de salvação e avivamento começava a arder. Quase todas as denominações experimentaram renovação de crescimento, mas por mais de cinquenta anos foi o movimento metodista que demonstrou com maior profundidade o fogo do avivamento de Deus.

A INGLATERRA ANTES DO AVIVAMENTO

O século 18 foi um tempo de grandes trevas morais e espirituais, inquietação política e carências sociais em muitas partes do mundo. Na Inglaterra, o deísmo teve efeitos devastadores, e a autoridade da Bíblia ficou abalada no país inteiro. Eram abundantes a indiferença espiritual e o ceticismo, e a liberdade havia se degenerado em licenciosidade. A religião fora esvaziada da sua espiritualidade e do seu poder. Vista com desprezo, era no máximo um código de ética. As massas eram intocadas pela igreja. Aqui e acolá havia alguns ministros piedosos e fiéis, mas o clero, em grande parte, era constituído de líderes de fachada que, além de não ensinar a doutrina da salvação pela fé, ainda se opunham a ela. Muitos eram conhecidos por hábitos de embriaguez. Às vezes até mesmo lideravam os tumultos contra os avivalistas.

Nos círculos mais altos da sociedade, pessoas zombavam quando a religião era mencionada. A grande maioria dos estadistas de renome era descrente, e eles eram conhecidos por sua vida grosseiramente imoral, que escarnecia do casamento. As famosas cartas de lorde Chesterfield para educar seu filho incluíam instruções de como seduzir as mulheres.

Muitos do clero, sustentados pelo Estado, não viviam perto das igrejas para as quais tinham sido designados. Recebiam seus proventos, mas alguns jamais viram sua paróquia. Certo bispo gabou-se de que só teria ido uma vez à sua paróquia — vivia habitualmente à beira da lagoa. Os cultos nas igrejas estavam em declínio, os prédios das igrejas caindo aos pedaços, a adoração era negligenciada. Não mais que quatro ou cinco membros da Câmara dos Comuns frequentavam a igreja. Certa vez, o lorde Bolingbrooke repreendeu um grupo de pastores por seu estilo de vida, dizendo que era "o maior milagre do mundo" o cristianismo sobreviver quando estava entregue nas mãos de "homens tão anticristãos quanto os senhores".[1]

O povo comum na Inglaterra antes do avivamento era, em sua maioria, gente ignorante e espantosamente cruel. As escolas existiam somente para a elite. Poucas cidades tinham qualquer espécie de força policial, e a ralé saqueava e pilhava Londres e Birmingham, queimando as casas, escancarando as cadeias e aterrorizando o povo.

Os criminosos ficaram cada vez mais ousados e intimidavam a população. Uma em cada três casas em Londres vendia bebida forte, e bares convidavam o público a "embebedar-se por uma moeda, ou beber até cair por duas patacas, e palha sobre a qual deitar até acabar o torpor da bebedeira".[2]

Os moradores de Londres raramente viajavam depois do anoitecer, até mesmo para os subúrbios mais próximos, a não ser com uma escolta armada. Os contrabandistas operavam nas regiões costeiras, e bandos armados levavam as mercadorias até Londres. Até mesmo as atividades esportivas eram brutais: brigas de galo, touradas, brigas de ursos e selvagens rinhas de buldogues.

A despeito da força policial ineficaz, a justiça criminal era implacável. Havia pelo menos 160 atos declarados como "passíveis de pena de morte sem benefício de clero" — ou seja, morte imediata. Derrubar uma cerejeira, surrupiar alguma coisa da mão de um homem e fugir com ela, roubos de quarenta xelins ou mais de uma casa, roubar de uma loja o valor de cinco xelins — até 1800, todas essas coisas levavam à pena de morte. Há documentação de que quarenta a cinquenta pessoas eram enforcadas a cada sessão dos tribunais.

As cadeias estavam cheias, eram escuras e imundas, com o cheiro ofensivo dos esgotos abertos que corriam pelas celas das prisões. Não havia roupa de cama e faltava água, e oferecia-se apenas dois pedaços de pão por pessoa ao dia. Muitos prisioneiros morriam em seus calabouços sujos e sombrios. Foi nessas prisões que Wesley e outros membros de seu grupo começaram a ministrar no início do período do avivamento.

O CLUBE SANTO

No início da década de 1730, os irmãos Wesleys juntaram alguns colegas estudantes no quarto de John no Lincoln College, Universidade de Oxford, buscando sinceramente a santidade. A membresia passou a ser de quinze pessoas, nunca mais que 25. Depois que John deixou Oxford em 1735, o grupo se desintegrou.[3] Inicialmente, ele foi chamado de "Clube Santo".

Esses jovens buscavam viver sob rigorosas regras, no intuito de alcançar a santidade. Havia um método de autoexame, toda semana participavam da comunhão, jejuavam a cada quarta e sexta-feira em imitação à igreja primitiva, e visitavam regularmente os prisioneiros e enfermos. Procuravam diligentemente agradar a Deus e ser santos com seus métodos, pelo que muitas pessoas começaram a chamá-los de "metodistas".

John e Charles Wesley foram à América servir aos indígenas e colonos, mas obtiveram pouco sucesso. Seus altos padrões de vida santa e sua pregação direta contra os pecados mais populares fazia as pessoas fecharem o coração contra eles. Voltaram para a Inglaterra após um ano e meio. Mas Deus viu esses corações famintos e sinceros. George Whitefield, Charles Wesley e, em 24 de maio de 1738 o próprio John Wesley, obtiveram a certeza de que seus pecados foram perdoados, e a partir de então começaram a ensinar e pregar a salvação imediata pela fé.

Apesar da reforma espiritual de dois séculos antes, a possibilidade imediata de salvação ou de certeza da salvação era desconhecida pelas igrejas.

FOGO DO AVIVAMENTO

Quando os Wesleys e Whitefield começaram a pregar essa doutrina, foram desprezados e quase excluídos da igreja, apesar de serem ministros ordenados pela Igreja Anglicana. Essa agora era sua mensagem e testemunho ardente, e eles a proclamaram por toda parte.

COMEÇA O AVIVAMENTO

No dia de ano-novo de 1739, John e Charles Wesley, George Whitefield e mais quatro membros do Clube Santo, com mais sessenta pessoas de pensamento semelhante, promoveram uma "festa de amor" em Londres, na Fetter Lane.

> Cerca de três horas da manhã, quando continuávamos instando em oração, veio sobre nós o poder de Deus de maneira poderosa, a ponto de muitos gritarem, não se contendo de alegria, e outros caírem ao chão (vencidos pelo poder de Deus). Logo que nos recobramos um pouco daquele espanto e senso de admiração da presença de sua majestade, rompemos a uma só voz: "Louvamos-te, ó Deus; reconhecemos que só tu és o Senhor".[4]

Esse acontecimento tem sido chamado de o *Pentecostes metodista*.

Cinco noites depois disso, oito desses "metodistas" oraram e conversaram até altas horas, saindo de lá "convictos de que Deus estava prestes a fazer grandes coisas". Em outra noite dessa mesma semana, um grupo se reuniu e passou a noite inteira em oração.

No fim de semana seguinte, em 14 de janeiro de 1739, Whitefield foi ordenado. Passou o dia antes de sua ordenação em jejum e oração até o entardecer. Levantou-se cedo no domingo pela manhã para orar. "Quando subi ao altar, não pude pensar em nada senão em Samuel, menino diante do Senhor [...]. Quando o bispo impôs as mãos sobre mim, meu coração foi derretido, e ofereci-me, espírito, alma e corpo, ao serviço do santuário de Deus! Com a ordem do bispo, li o Evangelho com poder."[5]

Daquele dia em diante, Whitefield pregou com grande unção e poder. Contava apenas 22 anos de idade, mas sempre que falava as multidões se ajuntavam para ouvi-lo. As suas salas estavam cheias de estudantes de Oxford. Ele escreveu: "Durmo muito pouco. Tivesse eu mil mãos, empregá-las-ia todas. Quisera ter mil línguas para louvá-lo. Ele ainda opera em mim mais e mais".

Nos primeiros dias do grande avivamento, foi Whitefield, mais do que John Wesley, quem ousou inovar e liderar. Quando Whitefield pregou na igreja de Bermondsey em fevereiro de 1739, a multidão era tão grande que até o quintal ficou cheio. Deus conduziu Whitefield a ir para fora a fim de pregar. Em vestes clericais, Whitefield pregou seu primeiro sermão ao ar livre a uma congregação de duzentas pessoas, e começou um novo dia na história do evangelho.

AURORA DO GRANDE AVIVAMENTO

As multidões se avolumavam a cada dia, até chegar a umas 20 mil pessoas reunidas. Alguns dos ricos ficavam sentados em suas carruagens, e outros, em seus cavalos. Algumas pessoas subiam nas árvores, e por toda parte as pessoas se juntavam pelo terreno para ouvir a pregação de Whitefield. Por vezes, todos eram levados às lágrimas, tomados pelo Espírito de Deus.

Dentro de seis semanas, John Wesley tomou seu lugar ao lado de Whitefield. Como membro da "Alta Igreja" Anglicana, Wesley tinha de vencer muitos preconceitos. No segundo dia da pregação, a mensagem de Whitefield foi: "O Espírito do Senhor está sobre mim, porque me ungiu para proclamar o evangelho aos pobres". Ele via as massas acossadas e desamparadas, ovelhas sem pastor, e, como Cristo, estava comovido de compaixão.

Charles Wesley era o mais emotivo e simpático dos três. As lágrimas rolavam de suas faces enquanto falava, e seus ouvintes eram profundamente impactados. Whitefield era o orador proeminente do movimento, tornando-se talvez o maior pregador-orador da Inglaterra. John Wesley não era um orador tão poderoso quanto Whitefield, mas era mais organizado, tinha uma personalidade mais dominadora e viveu 21 anos a mais que Whitefield. Tiveram diferenças doutrinárias, mas permaneceram amigos chegados até a morte de Whitefield.

Nos próximos capítulos, veremos mais de perto os ministérios desses três jovens e o fogo do avivamento que ardeu e incendiou duas nações por seu intermédio.

CAPÍTULO OITO
GEORGE WHITEFIELD:
EM CHAMAS POR DEUS

No ano e meio antes de navegar até a América, George Whitefield pregou a multidões em quase todo lugar que ia. Tinha apenas 22 anos, mas seu nome se tornou conhecido em todas as casas por toda a Inglaterra. Era homem de oração, compaixão e verdadeira humildade. Desde sua primeira mensagem após sua ordenação até o final de sua vida, Whitefield manteve um único alvo: ganhar almas. Entre os sermões, ele gastava boa parte do tempo aconselhando e orando com pessoas que estavam convictas de seu pecado. Era chamado de "o Despertador" e "o que trouxe o fogo". O Deus que respondera com fogo nos dias de Elias estava operando através de George Whitefield.

Em Bristol e Londres, as multidões se comoviam. Em certo lugar, foi preciso consagrar os elementos da comunhão quatro vezes, porque eram muitas as pessoas que vinham comungar. Em algumas ocasiões, Whitefield chegou a pregar quatro vezes em um único domingo, começando às 6 horas da manhã, dado o grande número de pessoas que vinham ouvi-lo. As igrejas ficavam tão abarrotadas que os guardas tinham de estar às portas para manter a ordem. Milhares foram mandados embora por falta de lugar.

Em 28 de dezembro, Whitefield embarcou para a América. Imediatamente, Deus começou a usá-lo no navio, onde pregava e ensinava a Bíblia. Os dois navios menores que o acompanhavam se aproximavam de cada lado para todos ouvirem. Quando pararam em Gibraltar, Whitefield pregou para os soldados e pessoas da localidade. O auditório rapidamente aumentou de trezentas para mil pessoas.

Ao chegar à Geórgia, Whitefield começou o trabalho do Senhor, mas três meses depois voltou para a Inglaterra a fim de levantar fundos para um orfanato que queria construir na América. Chegou à Inglaterra em 10 de novembro de 1738, após uma perigosa viagem de nove semanas.

O AVIVAMENTO CHEGA À INGLATERRA

Enquanto Whitefield estivera na América, John e Charles Wesley mantiveram vivas as chamas sagradas em sua terra. O encontro dos três, com a chegada de Whitefield, pode ser chamado de lançamento oficial do poderoso movimento de Deus de avivamento na Inglaterra.

O ciúme por parte dos outros pastores fez que as portas das igrejas se fechassem para Whitefield em Bristol. Ele foi então a uma região notória da cidade chamada Kingswood e pregava ao ar livre. Kingswood era um distrito de cerca de 16.200 m^2 nos limites de Bristol, onde moravam os mineradores de carvão. Os mineiros não se misturavam às outras classes de trabalhadores. As pessoas estremeciam diante das sujas choupanas e chamavam os mineradores de completos pagãos que viviam como selvagens. Alguns sugeriram a Whitefield: "Por que ir à América pregar aos índios? Vá a Kingswood pregar aos carvoeiros".

Whitefield pregou sua mensagem a duzentas pessoas chocadas, que jamais tinham visto um clérigo vestido de roupa clerical, falando fora de um prédio de igreja. Ele sentiu-se tão seguro da presença e bênção de Deus que voltou, e dessa vez cinco mil pessoas se reuniram para escutá-lo. As multidões logo aumentaram para vinte mil. Às vezes quase toda a congregação chorava, convicta. Conforme descreve um escritor, "lágrimas abundantes marcavam com riscos brancos as faces enegrecidas dos que saíam das minas de carvão".[1]

Durante seis semanas, Whitefield pregou em Kingswood, e milhares foram tocados pelo Espírito Santo. Ele pregou nos terreiros das fábricas de vidro para o povo mais desesperado e pecador. Foi até Moorfields — um parque frequentado para lazer e prazer em Londres, dos mais vis e notórios — e depois a Kennington Common, um lugar ao ar livre usado pelo governo para os enforcamentos públicos. Trinta mil pessoas se reuniram ali para ouvir sua primeira mensagem. O cântico das pessoas podia ser ouvido pelos campos, e a voz de Whitefield era tão clara que podia ser entendida a mais de 1 quilômetro e meio de distância. Todas as classes de pessoas, dos nobres até os mais pobres, se reuniam para ouvi-lo. Muitas vezes os nobres escutavam-no de dentro de suas carruagens, enquanto o povo comum sentava no chão.

PORTAS SE FECHAM E PORTAS AINDA MAIORES SE ABREM

Whitefield foi então até a pista de corridas do charco de Hackney e pregou para dez mil pessoas que ali estavam para assistir às corridas. A maior parte do povo ignorou a corrida e, em vez disso, escutou o evangelho proclamado por Whitefield. Alguns dias depois, ele foi aos Campos de Marylebone, onde se reuniram trinta mil pessoas. Mais tarde, em Moorfields, sessenta mil pessoas ouviram a pregação. A essa altura, quanto mais Whitefield pregava, mais oposição enfrentava por parte da igreja.

46   FOGO DO AVIVAMENTO

Ameaças foram feitas por bandidos mal-encarados, que diziam que Whitefield não sairia vivo de lá. Às vezes, quando pregava ao ar livre, ele tinha de passar sozinho pela populaça para encontrar um lugar de onde poderia pregar. Certa vez, a mesa sobre a qual Whitefield ficaria em pé foi esmagada antes que ele pudesse chegar até ela. No entanto, ele pregou sem ser molestado para multidões de milhares. Em determinado local, ele pregou para quinze mil de manhã, e à noite para o dobro dessa quantidade; no entanto, esses milhares ficaram em pé tão silenciosamente que alguém poderia pensar que apenas cinquenta pessoas estavam presentes.

Pastores eminentes ficaram de tal modo enraivecidos que atacaram Whitefield e publicaram panfletos contra ele. Corajosamente, ele continuou. Enquanto isso, Wesley pregava para multidões semelhantes em Bristol, e as suas mensagens receberam oposição ainda maior. Contudo, o Espírito Santo ministrava ainda mais pelas mensagens calmas de Wesley que pelos sermões impetuosos de Whitefield, e numerosas pessoas caíam ao chão como que atingidas por um raio.

DE VOLTA À AMÉRICA

Depois de uma turnê de pregações pelas cidades da Inglaterra, Whitefield novamente embarcou para a América. Passou as onze semanas da viagem em oração apaixonada, examinando a si mesmo e estudando a Bíblia. Ao chegar à América, começou calorosa e duradoura amizade com Benjamin Franklin, que publicou os sermões e diários de Whitefield. Aonde quer que fosse, Whitefield levantava ofertas para o projeto do orfanato, assim como fizera na Inglaterra.

Enquanto Whitefield atravessava a América, teve muitos contatos com os presbiterianos, e sua posição teológica tornou-se mais fortemente calvinista. Viajou em triunfo de cidade em cidade: New Brunswick, Elizabethtown, Maidenhead, Neshaminy, Abington e de volta à Filadélfia. Considerando a relativa escassez da população dos Estados Unidos, as multidões atraídas por Whitefield foram fenomenais. Em Neshaminy, três mil pessoas se reuniram, mil delas assentadas em seus cavalos, enquanto ele pregava. Em Germantown eram seis mil. Duzentos cavaleiros o acompanharam quando ele viajou de lá até Filadélfia. Quando Whitefield foi a Chester, três mil pessoas foram ao seu encontro. Duas mil pessoas fizeram fila na rua em Newcastle, e mais tarde, no mesmo dia, duas mil pessoas se reuniram em Christian Bridge. No dia seguinte, dez mil pessoas voltaram a Christian Bridge, centenas delas a cavalo. Whitefield pregou dois sermões, com pequeno intervalo entre eles.

O governador de Maryland assistiu a uma das pregações de Whitefield, e alguns dias depois convidou-o a jantar com ele e o governador da Virgínia. Durante cinco meses, Whitefield ia de lugar em lugar, atravessando a Virgínia e a Carolina e entrando na Geórgia. Chegando a Savannah, Whitefield dedicou-se principalmente ao projeto do orfanato. Já estava sustentando 150 órfãos, mas lutava continuamente por trazer fundos suficientes para suprir as suas necessidades. Os pequenos vilarejos em que ele pregava não conseguiam doar o suficiente para manter ativo o projeto do orfanato. Assim, Whitefield voltou a Boston, onde vinte mil pessoas o escutaram, e mais uma vez o dinheiro foi ofertado para o seu orfanato.

UM LAR EM BETHESDA

No orfanato de Whitefield em Bethesda, o dia das crianças começava às cinco da manhã, com quinze minutos de oração particular. Às seis horas, eles se reuniam na capela para cantar hinos e para ouvir a lição bíblica da manhã dada por Whitefield ou pelo diretor. Tomavam café da manhã às sete horas, depois de um hino matinal e oração espontânea. Das oito às dez horas, passavam o tempo trabalhando. As meninas aprendiam tarefas domésticas, tais como fiar e tecer, colher algodão, costura, tricô e crochê, limpeza, carregar água e cortar lenha. Os meninos aprendiam os ofícios de sapateiro, alfaiataria, carpintaria e outras habilidades.

As aulas na escola iam das dez horas da manhã às quatro horas da tarde, com um intervalo de duas horas ao meio-dia para almoçar. Das quatro horas da tarde às seis horas, as crianças voltavam ao trabalho, e o jantar era servido às seis da tarde. Às vinte horas, Whitefield ensinava o catecismo, e às 21 havia um leve lanche e quinze minutos de oração particular antes de se deitarem. Isso lhe parece opressor aos órfãos? Comparado aos trabalhos forçados que outras crianças sem lar suportavam naquele tempo, era uma quase feliz atmosfera de calma, música e método.

O JOVEM GANHADOR DE ALMAS

Whitefield havia conseguido muito durante esse breve tempo; ele ainda tinha apenas 25 anos. Em setembro, voltou a Boston, pregando para quatro mil pessoas e, no domingo seguinte, para quinze mil na praça central da cidade. A população total de Boston era de dez a doze mil pessoas. Em uma reunião, um clérigo de Boston o cumprimentou: "Estou triste por vê-lo aqui". Whitefield replicou: "O diabo também". Ele continuou até Cambridge, onde foi recebido por uma multidão de sete mil pessoas.

Havia vezes em que os aposentos de Whitefield estavam tão cheios de inquiridores que ele mal conseguia achar tempo para comer. Quando saiu de Boston, seu auxiliar, Gilbert Tennent, continuou o ministério durante mais quatro meses. Dois pastores de Boston testificaram, cada um, que mais pessoas os procuraram pedindo oração e auxílio espiritual em uma semana do que nos 24 anos anteriores. O avivamento continuou por um ano e meio. Os cultos nas igrejas estavam repletos, a não caber mais. Foram iniciadas trinta sociedades religiosas, e quase toda noite os pastores conduziam reuniões nas casas particulares.

Whitefield chegou a Northampton, onde Jonathan Edwards pastoreava. O despertamento por Edwards começara em 1737, e quase toda pessoa da cidade, jovem ou mais idosa, tinha sido impactada por esse avivamento. Toda a cidade estava cheia da presença de Deus.

Quando Whitefield entrou no território de Edwards, derramou combustível diferente sobre o fogo. Edwards e Tennent haviam enfatizado o terror de Deus, o juízo e o lado mais tenebroso da mente calvinista. Mas Whitefield pregava as consolações de Deus, os privilégios de seus filhos e o derramamento do Espírito sobre os crentes. Em vez de aflição contínua pelo pecado, as pessoas agora experimentavam uma renovação espiritual quando Whitefield pregava um evangelho terno, positivo, de restauração.

Aonde quer que Whitefield fosse, de cidade em cidade, entre Northampton e a cidade de Nova Iorque, Deus acendia a chama do avivamento em cada lugar. Ao chegar a Nova Iorque, Whitefield sentiu-se tão carente e indigno que se lançou sobre o chão em humildade diante do Senhor. Estava tão enfraquecido que mal conseguia chegar à igreja onde era esperado para falar.

Mal começara seu sermão quando o Espírito de Deus veio sobre a congregação. De todo lado do prédio ouvia-se choro em alta voz. Muitos caíram nos braços dos outros. Whitefield derramou seu coração até não mais poder falar. Em Staten Island, "o fogo do céu caiu sobre as multidões". Whitefield continuou até Filadélfia e então voltou a Savannah, Geórgia. Apesar das ofertas angariadas no caminho para o orfanato, Whitefield ainda tinha uma dívida considerável. Assim, em janeiro de 1741, ele voltou para a Inglaterra.

O impacto de Whitefield sobre as igrejas na colônia americana foi fenomenal. As igrejas congregacionais da Nova Inglaterra foram avivadas. As igrejas presbiterianas e batistas dos estados centrais receberam novo poder e força. As colônias mistas do sul da colônia tiveram novo zelo e foram energizadas. Os sermões publicados de Whitefield conduziram à fundação da igreja presbiteriana na Virgínia e além. Os batistas da Virgínia, do Sul e do Sudoeste, construíram sobre os fundamentos de seu ministério. Whitefield não organizou igrejas a partir dos resultados de sua pregação, mas o seu ministério preparou o caminho para os zelosos pregadores itinerantes de Wesley que vieram alguns anos depois.

CAPÍTULO NOVE
O MINISTÉRIO DE WHITEFIELD CONTINUA

Durante o tempo em que Whitefield esteve na América, o fogo do avivamento continuou a brilhar na Inglaterra. Deus usou os irmãos Wesley em Londres, Howell Harris no País de Gales, e Benjamin Ingham em Yorkshire. Quando Whitefield retornou à Inglaterra, as diferenças doutrinárias entre ele e John Wesley ficaram mais evidentes. No começo, muitos a quem Whitefield pregara anteriormente se recusaram a escutá-lo, escolhendo seguir Wesley. Contudo, Whitefield e os Wesleys permaneceram bons amigos.

Whitefield foi à Escócia pela primeira vez, e, aonde quer que fosse, o fogo do avivamento começava a arder. Pregou em cidade após cidade da Escócia. Interrompeu esse ministério de avivamento para viajar até o País de Gales, onde se casou com uma viúva de 36 anos. Ele mesmo contava apenas 26 anos de idade.

No final de 1741, Whitefield voltou para Bristol e começou a atravessar a Inglaterra, falando a milhares, com o poder de Deus sobre ele. Desse tempo em diante, a rotina de Whitefield quando estava nas Ilhas Britânicas era pregar no centro de Moorfields durante o inverno e viajar por outras partes da Inglaterra durante o verão.

Whitefield descreveu sua segunda-feira da Páscoa em Moorfields. Às seis horas da manhã, já havia cerca de dez mil farristas nessa área espaçosa. Com uma grande congregação de pessoas orando por ele, Whitefield começou a pregar. Um silêncio diante de Deus veio sobre essa multidão mundana. Muitos foram movidos às lágrimas. Ao meio-dia, Whitefield saiu novamente, estimando que havia entre vinte e trinta mil pessoas no ajuntamento. Os opositores jogavam pedras, sujeira, ovos podres e gatos mortos em sua direção. Contudo, enquanto ele continuava a pregar, as pessoas, na maioria, se tornavam "como cordeirinhos", e Whitefield anunciou que haveria um terceiro culto às seis horas da tarde.

A essa altura, mais pessoas do que antes se ajuntaram na área. Quando Whitefield começou a pregar, muitas pessoas abandonaram os artistas e palhaços que se encontravam em outros lugares da área. Um inimigo tentou atingir Whitefield com um pesado e comprido chicote. Outros opositores tocavam tambores para abafar a sua mensagem. A despeito de numerosas perturbações, Whitefield continuou a pregar por três horas. Trezentas e cinquenta pessoas se converteram naquele dia e mais de mil entregaram-lhe bilhetes pedindo orações.

No dia seguinte, Whitefield teve ousado programa semelhante no campo de Marylebone, e no outro dia voltou a Moorfields.

PODEROSO AVIVAMENTO EM CAMBUSLANG

Dois anos antes do retorno de Whitefield à Escócia, um ministro piedoso, mas comum, de Cambuslang, havia lido para a sua congregação os relatos do ministério de Whitefield e do avivamento na América. Mais tarde, esse pastor pregou uma série de sermões sobre o novo nascimento. De repente, caiu sobre o povo o fogo de Deus.

O ministro pregava diariamente e, entre os cultos, orava com as pessoas que estavam convencidas dos seus pecados. Em menos de três meses, trezentas pessoas haviam se convertido. O fogo do avivamento espalhou-se para quatro paróquias próximas e, por fim, para Kilsyth, a quase vinte quilômetros de Glasgow.

Quando Whitefield chegou a Edimburgo em junho de 1742, assentos para duas mil pessoas tinham sido providenciados em um parque. Ele pregou duas vezes por dia para grandes multidões e visitava três hospitais com regularidade. Em 8 de julho, Whitefield chegou a Cambuslang, onde pregou à tarde para grandes multidões e novamente à noite.

Ele descreve o acontecimento: "Tal comoção nunca havia sido ouvida, especialmente por volta das onze horas da noite. Foi de longe muito além de qualquer coisa que eu tivesse visto na América. Por cerca de uma hora e meia, havia tanto choro, tantas pessoas em profunda aflição, que a manifestavam de várias maneiras, impossível de descrever. Grande número de pessoas foi profundamente tocado. As pessoas eram levadas para casa como se fossem soldados feridos retirados do campo de batalha. Seu pranto e agonia eram profundamente sentidos". Quando Whitefield parou de pregar, o pastor da paróquia pregou outro sermão até uma hora da madrugada. Mesmo então o povo não queria ir embora. A noite inteira era possível ouvir oração e louvores nos campos.[1]

A COMUNHÃO DOS SANTOS

Dois dias depois, trinta mil pessoas se reuniram para ouvir o sermão dominical de Whitefield. Mil e setecentas pessoas receberam a eucaristia, ministrada em duas tendas. Quando as pessoas voltaram naquela tarde para os seus vilarejos nas áreas vizinhas, contavam por onde passavam a história do avivamento. Em 15 de agosto, um segundo culto de comunhão foi realizado em três tendas armadas para a ocasião. Cultos dessa espécie jamais tinham sido vistos na Escócia, com doze pastores oficiantes, três mil pessoas recebendo a comunhão, estando presentes entre trinta mil e cinquenta mil pessoas. Muitos tinham vindo da Inglaterra e da Irlanda. O avivamento de Cambuslang sacudiu toda a Escócia e propagou seu fogo por todo o país.

Em 3 de outubro, em Kilsyth, doze ministros presidiram um culto de comunhão que durou de 8h30 da manhã até as 20h30. Vinte e dois cultos separados de comunhão foram realizados. Whitefield relatou: "Vi dez mil pessoas tocadas em um momento, alguns de alegria, outros em prantos [...] alguns desmaiando nos braços de amigos".[2]

PARA GALES E ALÉM

Howell Harris, amigo de Whitefield, havia fundado recentemente o movimento metodista calvinista em Gales. Em 5 de janeiro, Whitefield presidiu a primeira conferência do grupo. Como moderador dessa nova denominação, ele viajou de um lado a outro, por toda a largura e extensão de Gales, pregando a três mil em Neath, quatro mil em Swansea, e a vários milhares em outras cidades. Em apenas três semanas, viajou cerca de 650 quilômetros e pregou quarenta vezes em treze cidades de sete municípios diferentes. Whitefield e seus seguidores enfrentavam turbas enraivecidas, e alguns deles foram atacados e feridos.

Whitefield voltou para sua quinta viagem, chegando no dia 26 de outubro de 1744. Pregou em Boston e arredores por três meses, com uma audiência média de cerca de duas mil pessoas a cada vez. Viajou por Connecticut e Rhode Island, pregando para milhares de pessoas, geralmente duas vezes ao dia. Durante esse tempo, Deus enviou o avivamento aos índios de Delaware mediante as orações e o ministério de David Brainerd.

Whitefield chegou em Bethesda em janeiro de 1746. Em diversas ocasiões, foi até Maryland e Virgínia, onde iniciou o avivamento por meio da leitura de seus sermões. Aparentemente, sua esposa ficou em Bethesda quando ele voltou à Nova Inglaterra. A saúde de Whitefield era precária, e ele viajou às ilhas Bermudas para descansar. Achou quente demais o clima de lá e, assim, tomou um navio de volta à Inglaterra, esperando voltar dentro de poucos meses a Bethesda para encontrar sua esposa.

EVANGELISMO EM MASSA

Milhares de pessoas deram boas-vindas a Whitefield em sua chegada a Londres. Em 1749, ele entregou a direção da Igreja Metodista Calvinista de Gales. Pregou às multidões durante curta visita à Escócia. Voltando a Plymouth, no sul da Inglaterra, foi recebido a cerca de dezesseis quilômetros da cidade por uma grande cavalgada, e pregou para milhares a cada noite durante uma semana.

No inverno de 1749-1750, Whitefield pregou para enormes congregações às seis horas da manhã todo dia, antes do início do expediente comercial. Por vezes, ele e Wesley trocavam de púlpitos. Whitefield não tinha mais força física, e na verdade estava muito doente. Às vezes ele pregava com tanta paixão que vomitava sangue, mas não se poupava.

Com a chegada da primavera, Whitefield começou novamente a atravessar o país. Em dois meses, pregou noventa vezes para aproximadamente 240 mil pessoas. Na Irlanda, pregou para as maiores multidões. Voltou à Inglaterra, e milhares o ouviram em Moorfields, Bristol e Gales. Passou o ano de 1753 "arando e atravessando a terra", atraindo multidões cada vez maiores — até vinte mil em Leeds, como também em Glasgow. Whitefield inaugurou seu primeiro tabernáculo em Bristol, mas voltou repentinamente a Londres ao ouvir falar da doença grave de seu amigo John Wesley. Wesley sarou e viveu ainda mais quarenta anos.

FERIDO E DE CORPO ENFRAQUECIDO

Whitefield passou mais um ano na América e então retornou à Inglaterra para um período de oito anos. Durante uma viagem de pregações na Irlanda, os católicos romanos o apedrejaram, e ele ficou a beira da morte. Levara fortes socos no rosto e na cabeça, deixando-o "quase sem fôlego e coberto de sangue por todo lado". A cicatriz da ferida na testa ficou marcada pelo resto de sua vida.[3]

O corpo de Whitefield enfraquecia a cada dia, e em 1758 ele só conseguia pregar uma vez a cada dia e três vezes aos domingos. Sua saúde era tão precária que ele tinha de viajar de carruagem em vez de a cavalo.

Contudo, entre 1763 e 1768 fez mais duas viagens à América. Em agosto de 1768, com a morte de sua esposa, voltou a Londres para pregar o sermão fúnebre. Pouco tempo depois, pregando e escrevendo em Gales, sofreu um derrame e novamente quase morreu. O "trio santo" — John e Charles Wesley e Whitefield — começou a se reunir com frequência na casa de Whitefield. John Wesley lamentava ver o estado de saúde tão ruim do amigo. Os três homens cantavam, oravam e compartilhavam um "banquete de amor", deleitando-se na preciosidade de Cristo. Em uma carta a seu rebanho no Tottenham Court Road, em Londres, Whitefield escreveu: "Tivesse eu força igual à minha vontade, voaria de um ao outro polo. Embora cansado e quase totalmente desgastado, não estou cansado do serviço de meu bendito mestre. Oh, amem-no. Amem-no!"[4]

SERMÕES DE ADEUS

Em 1769, Whitefield pregou pela última vez em diversos lugares. Em Londres, afirmou: "É agora a hora de pregar meu próprio sermão fúnebre. Irei atravessar o Atlântico pela décima terceira vez. Poderia ter sido rico, mas agora, embora esta capela esteja construída, e ainda que eu tenha salas confortáveis onde viver, asseguro-lhes que construí meus aposentos às minhas custas. Nada custou a ninguém, e garanto-lhes que os deixo com a mente tranquila [...] tenho em vista uma terra muito melhor".[5]

Whitefield escreveu ao avivalista John Wesley: "O que Deus tem feito por nós, em nós, através de nós! [...] Oh, a altura, profundidade, comprimento e largura de teu amor, ó Deus! Com certeza ultrapassa todo o entendimento!"[6] Whitefield chegou novamente a Bethesda em 14 de dezembro de 1769. Em 24 de abril de 1770, deixou a cidade pela última vez. Chegando a Filadélfia, encontrou os dois primeiros missionários enviados por Wesley à América e fez o que podia para ajudá-los. Pregou durante três semanas em Filadélfia e foi então a Nova Iorque. Em julho, pregou a cada dia, viajando por um circuito de cerca de 800 quilômetros a grande congregações, sempre movido pelo Espírito.

Whitefield escreveu: "Ah! Que novo cenário de utilidade está se abrindo em diversas partes do Novo Mundo! Trabalho novo em todos os lugares em que tenho estado! A divina influência está como era no princípio". A sua pregação "nunca esteve mais poderosa ou mais popular do que agora".[7]

Os últimos dois meses de Whitefield foram um "longo itinerário de cidades da Nova Inglaterra — um progresso triunfal de evangelismo apaixonado".[8] Em 29 de setembro, ele pregou seu último sermão ao ar livre. Em pé sobre uma grande caixa, falou durante duas horas para uma vasta multidão. Viajou então para Newburyport, Massachusetts. Enquanto jantava, uma grande turma se reunia lá fora querendo ouvi-lo pregar. Ele disse-lhes: "Estou cansado e preciso me deitar". Tomou uma vela acesa e começou a subir a escada para o quarto, mas, ao ver pela janela a multidão, voltou e começou a pregar, continuando até a vela acabar.

Às duas horas da manhã, Whitefield acordou com fortíssimo ataque de asma. Incapaz de dormir, começou a orar pelo orfanato e por sua congregação em Londres. Às cinco horas da manhã, com dificuldade de respirar e foi até a janela. Às seis horas da manhã, ele acordou no céu. Era 30 de setembro de 1770, e ele contava 56 anos. Por Deus, Whitefield havia queimado em chamas até apagar.

Seis mil pessoas participaram do culto memorial em Newburyport. Não se podiam ouvir os hinos, tanto era o choro. Os sinos das igrejas tocaram, e os navios no porto deram tiros de salvas em sua honra. Da Geórgia, o governador e o conselho conduziram uma procissão até o culto memorial. Quando a notícia se espalhava pelos dois continentes, foram realizados muitos cultos em sua memória, e grandes auditórios se formaram em cidade após cidade. Em Londres, as multidões encheram o tabernáculo para ouvir o eloquente tributo de John Wesley a seu amigo de toda a vida, George Whitefield.

Whitefield fez parte da elite de homens do fogo de Deus. Como Wesley e Finney, aonde quer que fosse fluía uma poderosa corrente do Espírito de Deus. O avivamento e a colheita faziam parte integral do ministério fiel e zeloso de Whitefield. Que Deus nos conceda mais homens de fogo como George Whitefield.

CAPÍTULO DEZ
WESLEY, O AVIVALISTA

O Grande Avivamento dos anos 1739-1791 é frequentemente chamado de *Avivamento Wesleyano*. Embora Deus tenha usado grandemente George Whitefield, ambos os irmãos Wesley e muitas dúzias de pregadores leigos foram também usados para acender o fogo do avivamento. John Wesley pregou em mais lugares, para mais pessoas e por muitos anos a mais que os outros. Também realizou mais para conservar o fogo do avivamento. John Wesley foi claramente o líder escolhido por Deus nesse grande avivamento.

INFÂNCIA DE WESLEY

John Wesley foi o décimo quinto filho do rev. Samuel e de Susana Wesley. Nasceu em 17 de junho de 1703. Dos dezenove filhos de Wesley, somente seis viveram até idade adulta. Ambos os pais foram criados como não conformistas religiosos, mas eram também ambos independentes. Quando Samuel e Susana tinham cerca de 13 anos, resolveram abandonar suas origens não conformistas e se identificar com a Igreja Anglicana. John foi a quarta geração na família a frequentar a Universidade de Oxford.

Susana era a vigésima quarta filha do dr. e sra. Samuel Annesley. O dr. Annesley foi "o São Paulo dos não conformistas",[1] e seus ancestrais incluíam condes e viscondes. Susana era uma grande mulher, tanto por nascimento quanto por criação, e as raízes de John Wesley vinham tanto da nobreza quanto do clero.

Susana recorria às suas fortes origens puritanas para a criação de seus filhos. Cumpria um horário detalhado, que incluía devocionais matutinas e vespertinas e um tempo regular de meditação e autoexame diante de Deus. Mantinha um diário espiritual e observava rigidamente a guarda do domingo. Esperava dos filhos que fossem obedientes, calmos, ajudadores e respeitosos, e foi ela quem ensinou todos a ler. Separava um tempo especial uma noite por semana para cada um de seus filhos para conversar sobre a Bíblia, Cristo e as próprias atitudes espirituais. John relata que até os 10 anos de idade jamais desobedeceu conscientemente a seu pai por qualquer motivo.

Quando John tinha 6 anos de idade, inimigos atearam fogo na casa em que viviam. O fogo espalhou-se tão rapidamente que, depois que a família conseguiu fugir para fora, perceberam que o pequeno John ficara dormindo dentro da casa. Naquele momento, ele apareceu numa janela do andar de cima. Não havia tempo para correr em busca de uma escada. Um vizinho ficou em pé sobre o ombro de outro e alcançou John logo antes de o teto desabar. Os Wesleys sempre o consideraram como um *tição tirado do fogo* (Zc 3.2).

Aos 11 anos, John foi enviado para um internato, Charterhouse, onde continuou até ingressar em Oxford aos 17 anos. Em Charterhouse, os meninos mais velhos molestavam (faziam o que hoje chamamos de *bullying*) os mais novos, não somente tratando-os como servos, mas roubando deles toda a carne e muitos dos legumes servidos à mesa. O resultado foi que, durante grande parte do início da adolescência de John, ele tinha uma pequena porção diária de pão como único alimento. Com isso, aprendeu a sofrer com paciência os maus-tratos.

Wesley atribuiu sua excelente saúde por toda a sua longa vida a uma dieta simples e exercícios físicos. Quando menino, obedeceu às instruções de seu pai de correr em volta do terreno da escola três vezes a cada manhã. Por toda a sua vida, ele tinha prazer em fazer longas caminhadas.

O CLUBE SANTO

Aos 17 anos, John foi aceito na faculdade *Christ Church*, em Oxford, ingressando em junho de 1720. Era diligente nos estudos e hábil na lógica, e mantinha uma disposição livre e caridosa. Era fiel na oração privada, como também na pública, e em seus estudos familiarizou-se com e foi influenciado pelas obras *Imitação de Cristo*, de Thomas à Kempis, e *Viver e morrer em santidade*, de Jeremy Taylor.

John colou grau de bacharel em 1724, foi ordenado em 1725, e tornou-se membro do *Lincoln College*. No ano seguinte, foi designado professor de grego e moderador das classes. Em 1727, recebeu o grau de mestre. Durante esses anos, John leu dois livros de William Law: *Perfeição cristã* e *Um sério chamado à vida dedicada e santa*. Logo se tornou amigo pessoal de Law, e foi tremendamente influenciado por ele.

Essa juventude santa e disciplinada que John recebera de sua mãe o abençoou e influenciou por toda a vida. Apesar da família grande e vida ocupada como mãe, Susana ensinou a todos os filhos em casa até que passassem à escola de ensino fundamental. Dava exemplo, tirando uma hora cedo de manhã, uma hora ao entardecer e frequentemente uma hora ao meio-dia para estar a sós com Deus. Durante treze anos depois de sua ordenação, John Wesley anelava por essa vida santa. Procurava obter a salvação por sua dedicação e disciplina, constante adoração a Deus, abstendo-se de pecado e realizando atos de serviço cristão.

Foi em Oxford, em novembro de 1729, que Charles (irmão de John) e mais dois estudantes começaram a se reunir três ou quatro noites por semana para conversar sobre as matérias que cursavam, bem como sobre a vida cristã. Tão logo John Wesley voltou, tornou-se o líder do grupo. Começavam com oração, estudo do Novo Testamento grego e os clássicos, revisavam o que acontecera naquele dia e planejavam o dia seguinte. Então oravam novamente e jantavam juntos, escutando enquanto John lia. Aos domingos, liam escritos devocionais e teológicos. Jejuavam às quartas e sextas-feiras e celebravam a comunhão uma vez por semana. Um sistema de autoexame, organizado por tópicos, era seguido a cada dia. Por exemplo, aos domingos eles meditavam sobre "o amor de Deus na simplicidade", às segundas-feiras, sobre o "amor aos homens", e assim por diante.[2]

Esses homens buscavam com oração e fervor a vontade de Deus em todas as coisas. A cada dia procuravam desenvolver alguma virtude, como humildade, fé, esperança ou amor. Quase todas as vezes, ofereciam uma breve oração clamando por essa virtude específica. Repetiam orações impressas da Igreja Anglicana às 9, 12 e 15 horas.

Muitos membros do Clube Santo começaram a fazer visitas às cadeias, ensinando os prisioneiros a ler e a orar. Visitavam os enfermos por uma ou duas horas por semana. É fácil entender por que o número de membros do clube não crescia tão rapidamente. O mais importante a juntar-se a eles, depois de alguns anos, foi George Whitefield. O número de membros do grupo variava, mas jamais passou de 25 pessoas. No fim de cada ano, os membros distribuíam tudo que ainda possuíam depois das próprias necessidades terem sido supridas. Assistiam famílias pobres, liam com eles e ensinavam a seus filhos.

John Wesley instava que os demais membros jamais desperdiçassem um só minuto do tempo. Ele mesmo era capaz de dormir no momento em que deitava. Wesley dizia que não podia dispensar o total de quinze minutos por mês desperdiçado deitado acordado na cama. Quando já idoso, ao voltar de uma cavalgada exaustiva, deitava por dez ou quinze minutos e levantava renovado.

SERVIÇO MISSIONÁRIO

Em 14 de outubro de 1735, John e Charles Wesley embarcaram para a América como missionários aos colonos e índios. Por dois anos eles ministraram, com pouco sucesso, na Geórgia. Embora George Whitefield tenha relatado que Wesley teve grande impacto e fosse amado pelo povo, Wesley achava seu ministério basicamente decepcionante. Ele esperara ver reproduzido o mesmo alto padrão de vida cristã que conhecia em seu Clube Santo. Estava constantemente desapontado, e sua pregação contra pecados populares jamais fora bem recebida. Em 1º de fevereiro de 1738, chegou de volta à Inglaterra. O irmão Charles o precedera.

Na viagem à América, Wesley conheceu os irmãos morávios, e foi desafiado pela certeza de salvação e pelo destemor que demonstravam em face da morte. Wesley ainda não estava seguro de sua salvação. Ele disse: "Fui à América converter os índios, mas, ah!, quem podia me converter? Porque eu (aquele de quem eu menos suspeitava), que fui à América converter outros, não era eu mesmo convertido a Deus".[3]

NOVO NASCIMENTO DE WESLEY

Depois de anos em que buscava fielmente Deus, procurando a segurança da salvação, Wesley finalmente ficou convencido pelo testemunho de seu amigo morávio Peter Bohler e pelo próprio estudo do Novo Testamento grego. Cria plenamente que a salvação é instantânea e pela fé e convenceu também seu irmão Charles. Charles foi o primeiro a receber a garantia de que seus pecados haviam sido perdoados. Quatro dias depois, em 24 de maio de 1738, John Wesley recebeu o testemunho do Espírito. Isso aconteceu quando estava em uma pequena reunião, ouvindo a leitura do prefácio de Lutero à epístola aos Romanos. Perto das dez horas da noite, John clamou: "Eu creio". Seus amigos se juntaram a ele em um hino de louvor e partiram depois de orarem juntos.[4]

Os próximos seis meses foram passados em ministério cheio de alegria em quaisquer igrejas que abrissem as portas para ele, em sociedades religiosas, nas prisões e nos lares. Whitefield voltou da América em 11 de dezembro, e Wesley correu ao seu encontro e se uniu a ele. A pequena sociedade da Fetter Lane crescera e agora contava com 32 membros. Então veio o Grande Avivamento do Espírito do dia 1º de janeiro de 1739, descrito com mais detalhes no capítulo sete.

Mais de sessenta pessoas estavam presentes no momento em que os Wesleys, George Whitefield e outros receberam o poder do Espírito de Deus. Ondas de alegria inefável passaram sobre eles, e eles ficaram prostrados no chão numa atitude de profundo deslumbramento e adoração. Deus deu a esses homens forte convicçao de que estava prestes a fazer algo grande e maravilhoso na Inglaterra. Estavam certos de terem iniciado um ano glorioso da graça e do poder de Deus. Deus não os decepcionou.

AVIVAMENTO DE WESLEY E WHITEFIELD

O raiar do novo ano marcou o que provavelmente foi o início do Grande Avivamento. Com certeza, os Wesleys e outros foram imediatamente cheios do Espírito, sendo visíveis novo poder e frutificação. Dentro de um mês e meio, Whitefield estava pregando para milhares e, depois de três meses, Wesley fazia o mesmo.

George Whitefield já era pregador popular e voltara de amplas pregações de evangelismo nos Estados Unidos. As igrejas na Inglaterra tinham preconceito contra ele e as doutrinas pregadas por ele e Wesley. Quando Whitefield voltou a Bristol, nem uma igreja sequer se abriu para recebê-lo, mas o chamado e a mensagem de Deus ardiam nele.

Enquanto isso, Wesley estava envolvido na pregação para sociedades religiosas em Londres. O poder e a unção do Espírito repousavam sobre ele de modo novo. Exemplificamos com o que acontecia em uma semana: no domingo, 25 de fevereiro, pregou em duas igrejas cheias, depois para trezentas pessoas em uma sociedade religiosa, em seguida em um culto em uma residência da Sociedade Fetter Lane e, finalmente, em um culto em outra residência — seis vezes só naquele dia. Na terça-feira, pregou três vezes, na quarta-feira uma vez, na quinta para cerca de trezentas pessoas no Teatro Savoy, e na sexta pregou três vezes.

Whitefield insistia com Wesley que fosse a Bristol para ajudá-lo. Em abril, Wesley ficou ao lado de Whitefield em Kingswood, ainda questionando se era apropriado pregar ao ar livre em vez de dentro do prédio de uma igreja. Naquela noite, Wesley pregou sobre o Sermão do Monte. De repente, entendeu que Jesus também pregara ao ar livre. Whitefield voltou para Londres, e no dia seguinte Wesley pregou para três mil pessoas ao ar livre no parque de Kingswood. Permaneceu dois meses em Bristol, mais ocupado que antes. O culto das 7 horas da manhã aos domingos contava muitas vezes com cinco a seis mil pessoas presentes.

Para surpresa de Wesley, ele começou a ver o Espírito Santo convencendo poderosamente as pessoas do pecado enquanto ele pregava. Pessoas bem vestidas e maduras de repente clamavam como se estivessem às portas das agonias da morte. Homens e mulheres, de dentro e de fora dos prédios das igrejas, tremiam e iam ao chão. Quando Wesley parava e orava por eles, encontravam logo a paz e alegria em Cristo.

Um quacre, grandemente descontente com os gemidos e choro do povo convencido de seus pecados, de repente foi jogado ao chão em profunda agonia por causa de seu próprio pecado. Depois que Wesley orou por ele, o quacre exclamou: "Agora eu sei que és profeta do Senhor!"[5] Cenas semelhantes ocorreram em Londres e Newcastle. Wesley não estimulava essas reações emotivas e reconhecia que podia haver imitações falsas. Ele mesmo sempre falava com voz calma e não emotiva. Mas reconhecia também o poder de Deus que operava, convencendo e transformando, uma após outra, as pessoas.

ESPALHA-SE O AVIVAMENTO METODISTA

De volta a Londres, Whitefield pediu que Wesley pregasse em Black Heath. Wesley pregou duas vezes: às 7 horas da manhã em Upper Moorfields, para uma multidão de mais de catorze mil pessoas, e às 5 horas da tarde, em Kennington Common, para 15 mil pessoas. Logo Charles Wesley também estava pregando ao ar livre.

WESLEY, O AVIVALISTA 59

No começo, os dois centros do ministério de Wesley eram Londres e Bristol. Então a obra se espalhou para o norte, onde Wesley encontrou tanta embriaguez e linguagem torpe, até mesmo em criancinhas, que ele se sentiu compelido a pregar ao ar livre. As multidões ouviam atentas. Quando Wesley parava em uma hospedaria ou uma casa particular, repetidas vezes as pessoas se convertiam dentro de uma ou duas horas. Pequenos avivamentos surgiam por onde ele parava.

Wesley chegou ao lugar de seu nascimento, Epworth, mas o pastor, bêbado, não permitiu sequer que ele lesse a lição das Escrituras durante o culto. Assim, à noite Wesley falou do lado de fora da igreja, em pé sobre a lápide do túmulo de seu pai no cemitério. Percebeu tamanha necessidade espiritual que permaneceu por sete dias, visitando os vilarejos vizinhos durante o dia e pregando à noite no quintal da igreja. O resultado foi um poderoso avivamento.

Chegando o sábado à noite, o povo estava sob tal convicção do pecado que "muitos na congregação do quintal da igreja caíam como se estivessem mortos".[6] Wesley tentou pregar, mas o clamor e os louvores dos que se arrependiam e recebiam segurança do perdão de seus pecados quase abafava a sua voz. Em seu último domingo ali, grande massa de pessoas das cidades vizinhas se ajuntara para ouvi-lo pregar. Novamente, de pé sobre o túmulo de seu pai, ele pregou por três horas.

Por volta desse mesmo tempo, Wesley começou a conduzir reuniões de avivamento que duravam o dia inteiro. Eis uma descrição característica nas palavras de Wesley:

> Às 7 horas, caminhei até Sandhill, a parte mais pobre e desprezível da cidade de Newcastle, e em pé no fim da rua, junto com John Taylor, comecei a cantar o Salmo 100. Três ou quatro pessoas saíram para ver o que acontecia, e logo passaram a ser umas quatro ou cinco centenas de pessoas. Suponho que umas 1.200 a 1.500 pessoas tinham se ajuntado antes que eu terminasse de pregar, e apliquei-lhes as solenes palavras: "Ele foi traspassado por nossas transgressões". Quando terminei, ao observar esse povo parado e boquiaberto, olhando-me atônito, eu lhe disse: "Se desejam saber quem sou, meu nome é John Wesley. Às 5 horas da tarde, com a ajuda de Deus, pretendo novamente pregar aqui".
>
> Às 5 horas, o morro em que eu planejara pregar estava coberto de cima a baixo. Nunca vi tão grande número de pessoas em Moorfields ou em Kennington Common. Nem metade deles seria capaz de me ouvir, embora minha voz ainda fosse forte e clara. Fiquei de pé para avistar todos os que estavam na encosta do morro. A Palavra de Deus que coloquei diante deles foi: "Curarei as suas apostasias; eu os amarei livremente".

Após a pregação, o pobre povo estava prestes a me pisotear, por puro amor e bondade. Demorou para que eu me desvencilhasse da pressão. Voltei por outro caminho, mas várias pessoas chegaram à pensão onde eu estava hospedado. Fui veementemente importunado a ficar com eles alguns dias, pelo menos um dia mais. Mas não pude consentir, tendo dado minha palavra de que estaria em Bristol, com a ajuda de Deus, na terça-feira à noite.[7]

O METODISMO TORNA-SE MOVIMENTO DE AVIVAMENTO

Onde quer que fosse, surgiam as "sociedades de avivamento" de Wesley. Eram grupos de convertidos que se reuniam para adorar o Senhor. Wesley estimulava esses convertidos a permanecerem fiéis como membros da Igreja Anglicana. Não tinha o mínimo desejo de formar uma nova denominação. Wesley e seus seguidores se reuniam para buscar maior santidade de Deus, orar juntos, receber instrução nas Escrituras e vigiar e cuidar uns dos outros. Os crentes se alegravam com a segurança da salvação.

Com o crescimento destas sociedades, alguns dos membros relaxaram, e outros passaram a perigosos excessos. Wesley sentia profundamente o peso sobre a disciplina nessas sociedades e passou a promover reuniões de classes, liderados por leigos, que se reuniam uma ou duas horas por semana.

As responsabilidades do líder eram encorajar todos a cumprir a exortação das Escrituras e advertir quaisquer que estivessem descuidados ou vagassem em erro. Em certas ocasiões, Wesley reunia esses líderes de classes para exortação e direção, e os grupos passaram a ser conhecidos como conferências.

Após três anos, Wesley formou uma equipe de pregadores leigos. Ele cuidava deles como um pai, mas insistia também em que mantivessem estreita disciplina. Dizia:

> Jamais permaneçam desempregados, nem empregados superficialmente [...]. Sejam sérios. Que o seu lema seja santidade ao Senhor. Evitem toda leviandade como evitam o fogo do inferno, e a superficialidade como quem evita a blasfêmia e o praguejar. Não toquem em mulher; sejam amáveis, mas os costumes da terra não são nada para nós. Não tomem dinheiro de ninguém; se lhes derem comida quando estão com fome, e roupas quando necessitam delas, isso basta, mas não tomem prata e ouro, para que ninguém diga que enriquecemos com o evangelho.

Dos morávios que ele conheceu na Geórgia, Wesley desenvolveu o conceito da "festa de amor", que envolvia comer pão e beber água e ter comunhão, compartilhando os testemunhos. Algumas pessoas insistiam em contribuir para o custo dos prédios em que se reuniam, e assim foram designados administradores para supervisionar as finanças. Wesley sacrificou tudo pela obra de Deus e colheu o amor e a reverência do povo.

Wesley desejava manter a paz com os líderes da Igreja Anglicana. Disse que faria tudo em seu poder para manter o movimento dentro dos limites da Igreja Anglicana, mas estas coisas não faria: 1) não abriria mão da doutrina de salvação interior e presente somente pela fé, 2) não pararia de pregar nos lares e ao ar livre e 3) não dissolveria as sociedades nem proibiria a pregação de leigos.

No começo, Wesley achava que somente o ministro ordenado poderia administrar o batismo ou a ceia do Senhor. Cria que a ordenação tinha de ser feita por um bispo. Mas, com o tempo, começou a perceber que a doutrina da sucessão apostólica não podia ser provada e que ele mesmo era, conforme as Escrituras, bispo tanto quanto qualquer outra pessoa pudesse ser. Assim, quando o bispo de Londres se recusou a ordenar os ajudantes de Wesley, este ordenou-os pessoalmente, impondo-lhes as mãos e dando-lhes poder para administrar os sacramentos.

Tudo que Wesley desejava era ver a nova vida ser derramada sobre a igreja. Amou a Igreja Anglicana até o dia de sua morte. O avivamento wesleyano foi um avivamento de pregação. Muitos sermões foram ministrados nas igrejas de seus dias, mas a verdadeira pregação do evangelho era quase inexistente. Pelo despertamento proveniente do Grande Avivamento, pregadores com coração inflamado por Deus trouxeram a mensagem viva. Os líderes metodistas eram homens santos, batizados pelo Espírito, que proclamavam as verdades das Escrituras. Lecky, grande historiador, declarou que o avivamento espiritual "aos poucos transformou todo o espírito da Igreja Anglicana". Por meio do metodismo, o cristianismo recuperou seu lugar de direito na vida nacional, dando grande ímpeto ao trabalho entre crianças e instilando nova visão missionária.[8]

CAPÍTULO ONZE
OS AVIVAMENTOS DO METODISMO

Começando em 1739, pessoas e grupos procuraram perturbar as reuniões de Wesley. Por vezes, as turbas hostis o cercavam e faziam tanto barulho que Wesley só podia ser ouvido por poucos. Muitas vezes as pessoas vinham contradizer, perturbar e blasfemar, mas, em vez disso, iam embora em lágrimas. Wesley pregava sobre a justiça de Deus, o juízo vindouro e o perdão dos pecados. Até mesmo o rei George insistiu que os pregadores metodistas fossem respeitados e protegidos.

Por vezes, multidões enfurecidas tentavam destruir as casas onde Wesley pregava. Pedras eram atiradas nas janelas e nos telhados, colocando em perigo a vida das pessoas que ouviam as mensagens. Certa vez, um clérigo embriagado tentou atropelar a multidão com seu cavalo a fim de impedi-la de ouvir Wesley.

Em outra ocasião, Wesley foi atacado por um grupo de desordeiros, e em seguida por outro, que lhe puxaram os cabelos, ameaçaram-no de morte, gritaram e lutaram durante cinco horas, mas Deus transformou diversos dos revoltosos, que de repente passaram a defender Wesley. Um foi quase morto. Homens de alta estatura bateram com grandes bastões nas costas de Wesley, mas os baques foram desviados diversas vezes. Wesley era tão baixo que várias vezes a mira direcionada a ele acabava atingindo outro desordeiro. Durante todo o episódio, Wesley permaneceu calmo e sereno.

Em diversas outras ocasiões, bateram no peito e na boca de Wesley e jogaram pedras nele com tanta força que o sangue jorrava. Wesley testemunhou que não sentiu dor além do que teria sentido se o tivessem esmurrado com canudos de palha. Sua roupa estava em frangalhos. Certa vez, o mais devasso dos pecadores da região carregou Wesley nos ombros, atravessando um rio para ajudá-lo a fugir de uma turba enraivecida. Deus salvou esse homem, e cinco dias depois ele se tornou membro da sociedade metodista.

Em Falmouth, com calma e coragem, Wesley enfrentou uma multidão muito perigosa e escapou ileso. Em Bolton, uma turba tentou empurrá-lo pelas escadas em que estava falando. Cada vez que um opositor tentava empurrá-lo para parar com a pregação, uma pedra dirigida contra Wesley atingia o inimigo. Outra vez, na mesma cidade, uma multidão forçou entrada na casa em que Wesley estava hospedado. Um dos homens de Wesley foi rolado na lama pela turma a ponto de ficar irreconhecível. Mas constantemente, aonde quer que Wesley e seus homens fossem, as almas eram salvas, e acendia-se o fogo do avivamento.

Na Irlanda, Wesley enfrentou novamente multidões furiosas. Em Cork, foram lançados contra ele paus e pedras, mas ele não foi atingido. Uma senhora católica enraivecida bloqueou-o, mas um forte baque que era dirigido contra Wesley atingiu a mulher e derrubou-a ao chão. Wesley aprendeu a olhar nos olhos de seus opositores, com isso acalmando muitos.

Quase toda espécie de oposição concebível foi tentada nas reuniões ao ar livre em que Wesley pregava. Bêbados tocadores de rabeca e cantores de baladas foram contratados para perturbar. Batiam tambores, os sinos das igrejas tocavam, a água da represa de um moinho foi liberada. Em certo lugar, quando Wesley anunciou seu texto, um mendigo católico começou a tocar a corneta a seu lado, mas outra pessoa o derrubou e tirou a corneta das mãos do homem.

Com a persistência de Wesley, a maré foi mudando. Prefeitos e magistrados começaram a recebê-lo de braços abertos e protegê-lo junto com seus auxiliares. Em muitos locais, a chegada de Wesley era como uma festa pública, e ele era recebido com alegria e respeito.

VIAGENS DE WESLEY

Wesley viajava constantemente. No tempo em que esteve em Oxford, muitas vezes andava cerca de 40 quilômetros em um dia. Descobriu que conseguia ler sem nenhum desconforto enquanto percorria uns 16 a 20 quilômetros. Em um ano, andou cerca de 1.700 quilômetros para pregar às igrejas nos arredores de Oxford. Mesmo já idoso, ainda gostava de caminhar.

A maior parte das viagens de Wesley era feita a cavalo, e durante muitos anos ele percorria em média 20 quilômetros por dia. Lia enquanto cavalgava, pregando sua mensagem de santidade e deixando uma trilha de fogo do avivamento.

Wesley recorda-se de certa vez em que seu cavalo estava mancando e era difícil prosseguir. Após 11 quilômetros, o próprio Wesley ficou cansado e com dor de cabeça. Mas, quando orou ao Senhor, tanto ele quanto o cavalo foram curados instantaneamente. O cavalo não teve mais problemas naquele dia nem no dia seguinte.

Wesley viajava sob vento, granizo, neve misturada a chuva, frio lancinante. Conduzia o cavalo por estradas tão gélidas que muitas vezes o cavalo caía; outras vezes teve de arrostar dunas de neve. Quando lhe disseram que as estradas estavam impossíveis de transitar, certa vez ele replicou: "Pelo menos andamos 32 quilômetros por dia com nossos cavalos".[1]

As viagens de Wesley eram planejadas com cuidado, para que ele pudesse parar em quantos lugares fosse possível pregar. As notícias o antecediam, e as pessoas das cidades e vilarejos concorriam em grande número onde quer que parasse. Era raro ele quebrar tal itinerário (por exemplo, uma vez quando pregou na área externa da igreja de Epworth em uma campanha de oito dias).

Numa sexta-feira à tarde, Wesley começou uma viagem de mais de 190 quilômetros para atender um a compromisso no domingo. Naquela tarde, viajou 48 quilômetros antes de parar para o pernoite. O cavalo estava mancando por causa da estrada ruim, e então Wesley tomou a carruagem dos correios na manhã seguinte, esperando que fosse mais rápido do que o cavalo manco. Depois mudou para outro cavalo e, em seguida, outra carruagem do correio. Uma estrada inundada não o impediu — encontrou um homem que o guiasse por ela. Finalmente, Wesley chegou a Epworth entre 9 e 10 horas da noite de sábado. Anotou em seu diário: "Após viajar mais de 140 quilômetros, eu estava pouco mais cansado do que quando levantara de manhã".[2] Viagens assim eram características de Wesley.

Ele achava surpreendente que os cavalos raramente tropeçavam quando ele cavalgava e lia ao mesmo tempo. Após cerca de 160 quilômetros de viagens assim, ele só se lembrava de duas ocasiões em que houvera tropeços. Aos 69 anos, não conseguia mais cavalgar com conforto devido a um ferimento. Os amigos levantaram uma oferta e compraram-lhe uma carruagem quando ele completou 70 anos. Wesley, porém, não diminuía o ritmo, mas agora podia passar mais tempo com os livros enquanto viajava de carruagem.

Quando a carruagem quebrava, Wesley tomava emprestado um cavalo e continuava. Em uma dessas jornadas, quando já estava com 75 anos, a carruagem já passara por dois pântanos, mas o terceiro era tão ruim que um morador local teve de carregar Wesley sobre os ombros. Um quarto pântano foi ainda mais difícil, e então Wesley continuou a pé. Mesmo na casa dos 80 anos, Wesley enfrentava o tempo ruim, carruagens quebradas e cavalos mancos para levar adiante a mensagem do evangelho.

Seus contemporâneos se maravilhavam porque Wesley conseguiu continuar este ministério itinerante tão árduo e persistente por mais de cinquenta anos. Embora ele se disciplinasse na dieta e no exercício, a única explicação satisfatória para isso era o propósito divino que Wesley cumpria e a presença divina sobre sua vida, que o fortalecia espiritual e fisicamente. Ao todo, estima-se que Wesley tenha viajado cerca de 364 mil quilômetros e pregado 46 mil vezes ao longo de seu ministério.

OS PREGADORES LEIGOS DE WESLEY
SEGUEM SEUS PASSOS

Os pregadores de Wesley eram homens piedosos, sacrificados e santificados, semelhantes ao próprio Wesley. Faziam os circuitos de viagens a cavalo. Seus

OS AVIVAMENTOS DO METODISMO

alforjes continham suas poucas roupas e os livros que vendiam aos membros metodistas. Um dos pregadores de Wesley louvava o Senhor porque seu cavalo, comprado por cinco libras, o carregara em seu ministério por mais de 160 mil quilômetros. Outro teve menos sorte, e, quando o cavalo adoeceu, teve de andar a pé quase dois mil quilômetros durante aquele inverno e primavera.

Os pregadores de Wesley enfrentavam turbas, como ele mesmo as enfrentou. Alguns magistrados passaram a persegui-los e aprisionaram um itinerante, chamando-o de vagabundo. Dois pregadores foram forçados a se alistar no Exército. Um foi jogado repetidas vezes no lago até ficar desacordado, e as suas roupas foram cobertas de tinta.

Durante anos, os pregadores itinerantes foram compelidos a viver na pobreza. Muitas vezes nada era providenciado para suas esposas e filhos. Os pregadores leigos de Wesley o amavam e eram totalmente dedicados. Todos tinham testemunhos de conversão poderosa e estavam preparados para viver ou morrer pela obra do Senhor. Compartilhavam sem queixar as durezas e perseguições, ganhando muitas almas para Cristo. Aonde quer que fossem, levavam adiante o fogo do avivamento.

Quando certo pregador leigo foi preso por um ministro que era também magistrado, o jovem pregou pela janela da cadeia. As pessoas ficaram tão comovidas que levaram cobertores e comida para ele até que fosse libertado. Esse jovem pregador eventualmente tornou-se missionário na Irlanda. Wesley não conhecia nenhum outro pregador que tivesse ganhado tantas almas para Cristo em tão pouco tempo. Esse jovem pregava, estudava e empenhava todas as suas forças em ganhar almas até morrer de tuberculose aos 28 anos de idade.

Wesley amava reunir os jovens pregadores leigos, lendo-lhes palestras e livros. Contava com esses pregadores para continuarem seu ministério. Citava Paulo: *Se estais firmes no Senhor, nós agora vivemos* (1Ts 3.8).

Ainda jovem, Wesley iniciou um "diário em taquigrafia", que acabou sendo um diário mais extenso. Ali descrevia como gastava todo o seu tempo: hora em que se levantara, sua pregação, seus estudos antes do café da manhã, todas as atividades do dia. Escrevia na primeira página de cada um desses cadernos. "Eu resolvo, D.v. [querendo Deus], 1. Dedicar (em retiro e oração particular) uma hora pela manhã e outra hora ao anoitecer — sem a mínima desculpa ou fingimento. 2. Conversar à vista de Deus sem galhofa ou leviandade".[3]

Durante quase vinte anos a obra da santificação na Grã-Bretanha parecia estar paralisada. Então, em 1760, começou novamente em Yorkshire, espalhando pelas sociedades metodistas em grande parte do Reino Unido e Irlanda, levando novo avivamento e crescimento. Wesley pregava a respeito da santificação em todas as sociedades, e foi encorajado pelas bênçãos renovadas de Deus sobre o povo. Parecia ser o segredo de avivamento contínuo.

O metodismo alastrava-se rapidamente. Em agosto de 1770, contava 29.406 membros, 121 pregadores e cinquenta circuitos (regiões). Na América, o Quinquagésimo Circuito, havia quatro pregadores e cem capelas metodistas. Sete anos mais tarde, esses membros saltaram para 34 pregadores e quase sete mil membros. O metodismo fez grandes incursões na Escócia e nas Índias Ocidentais.

Whitefield morreu em 30 de setembro de 1770, na América. A Capela da Estrada da Cidade (City Road Chapel) em Londres foi consagrada em 1º de novembro de 1778 e tornou-se "catedral e ponto central de reuniões do metodismo". Wesley mudou-se para a casa ao lado, onde viveu até morrer.

A PREGAÇÃO DE WESLEY

Wesley esforçava-se para pregar com simplicidade, a fim de que todos entendessem. Depois de 1735, quando pregou seu primeiro sermão de improviso, nunca mais levou um manuscrito de sermão ao púlpito. Havia oradores muito melhores, como Whitefield, mas nenhum pregador no Grande Avivamento evangélico pregava com maior poder, produzindo maior efeito sobre a consciência das pessoas, do que Wesley. Suas palavras caíam como martelo e queimavam como fogo (Jr 23.29).

Falando a respeito da unção de Deus sobre suas mensagens, Wesley disse: "É na verdade um dom de Deus, e não pode ser alcançado pela união de esforços da natureza e das artes". Disse ele que "às vezes era o próprio Deus que fazia a aplicação" e "Deus verdadeiramente pregou aos seus corações".[4]

Havia ocasiões em que Wesley era de tal modo ungido que não sabia parar, e, depois que parava, começava de novo, demonstrando poder ainda maior que antes. Nessas ocasiões, ele chegava a pregar durante duas ou três horas. Certa ocasião escreveu: "Fui constrangido a continuar minha pregação ali quase uma hora a mais que o normal. Deus derramou tamanha bênção que eu não tinha como interromper".[5]

Wesley publicava os seus sermões e os hinos de seu irmão Charles a preços baixos para que todos pudessem comprá-los. Publicou também muitos folhetos a preços bem baratos.

Talvez Wesley se correspondesse com mais pessoas sobre questões espirituais do que qualquer outra pessoa de seu século. Estava sempre animado, não importava o que estivesse enfrentando. Aos 52 anos, declarou: "Pela graça de Deus, jamais me inquieto; não lamento por nada; nada me descontenta [...] vejo Deus assentado em seu trono, governando bem todas as coisas". Quando contava 77 anos, Wesley escreveu: "Não me recordo de ter sentido desânimo de espírito por mais de um quarto de hora desde que nasci".[6]

A riqueza não era uma tentação para Wesley. Ele gastava os seus dias entre os pobres e distribuía quase tudo o que recebia. No anseio por alcançar as massas, tentava fazer todo o bem da maneira mais sábia e melhor, para que pudesse alcançar maior número possível para Cristo. Wesley se alegrava em aprender de qualquer pessoa e continuou aprendendo até o último dia de sua vida.

Parece que Wesley via a alma das pessoas, e ele colocava o dedo sobre pecados encobertos. As pessoas sentiam como se Wesley pregasse diretamente para elas. Em seu ministério, a fala de Wesley era calma, porém cheia de poder, certeza e autoridade. Frequentemente, o efeito sobre as pessoas era tão poderoso que quase todos se curvavam diante da presença de Deus. Demonstrações notáveis de convicção do pecado ocorreram em seu ministério. De repente, as pessoas sentiam-se agarradas pela reverente maravilha da eternidade e solenidade do juízo. A própria calma de Wesley parecia transmitir um senso mais forte da proximidade de Deus, de sua santidade e soberano poder. Wesley não procurava por isso, mas o aceitava como forma solene da obra de Deus.

Wesley planejava as suas viagens com detalhes e precisão quase militar. Agendava os lugares que visitaria, o horário em que chegaria e os cultos que realizaria. Vivia como soldado em campanha, sem excesso de bagagem, pronto para marchar quando recebesse a ordem. Temporais, estradas cobertas de gelo ou inundadas, multidões enfurecidas, grandes distâncias ou cansaço não o faziam parar. Foi assim, dia após dia, durante mais de cinquenta anos de ministério.

SUAS PALAVRAS FINAIS

A última pregação "em campo" de Wesley foi em 6 de outubro de 1790. Um dos presentes comentou: "A Palavra foi ouvida com grande poder, e as lágrimas do povo jorravam em torrentes".[7] Wesley jamais perdeu seu poder. Naqueles últimos anos, quando passava por uma rua, as pessoas olhavam para ele com veneração. Quando elas o cumprimentavam amigavelmente, ele respondia, como seu apóstolo favorito, João, fizera, dizendo: "Filhinhos, amai-vos uns aos outros". Sua oração constante era: "Senhor, não deixa que eu viva inutilmente". Em seus últimos meses, em todo lugar aonde ia, exortava o povo: "Amai-vos como irmãos, temei a Deus, honrai o rei".[8]

Wesley pregou pela última vez na sua Capela da Estrada da Cidade na terça-feira, 22 de fevereiro de 1791. No dia seguinte, pregou seu último sermão em Leatherhead. Na sexta-feira, escreveu sua última carta a William Wilberforce, insistindo que ele continuasse lutando contra a escravatura. Wesley foi ficando cada vez mais fraco e dormia periodicamente. Repetiu três ou quatro vezes: "Temos ousadia de entrar no santo lugar pelo sangue de Jesus". Ficou tão fraco que pediu uma pena para escrever, mas não conseguiu fazê-lo. Quando lhe perguntaram o que queria escrever, Wesley respondeu: "Nada, senão que Deus está conosco". À tarde, surpreendeu os amigos ao cantar, com vigor:

Louvarei meu criador enquanto eu tiver fôlego
E, quando minha voz se perder na morte,

68 FOGO DO AVIVAMENTO

> O louvor empregará meus mais nobres poderes;
> Meus dias de louvor jamais passarão,
> Enquanto a vida, o pensamento e o ser permanecerem,
> Ou permanecer a imortalidade.

A voz de Wesley parecia falhar. Dormiu um pouco e então pediu que seus amigos orassem com ele. Ao se reunirem em volta de seu leito, Wesley agarrou as mãos deles e disse: "Adeus, adeus". Tentou dizer mais alguma coisa, mas estava tão fraco que ninguém entendeu. Quando ele o percebeu, empregou toda a força que ainda lhe restava e clamou: "O melhor de tudo é que Deus está conosco". Ergueu o braço em sinal de vitória e mais uma vez repetiu: "O melhor de tudo é que Deus está conosco".

Naquela noite Wesley tentou repetir várias vezes o Salmo 46, mas estava fraco demais. Eles conseguiram entender suas palavras "Eu te louvarei — te louvarei". A sobrinha de Wesley e alguns amigos se ajoelharam ao redor de sua cama. A última palavra que ouviram foi "Adeus". Joseph Bradford conduziu uma oração. Ao dizer "Levantai, ó portas, as vossas cabeças, levantai-vos, ó portais eternos, e entrará o Rei da glória", sem gemido ou suspiro, Wesley faleceu. Os amigos em volta de seu leito cantaram:

> Esperando receber teu Espírito,
> Eis que o Salvador aguarda acima em pé,
> Mostra a compra de seu mérito,
> Estende a coroa de seu amor.

Era 2 de março de 1791, e John Wesley contava 88 anos de idade. No dia anterior ao seu funeral, seu corpo foi velado na Capela da Estrada da Cidade. As pessoas insistiam em dizer que havia em seu rosto um sorriso celestial. Umas dez mil pessoas foram à capela despedir-se de seu corpo. Em seu túmulo consta esta inscrição: "Esta grande luz surgiu (pela singular providência de Deus) para alumiar as nações. Leitor, se estás constrangido a abençoar o instrumento, dá a Deus a glória".[9]

O avivamento de Deus iniciado por meio de John Wesley e seus colegas continuou a se espalhar em fogo por muitos anos dos dois lados do Atlântico. Quando Wesley morreu, havia mais de 120 mil metodistas em suas sociedades. A obra já se espalhava rapidamente pela América e pelas Índias Ocidentais. Muito antes de William Carey, missões metodistas começaram a navegar rumo à Índia, vários anos antes de todas as sociedades missionárias, com exceção de uma, terem início. Cento e cinquenta anos desde que o Espírito foi derramado no dia de ano-novo de 1739, os metodistas eram em número igual à população total da Inglaterra nos dias de Wesley.

CAPÍTULO DOZE
FOGOS DE AVIVAMENTO SEGUEM FINNEY

Um dos narradores de biografias cristãs chamou as memórias de Charles G. Finney de "talvez o mais surpreendente relato das manifestações do poder do Espírito Santo desde os dias apostólicos. [...] relatos de derramamentos espirituais que nos lembram o dia de Pentecostes".[1] Um dos melhores amigos de Finney, que foi também seu taquígrafo, disse sobre ele: "A intensidade e constância de seu ardor surpreendiam. O fogo sagrado parecia jamais diminuir".[2]

Até 1832, o movimento de avivamento de Finney tinha acrescentado algumas centenas de milhares de pessoas às igrejas. A sua campanha em Rochester, Nova Iorque, em 1842 parece ter preparado o caminho para o extenso avivamento de 1843-1844. E a campanha de avivamento de Rochester de 1856 preparou o caminho do Senhor para o poderoso avivamento que varreu toda a América em 1857-1858. O povo que foi levado a Cristo direta ou indiretamente por meio de Finney em sua campanha pessoal trouxe 1 milhão de pessoas ou mais para o reino de Deus. Embora se diga que 70% dos convertidos, mesmo nas reuniões de Moody, acabaram se desviando, estima-se que 85% dos que professaram converter-se nos avivamentos de Finney permaneceram fiéis ao Senhor.

Os avivamentos do ministério inicial de Finney tendiam a ocorrer em igrejas de pequenas cidades, para então se espalhar para cidades vizinhas. Mais ao final de sua vida, Finney dirigiu seu ministério às igrejas ou tabernáculos nas grandes cidades. Esses avivamentos alastraram-se e abençoaram igrejas por perto e por toda a cidade. Quase sempre, o avivamento que começava em uma igreja local logo passava a toda a comunidade, levando a muitos convites de outros lugares vizinhos.

Desde a época de sua conversão e sua plenitude do Espírito, Finney foi um homem inflamado por santa ousadia, com a atitude direta de um advogado e constante direção e unção do Espírito Santo. Onde quer que Finney pregava, as pessoas em geral eram rapidamente convencidas dos seus pecados, humilhavam-se arrependidas diante de Deus e recebiam a segurança da salvação.

70   FOGO DO AVIVAMENTO

Os seus avivamentos se espalharam de cidade em cidade como uma planta trepadeira que logo toma conta de tudo, e, aonde quer que fosse, nova vida espiritual sobrevinha a indivíduos, igrejas e comunidades.

Charles G. Finney nasceu em 29 de agosto de 1792 e praticamente não ouviu a pregação do evangelho em seus primeiros anos. Aos 26 anos de idade, tornou-se sócio de um escritório de advocacia na pequena cidade de Adams, no estado de Nova Iorque. Ali ele tinha oportunidade de frequentar regularmente os cultos e reuniões de oração. Constantemente analisava as orações dos cristãos e observava que estas não estavam sendo respondidas.

Os membros da igreja perguntaram-lhe se ele não queria que orassem em seu favor, ao que ele respondeu:

> Não. Suponho que preciso que orem por mim, pois estou consciente de que sou pecador, mas não acho que isso vai adiantar nada, porque vocês estão pedindo continuamente por aquilo que não recebem. Têm orado pedindo avivamento da religião desde que eu vim para Adams, contudo não o possuem. Têm orado pedindo a descida do Espírito Santo sobre vocês, mas continuam se queixando de sua escassez [...]. Desde que passei a frequentar essas reuniões, vocês oram para que o diabo deixe Adams, se houver alguma virtude em suas orações. Mas aqui estão, orando continuamente e ainda reclamando sem cessar.[3]

Em 10 de outubro de 1821, enquanto orava a sós no bosque fora da cidade, Finney experimentou uma poderosa conversão. Naquela noite, em seu pequeno escritório, teve uma visão de estar caído aos pés de Jesus, chorando. "Recebi poderoso batismo do Espírito Santo [...], sem que tivesse sequer em mente que existisse tal coisa para mim, sem lembrança de que houvesse menção disso por qualquer pessoa neste mundo, em um momento totalmente inesperado, o Espírito Santo desceu sobre mim de modo a perpassar meu corpo e minha alma".[4]

No dia seguinte, Finney começou a testemunhar para as pessoas. Naquela noite, sem que fosse feito qualquer anúncio, pessoas de todo o vilarejo foram ao lugar onde as reuniões de oração geralmente eram realizadas. A notícia de que Finney havia se convertido espalhou-se por toda a vila. Então ele mesmo resolveu ir até lá. Ao chegar, Finney viu que a casa estava lotada, mas ninguém dizia nada. Então Finney se levantou. Quando deu novamente seu testemunho, pessoas foram tocadas pelo Espírito Santo. O pastor veio a seus pés e confessou que acreditava ser uma pedra de tropeço na igreja. Pediu que Finney orasse. Deus ungiu Finney quando este fez sua primeira oração em público. Dali em diante, dirigiu uma reunião de oração a cada noite. Começaram os fogos do avivamento, que se espalharam por todas as classes de pessoas e se estenderam em todas as direções, além daquele vilarejo.

ORAÇÃO E PREGAÇÃO

No início de sua caminhada com Deus, Finney aprendeu muitas lições sobre a oração que prevalece e o que são fardos de oração. Reuniu alguns jovens da cidade de Adams antes do alvorecer para uma reunião diária de oração. Finney começou a passar horas orando, muitas vezes indo para o bosque para estar a sós com Deus. Começou a acrescentar a seu regime o jejum. Assim como Wesley estabelecera regras para seu Clube Santo, também Finney propôs aos jovens que separassem três horas especiais a cada dia — ao alvorecer, ao meio-dia e ao fim da tarde. Deus derramou sobre eles um espírito de oração enquanto oravam com fidelidade.

No segundo culto da noite dirigido por Finney em Evans Mills, o prédio ficou literalmente cheio. Sem apresentação ou cânticos, ele foi até o púlpito e citou Isaías 3.10,11: *Dizei aos justos que tudo correrá bem; porque comerão do fruto do seu proceder. Ai do ímpio! O mal o atingirá; pois receberá a recompensa do que suas mãos fizeram.* As pessoas foram imediatamente convencidas pelo Espírito Santo. Várias vezes naquela noite, pessoas foram enviadas a fim de ver o que Finney estava pregando, para que pudessem pedir que orasse por elas. As reuniões continuaram nas escolas, nos prédios de igrejas e no bar de um convertido de renome.

Os pecadores foram de tal modo convencidos que não conseguiam dormir. Uma igreja alemã nos arredores pediu que Finney falasse à sua congregação. "A espada do Senhor derrubou-os à direita e à esquerda. Em poucos dias, descobriu-se que toda a comunidade estava sob forte convicção do pecado".[5] Era tempo de colheita, mas todos os dias as pessoas deixavam as suas ferramentas nos campos para participar de um culto às 13 horas. O avivamento abençoou as igrejas presbiteriana e a congregacional alemã de tal modo, que logo as duas estavam construindo novos prédios de pedra.

Durante a campanha de avivamento, a direção da igreja presbiteriana ordenou Finney como evangelista. Finney "dava grande ênfase à oração como condição indispensável para promover o avivamento [...]. Os meios usados eram simplesmente a pregação, oração e reuniões de conferências, muitas orações privadas, muitas conversas pessoais e reuniões para a instrução de interessados sinceros".[6]

Finney esforçava-se por pregar com simplicidade e empregar apenas ilustrações compreensíveis. Ele o fazia a fim de que seus ouvintes não se lembrassem apenas das suas ilustrações, mas fossem convencidos pela verdade. Sempre falava diretamente ao povo. Como advogado, ele defendia a causa de Jesus Cristo, a fim de obter veredictos imediatos.

72 FOGO DO AVIVAMENTO

Finney disse: "Visitava de casa em casa, frequentava reuniões de oração, pregava e labutava dia e noite".[7] Isso acontecia mês após mês. Finney relatou que a obra da salvação estava se espalhando em quase toda direção. Antes de terminar o ano, havia relatos de avivamento em onze cidades da região.

RENOVAÇÃO NAS ESCOLAS

Antwerp estava a cerca de 21 quilômetros de Evans Mills e não tinha nenhum edifício de igreja. Quando, em certa manhã de sábado, Finney atravessou o vilarejo e ouviu a irreverência disseminada, passou a maior parte do dia em oração. Sentia tamanho fardo por orar que passou o domingo de manhã orando no bosque até a hora da reunião que seria realizada na escola. Chegando ali, encontrou a escola cheia de gente. Quando Finney começou a falar sobre João 3.16, chorava copiosamente. Disse-lhes que sentia estar à beira do inferno em Antwerp. O povo não se ofendeu. Várias horas depois, Finney teve uma segunda reunião, e dali em diante passou a pregar quase diariamente na escola. Grande parte dos 2.250 habitantes de Antwerp se converteu.

Finney foi convidado a um vilarejo próximo, e na primeira reunião ali a escola estava cheia. Nunca tinha havido culto religioso naquela vila. Depois de uns quinze minutos, "pessoas da congregação começaram a cair de seus lugares, e caíram de todos os lados, clamando por misericórdia. Se eu tivesse uma espada em cada mão, não poderia ter cortado seus lugares tão rapidamente quanto eles caíam. Na verdade, quase toda a congregação ficou de joelhos ou prostrada, penso eu, menos de dois minutos a partir do primeiro choque que os abateu. Quem pudesse falar, orava, cada um por si mesmo. Eu, claro, fui obrigado a parar de pregar, pois não estavam mais prestando atenção".[8]

Finney disse-lhes: "Vocês ainda não estão no inferno. Agora, permitam-me que eu os conduza a Cristo". Todos clamavam a Deus, e ninguém conseguia ouvi-lo. Assim, Finney começou a falar a cada um por vez, apontando-lhe Cristo, até que tivesse o testemunho do Espírito para sua salvação. Essa reunião continuou a noite toda, até a tarde do dia seguinte.

De volta a Antwerp, Deus operava no culto de maneira quase idêntica à que acabamos de descrever, e o avivamento espalhou-se por quase toda parte da cidade.

O CASAMENTO NÃO IMPEDE O AVIVAMENTO

Em 5 de outubro de 1824, Finney casou-se com Lydia. Deixou-a em seguida para buscar seus pertences em Evans Mills. Esperava voltar dentro de uma semana. No outono anterior, Finney tinha pregado várias vezes em Perch River. Veio um mensageiro, implorando que ele pregasse mais uma vez ali porque Deus estava dando avivamento àquele local. Finney prometeu estar lá na terça-feira. Deus operou com tanto poder que Finney prometeu outro culto na quarta-feira, depois na quinta-feira, e ainda mais. Entre sessenta e setenta pessoas encontraram o Senhor e se filiaram à igreja batista dali.

O avivamento espalhou-se para uma cidade maior chamada Brownsville. Lá, o povo insistiu que Finney passasse o inverno. No início da primavera, Finney pôs-se novamente em direção ao encontro com sua esposa. Teve de parar em Rayville para trocar a ferradura do seu cavalo. As pessoas reconheceram-no e vieram correndo, insistindo que pregasse uma vez ali. Assim, Finney anunciou um culto para as 13 horas. As pessoas da multidão estavam à sua volta. O Espírito Santo veio com poder, e imploraram que Finney passasse a noite com eles. Ele pregou naquela noite, e o fogo do avivamento continuou. Assim, pregou também na manhã seguinte e teve de permanecer, pois Deus operava de maneira profunda. Finney pediu que um irmão cristão tomasse o seu cavalo e fosse buscar sua esposa. Eles já estavam longe um do outro há seis meses. Finney continuou a pregar em Rayville mais algumas semanas, e muitas pessoas se converteram.

Então Deus conduziu Finney a Gouverneur. Finney mandou dizer ao povo que se preparasse para o derramamento do Espírito Santo, pois ele estava chegando, com a direção divina.

CAPÍTULO TREZE

O FOGO DO AVIVAMENTO ESPALHA-SE PELO CENTRO DO ESTADO DE NOVA IORQUE

Em agosto de 1825, Finney viajou para o município de Oneida, na parte central do estado de Nova Iorque. Pregou em Western numa quinta-feira, e o Senhor levou alguns líderes de igreja ao arrependimento e quebrantamento. Deus pôs um fardo de oração sobre Finney na sexta-feira, e nos cultos de domingo Deus veio com poder sobre a igreja. Começara o avivamento, e Finney prevaleceu em oração, falando pela cidade em diversos lugares.

Na semana seguinte, Finney conheceu uma tal senhora Harris, que lutara em oração dia e noite. Quando ela se encontrou com Finney, declarou: "Veio o Senhor! Esta obra se espalhará por toda a região. Uma nuvem de misericórdia paira sobre todos nós, e veremos obra da graça tal que jamais foi vista até hoje". Diz Finney que o rosto da sra. Harris tinha "um brilho celeste, não terreal" que vinha claramente do céu. Ela obtivera o avivamento pela oração.[1]

Depois que o fogo do avivamento se alastrou por algum tempo em Western, Finney recebeu um chamado do vilarejo de Rome. No terceiro sermão em Rome, Deus derramou tal convencimento do Espírito Santo sobre o povo que Finney temeu que as pessoas não controlassem mais as suas emoções. No final do culto, Finney dirigiu uma oração com voz baixa, sem emoção, procurando conter o povo que começara a gemer e chorar. Instou-os a controlar os sentimentos e que fossem para casa sem dizer uma palavra a qualquer pessoa. Eles obedeceram, mas seus gemidos e choro continuavam enquanto desciam a rua em direção a seus lares.

No nascer do sol, as pessoas começaram a chamar por Finney. Ele passou a manhã indo de casa em casa orando com o povo. Ao entrar em uma casa, encontrava alguns ajoelhados, outros prostrados no chão. Os vizinhos entravam correndo. Finney não conseguia atender a todos os pedidos por oração e sabia que teria de mudar os seus métodos.

Finney anunciou uma reunião para interessados às 13 horas. Vieram, alguns até correndo, de todos os lados. Muitos foram convencidos pela Palavra naquela tarde e, até chegar a noite, já estavam salvos. No culto da noite, as pessoas estavam tão sobrepujadas pelo convencimento do Espírito Santo que novamente Finney as despediu do culto pedindo que o povo fosse para casa e orasse pessoalmente e em família.

Os cultos de avivamento continuaram por vinte noites, com uma reunião de oração a cada dia, uma reunião para os interessados em outro horário do dia, e cultos públicos à noite. A cidade irradiava um solene senso de maravilhamento. Pastores vinham de cidades vizinhas para ver o avivamento. As conversões multiplicavam-se tão rapidamente que era impossível conhecer toda a história. A cada noite, Finney pedia que todos os que se converteram naquele dia ficassem de pé em frente ao púlpito. Todos ficavam maravilhados com quem e quantos haviam se convertido. Algumas pessoas desmaiaram ao serem convencidas do Espírito Santo nos cultos, e outras, quando estavam em seus lares.

Certo dia, três homens gastaram o dia bebendo e criticando o avivamento, até que um deles caiu morto. Quase toda a população adulta de Rome se entregou a Cristo: advogados, comerciantes, médicos, líderes da cidade. O ministro disse: "Até agora, quanto à minha congregação, já chegou o milênio".[2] Todos os que vinham à vila sentiam a fortíssima presença de Deus.

O xerife de Utica, a uns 32 quilômetros de distância, veio a Rome tratar de algum negócio. Tinha zombado e ria dos relatos sobre o avivamento. Quando o seu trenó atravessou o canal, a mais de 1,5 quilômetro do local, um profundo senso da esplêndida presença de Deus tomou conta dele. Quanto mais perto chegava do vilarejo, mais fortemente sentia a presença de Deus. O xerife encontrou o povo no comércio. Todos estavam tão dominados pelo poder de Deus que mal conseguiam falar. Tentando evitar chorar, o xerife levantou-se e foi várias vezes até a janela. Apressou-se para concluir seu negócio e voltar a Utica. Pouco tempo depois, estava convertido.

O avivamento se espalhou até Wrights' Settlement, um vilarejo a uns cinco quilômetros de Rome, onde quase todos os moradores se converteram. A cada reunião, Finney esforçava-se por restringir o tamanho do público. As reuniões ocorriam com maior ordem e solenidade. A obra do Espírito era tão espontânea, poderosa e pujante que por mais de um ano Finney conduzia diariamente uma reunião de oração ao nascer do sol, com muitos frequentadores.

O PODER DA ORAÇÃO

Finney instava o povo orar a Deus com sinceridade e expectativa pelo "imediato derramar do seu Espírito Santo". Disse-lhes que, caso se unissem em oração, obteriam a resposta de Deus mais rapidamente do que a resposta a uma carta enviada a Albany, capital do estado. Vários homens concordaram em provar Deus dessa forma, e sua oração foi respondida assim rapidamente. Finney escreveu:

> Na verdade, a cidade estava cheia de oração. Passando pelas ruas, ouvia-se a voz da oração, e, se dois ou três cristãos por acaso estivessem juntos, estariam orando. Sempre que havia um pecador não convertido, especialmente se tivesse manifestado qualquer oposição, encontraríamos dois ou três irmãos ou irmãs concordando em fazer disso um objetivo especial de oração, e era notável quanto Deus respondia quase imediatamente.[3]

Depois de uns vinte dias, Finney foi a Utica para assistir a um funeral. Encontrou uma senhora piedosa que persistia em oração quase sem cessar havia dois dias e duas noites. Um dos pastores presbiterianos pediu que ele voltasse a Utica para ali pregar. Ele voltou quase imediatamente. "A Palavra teve efeito quase imediato, e o lugar ficou cheio da influência manifesta do Espírito. Toda noite, as reuniões estavam cheias, e a obra continuou e se espalhou poderosamente."[4]

A ZONA DE SANTIDADE

O xerife de Utica, recém-convertido, era solteiro e morava em um quarto de hotel. Ele começou a orar em favor do gerente do hotel, que logo se converteu, junto com muitos de sua família e a maioria dos usuários do estabelecimento. Esse hotel, o maior da idade, ficou sendo um centro de influência santa em Utica. As diligências sempre paravam ali. Numerosas pessoas que iam até o hotel para uma refeição ou pernoite ficaram poderosamente convictas e se convertiam antes de deixar a cidade. Uma influência divina permeava as cidades de Utica e Rome durante esses avivamentos, transformando a área em região santa. O mesmo fenômeno ocorria ao longo da costa leste dos Estados Unidos durante o avivamento de 1858.

Um comerciante de Lowville chegou de carruagem para realizar seus negócios, mas viu que "Utica estava tomada por religião". Sempre que tentava fazer alguma transação, as pessoas testemunhavam a ele de Cristo. Esse comerciante ficou tão aborrecido que resolveu ir embora de diligência tarde daquela mesma noite. Alguns que estavam hospedados no hotel e eram novos convertidos ouviram o seu comentário. Eles e o gerente do hotel o chamaram em particular e oraram com ele e, antes de a diligência chegar, ele estava convertido.

Em vez de prosseguir sua viagem, o comerciante voltou para casa e começou a testemunhar. Ganhou sua família para o Senhor e começou com ousadia a testemunhar à cidade. O Espírito de Deus veio sobre Lowville, e logo Deus causou ali um grande avivamento.

Em meio ao avivamento, o presbitério de Oneida reuniu-se em Utica. Um pastor idoso reclamou que, aonde quer que fosse na cidade, as pessoas só falavam de oração e avivamento. Levantou-se na reunião do presbitério e fez um discurso inflamado contra o avivamento. Naquela noite, muitos cristãos oraram fervorosamente para que nada impedisse o movimento. Na manhã seguinte, o tal pastor idoso foi encontrado morto em sua cama do hotel.

As notícias espalharam-se para longe. Em Utica, mais de quinhentas pessoas se converteram ao Senhor. Pessoas viajavam distâncias consideráveis para ver com os próprios olhos o que estava acontecendo, e muitas delas também se converteram a Cristo. Deus mandou o avivamento aos vilarejos de todos os lados de Utica.

Finney foi convidado a pregar certa noite na vila de New York Mills. O prédio estava abarrotado de gente, especialmente jovens operários da fábrica. Imediatamente, Deus passou a convencer o povo. Na manhã seguinte, Finney foi convidado a fazer uma turnê pelo grande moinho de algodão de lá. Entrou em uma sala onde as moças estavam rindo levianamente ao operarem os teares e as máquinas fiadeiras. Quando ele entrou na área de trabalho, uma das moças olhou nos olhos de Finney e começou a tremer. Os dedos trêmulos fizeram o fio se romper, e o tear parou de funcionar. Outra moça levantou o olhar para ver por que o tear parara e, ao ver o rosto de Finney, também começou a tremer, e o seu fio também se rompeu. Uma após outra, as máquinas pararam.

O proprietário tomou conhecimento da parada dos equipamentos e veio conferir o que estava acontecendo. Quando constatou que todos na sala estavam chorando, mandou o superintendente parar o serviço, pois era mais importante que as almas fossem salvas do que a fábrica funcionar. Até aquele momento, Finney não dissera uma só palavra. Os trabalhadores reuniram-se em um salão maior, e em poucos dias todos os funcionários foram salvos. Uma igreja metodista e, mais tarde, uma igreja presbiteriana foram formadas pelos três mil convertidos neste avivamento.

A VISÃO DE CRISTO DE FINNEY

No verão de 1826, Finney foi convidado a Auburn, Nova Iorque. Alguns dos professores no seminário de Auburn opunham-se ao avivamento e à sua pregação, e não tinham recebido treinamento teológico. Deus deu visão a Finney, mostrando que ele enfrentaria oposição de dentro da igreja, mas assegurando-lhe que Deus triunfaria.

Nesta visão, Cristo aproximou-se tanto de Finney enquanto ele orava que seu corpo todo tremia da cabeça aos pés. Nunca estivera tão sobrepujado e humilhado na presença de Deus. "Em vez de sentir vontade de fugir, eu era atraído a estar mais próximo de Deus — mais e mais perto dessa Presença que me enchia de inefável senso de deslumbramento e tremor". Então, Deus

78   FOGO DO AVIVAMENTO

ergueu Finney e assegurou-lhe que estaria com ele e que nenhuma oposição prevaleceria contra ele.[5]

Finney sentia que deveria deixar tudo para Deus. Deus ajudou-o a permanecer perfeitamente confiante, calmo, não tendo nada senão sentimentos bondosos para com os irmãos que estavam enganados e se aliavam contra ele. Quando parecia que todas as igrejas, com exceção da Primeira Igreja Presbiteriana onde Finney estava pregando, tinham se virado contra ele, Finney não se preocupou com isso e continuou realizando os cultos.

No começo do outono de 1826, Finney foi convidado a pregar em Troy, Nova Iorque, onde Deus lhe concedeu um espírito sincero de oração. Algumas pessoas daquela cidade sentiam-se impelidas a orar pela salvação de determinados indivíduos. Uma jovem de New Lebanon que visitava Troy no avivamento converteu-se de modo poderoso e, ao voltar para casa, ganhou uma amiga para Cristo. As duas iniciaram um ministério de intercessão, clamando pelo avivamento em sua comunidade, e convidaram Finney a visitar o lugar.

Ao chegar a New Lebanon, Finney disse: "O Espírito do Senhor foi derramado, e o avivamento espalhou-se com grande poder [...]. Conversões poderosas foram multiplicadas".[6] Um médico incrédulo, um comerciante destacado e muito rico e um jovem rapaz que mais tarde se tornou um grande evangelista estavam entre os muitos convertidos.

Finney foi convidado a Stephentown, nas proximidades, onde somente seis pessoas frequentavam os cultos na igreja. Quando começou a pregar, o lugar começou a encher de gente, e no terceiro culto ali realizado o Espírito prevaleceu. Uma jovem tinha orado dia e noite por avivamento em Stephenville. Ouvindo seu choro e oração, o Espírito Santo tocou profundamente também Finney. O povo foi tocado de maneira poderosa em sua necessidade de Deus, e também homens fortes e de destaque foram derrubados em seus lugares durante os cultos. Houve cerca de 150 conversões, incluindo quase todos os cidadãos mais destacados de Stephentown.

Finney listou as "características marcantes" do reavivamento como sendo: "1. Predomínio de um espírito de oração poderoso e persistente; 2. profunda e pujante convicção do pecado; 3. conversões repentinas e poderosas a Cristo; 4. grande amor e alegria abundante dos convertidos; 5. inteligência e estabilidade dos convertidos; 6. sua grande sinceridade, atividade e utilidade em oração e em obras pelo próximo".[7]

CAPÍTULO CATORZE

CIDADES EM CHAMAS

O casal Finney foi convidado a Wilmington, Delaware, e lá chegou em dezembro de 1827. Deus enviou bênçãos de avivamento, e logo Finney estava viajando dois dias por semana até Filadélfia, deslocando-se por barca cerca de 65 quilômetros rio acima. Em 1828, ele mudou-se para Filadélfia e pregou inicialmente em todas as igrejas. Quando as multidões ficaram grandes demais, ele passou as reuniões na maior igreja da cidade, com capacidade para três mil pessoas. Por quase um ano, ele pregou em Filadélfia, experimentando bênçãos contínuas.

AVIVAMENTO NOS BARRACOS

Na primavera de 1828, o avivamento se alastrou a partir de Filadélfia, subindo o vale do rio Delaware em direção ao norte da Pensilvânia. Vários milhares de lenhadores faziam seus lares na região dessa floresta. Viviam em pequenos barracos e casebres, sozinhos ou com dois ou três outros lenhadores. Estes homens cortavam lenha nas florestas durante o ano, e, quando a neve derretia na primavera, levavam as toras flutuando pelo rio em balsas, para serem vendidas em Filadélfia. Muitos desses lenhadores assistiram às reuniões de avivamento em Filadélfia e se converteram.

Enquanto voltavam pelo rio, começaram a orar por seus colegas de trabalho. Deus começou a converter aqueles lenhadores solitários, que oravam em suas choupanas. À medida que eram salvos, saíam dando testemunho a outros lenhadores. Naquela época, não havia pastores em qualquer lugar da área, e alguns dos homens nunca, em toda a sua vida, tinham estado dentro de uma igreja. O avivamento espalhou-se de um barraco para o próximo, e, chegando a primavera de 1831, havia mais de cinco mil lenhadores convertidos naquela região. Foi uma colheita em que não havia igreja ou evangelista residente.

No inverno de 1829-1830, Finney foi cerca de 65 quilômetros adiante, até Reading, Pensilvânia. Novamente, houve numerosas conversões, muitas das quais dramáticas. Finney mudou-se então para Lancaster, aonde Deus enviou o avivamento quase imediatamente. Dali, foi para Colúmbia e depois para a cidade de Nova Iorque. Aonde quer que ia Finney, as almas eram salvas.

Finney então foi conduzido a Rochester, no centro do estado, em setembro de 1830, onde ministrou até março de 1831. Ali Finney introduziu o "banco para os ansiosos" na parte da frente da igreja. As pessoas desejosas de salvação vinham ao final do culto para que fossem aconselhadas e se orasse por elas. Deus iniciou uma obra de salvação ali, especialmente entre as camadas mais altas da sociedade: comerciantes, médicos e, especialmente, advogados. Cristãos de diversas denominações estavam unidos nesses cultos.

Certo homem cético era dono de uma grande escola de ensino médio em Rochester. Muitos de seus alunos assistiram às reuniões de Finney e foram profundamente convencidos de sua necessidade de Cristo. Certa manhã, após duas semanas de realização dessas reuniões, o diretor encontrou tantos estudantes chorando por seus pecados na sala de aula que mandou que Finney viesse instruí-los. Finney atendeu ao chamado, e o diretor e quase todos os alunos se converteram. Mais de quarenta dos alunos do sexo masculino e numerosas alunas se tornaram pastores ou missionários.

Uma das moças da escola tornou-se esposa de Titus Coan. Os Coans partiram como missionários para o Havaí e, sete anos mais tarde, foram líderes no poderoso avivamento que sacudiu este arquipélago. Sem dúvida, isso foi resultado indireto do avivamento de Finney em Nova Iorque.

Deus usou o avivamento para levar uma profunda transformação moral à região de Rochester. Nos cultos de toda noite, muitas pessoas experimentaram o novo nascimento.

GUERREIROS DE ORAÇÃO

Um tremendo espírito de oração inundava a cidade. Um pastor profundamente convicto de seu pecado chorava alto ao andar pela rua. Esse homem foi poderosamente convertido e tornou-se parceiro de Finney em oração durante essas reuniões. Deus deu a esse ministro grande fé de que um poderoso avivamento aconteceria. Outras pessoas saíram do culto a fim de orar.

Abel Clary foi outro dos parceiros de oração incomuns de Finney. Ele havia se convertido no mesmo avivamento em que Finney se convertera anos antes. Clary era licenciado para pregar, mas sentia tão pesado fardo de oração pelas almas que raramente conseguia pregar. Quando Finney chegou a Rochester, Abel Clary veio sem avisá-lo. Não participou de um culto sequer, mas permaneceu na casa de um cristão, orando pela cidade de Rochester e pelo avivamento. Após algumas semanas, Finney descobriu que Clary estivera orando ali.

Clary era um homem quieto, mas frequentemente sentia um impulso tão forte para orar que não conseguia ficar em pé. Lutava de joelhos em oração.

Às vezes não conseguia nem se ajoelhar e se prostrava no chão, implorando ao Senhor pela salvação de almas.

Deus colocou um peso de oração semelhante sobre outros diversos homens e grande número de mulheres. Por dez anos durante o avivamento no centro do estado de Nova Iorque, um diácono de nome Billious Pond carregou um tremendo fardo de oração, sendo recebido por evangelistas, pastores e igrejas para orar por eles. Com a idade de 55 anos, Pond foi ordenado e por mais quarenta anos continuou a pregar o evangelho.

"Pai" Nash, ministro piedoso, procurou Finney em diversos de seus campos de trabalho e orava por ele com poder. Às vezes Clary e Nash ficavam juntos, passando muitas horas em oração. Na região de Rochester havia muitos casos de pessoas agonizando em oração intercessora pelo poder de Deus na salvação do povo. Mais tarde, Clary e Nash seguiram Finney até a Inglaterra, a fim de orar por seu ministério ali.

O promotor público da região de Rochester converteu-se nesse avivamento. Diz-se que, nessa cidade de rápido crescimento, a população triplicou após o avivamento, mas o índice de criminalidade diminuiu para 1/3 do que era anteriormente. De uma população de dez mil, houve no mínimo oitocentas conversões. Os teatros eram considerados antros do mal, e o teatro de Rochester fechou. Passaram-se sete anos até que outro teatro surgisse e mais de 25 anos até que um teatro se estabelecesse permanentemente. Os convertidos do avivamento tornavam-se líderes da comunidade.

RELATOS DE AVIVAMENTOS

Alguns dos cristãos de Rochester escreveram cartas a seus amigos que moravam em outros estados, dizendo como Deus estava operando poderosamente no avivamento. Deus usava esses testemunhos para levar o avivamento a esses outros lugares.

Enquanto continuava a liderar o avivamento em Rochester, Finney fazia curtas viagens a cidades vizinhas.

> Aonde quer que eu fosse, a Palavra de Deus tinha efeito imediato, e parecia necessário apenas apresentar a lei de Deus e as reivindicações de Cristo nas relações e proporções calculadas para assegurar a conversão dos homens, e eles se convertiam às muitas dezenas. A grandeza da obra em Rochester nessa época atraiu muita atenção de pastores e crentes por todo o estado de Nova Iorque, pela Nova Inglaterra e em grande parte dos Estados Unidos, a ponto de a própria fama ser eficiente instrumento nas mãos do Espírito de Deus ao promover por todo este país o maior avivamento religioso já testemunhado.[1]

Anos mais tarde, o dr. Henry Ward Beecher, em conversa sobre esse poderoso avivamento e seus resultados, relatou: "Foi a maior obra de Deus e o maior avivamento religioso que o mundo viu em tão curto tempo. Cem mil pessoas [...] foram registradas como tendo se incorporado à membresia das igrejas como resultado desse grande avivamento".[2] No período entre 1831 e 1835, mais de duzentas mil pessoas se converteram.

De acordo com o jornal *Boston Recorder,* nos primeiros quatro meses de 1831, 362 lugares relataram ter experimentado avivamentos. Cento e cinquenta deles eram no estado de Nova Iorque. Deus operou com poder e sem nenhum escândalo. Prevalecia a união entre as igrejas, e parecia cessar a oposição a Finney e a seus métodos.

Finney fatigou-se. Os médicos em Rochester estavam convencidos de que ele morria de tuberculose, mas ele sempre insistia que estava apenas cansado. Fez uma viagem em uma diligência e parou para pernoitar em Auburn, pretendendo sair cedo na manhã seguinte. Recebeu por escrito um apelo sincero para que ficasse e os conduzisse a Cristo, assinado por uma longa lista de homens não convertidos, que antes, em 1826, tinham feito oposição a seu ministério. O primeiro nome da lista era do chefe da oposição.

Depois de orar, Finney resolveu ficar, sob a condição de pregar apenas quatro vezes na semana. A Palavra de Deus imediatamente passou a convencer as pessoas. Finney permaneceu ali por seis semanas, tendo se convertido umas quatrocentas pessoas. O primeiro que se converteu foi o tal líder da oposição, e quase todos os outros que antes lutavam contra ele foram ganhos para Cristo.

O rev. Abel Clary estava presente, orando pelas almas daquele lugar. "Os seus desejos eram grandes demais para serem expressados com palavras, e seus gemidos eram ouvidos por toda a casa." Finney considerava esse avivamento de Auburn uma onda santa do avivamento de Rochester.[3]

Veio então um chamado para Buffalo, dizendo que ali também estava acontecendo um avivamento. Buffalo distava uns 900 quilômetros de Auburn. Durante um mês, Finney ministrou com poder em Buffalo. Ali também o avivamento começou entre a classe mais alta. Em seguida, Finney foi a Providence, Rhode Island, e finalmente a Boston e à cidade de Nova Iorque. O Senhor derramou seu Espírito imediatamente.

O teatro Charles Garden, em Nova Iorque, foi alugado e reformado para ser um local de cultos, com 2.500 lugares. No domingo de abertura, em maio de 1832, cerca de três mil pessoas abarrotaram o recinto, e muitas não conseguiram entrar. Na época, o cólera devastava a cidade. No ápice da epidemia, morriam mais de cem pessoas por dia. Dois terços da população e muitos dos pastores deixaram a cidade. Em 28 de setembro, Finney foi empossado como pastor da nova capela da rua Chatham, mas durante o culto adoeceu de cólera. Recuperava-se devagar, mas não pôde pregar novamente até a primavera de 1833. Jamais conseguiu recuperar-se totalmente dessa doença.

EQUIPES DE EVANGELISMO PESSOAL

Finney pregou todas as noites durante vinte dias, e imediatamente o avivamento começou. Mais de quinhentas pessoas se converteram. Finney estava fraco demais para continuar fazendo essas pregações com tanta frequência. Havia tantos novos convertidos que eles iniciaram uma igreja filial. Finney ensinou os membros a ir, em duplas, em ousado evangelismo pessoal. Eles andavam de casa em casa e esperavam à entrada dos teatros e bares para convidar as pessoas para os cultos. Logo, os membros levavam até mesmo os bêbados para a igreja e ganhavam-nos para Cristo, levando-os de volta às suas casas, sóbrios e salvos, para surpresa de suas famílias.

Finney ensinava os membros a se espalharem entre o auditório e observar com cuidado as pessoas tomadas por convicção do pecado. Então eles traziam essas pessoas às salas de oração e conduziam-nas ao Senhor. Naquela época, as galerias superiores da maioria dos teatros eram usadas para prostituição. Mas, naquelas mesmas galerias do antigo teatro, agora convertido em lugar de adoração, as pessoas estavam ganhando almas para Cristo. Antes de deixar Nova Iorque, Finney estabeleceu cinco igrejas afiliadas. Instava seus membros que não enchessem os cultos com cristãos vindos de outras igrejas, mas trouxessem os não convertidos, para que pudessem ser salvos.

UMA ATMOSFERA DE ORAÇÃO

Uma testemunha ocular dos avivamentos escreveu:

> É provável que nenhum homem, desde os dias de Whitefield, tenha movido a mente dos homens desta cidade tão ampla e profundamente em sua religião pessoal e prática quanto esse grande e bom homem. Suas únicas armas eram a pregação e a oração. Ele estava cercado de uma atmosfera de oração e de um corpo de cristãos, homens e mulheres, de tal forma dedicados e operosos na oração como Nova Iorque nunca tinha visto e provavelmente nunca mais viu. Seu púlpito e sua igreja eram centro de influência santa de conversão de almas, difundida em todas as direções, por todo comprimento e largura da terra, e o impulso de sua vida e seu labor em Nova Iorque é ainda perpetuado e incorporado em nossas igrejas e em diversas formas de serviço cristão.[4]

Finney era fortemente contrário à escravatura. Com frequência, ele se referia a ela em suas orações e pregações. Seus vastos auditórios quase sempre incluíam alguns escravagistas, e ele recusava-se a servir-lhes a comunhão.

FOGO DO AVIVAMENTO

Finney discordava de seu presbitério quanto às inconsistências da disciplina eclesiástica e, assim, exonerou-se do presbitério em 13 de março de 1836. O tabernáculo de Broadway foi construído segundo seu projeto, e ele tornou-se pastor ali, formando uma igreja congregacional.

Como Finney jamais tinha se recuperado do cólera, foi instado a fazer uma viagem pelo mar Mediterrâneo. Esteve fora de 20 de janeiro de1834 até 14 de julho do mesmo ano. Durante sua ausência, confiou a liderança da capela da rua Chatham a seu assistente, John Ingersoll, insistindo que tivesse moderação ao confrontar o vírus da escravatura. Ingersoll, porém, não seguiu as recomendações de Finney. Quando Finney retornou, chorou ao ver que a igreja, que estivera repleta quando saiu, agora tinha apenas poucas centenas de pessoas. Pouco depois de sua volta, o rebanho disperso de Finney voltou, a igreja se reanimou, e mais uma vez o Espírito Santo atuou com poder. O comentário de Finney foi: "O Espírito do Senhor foi derramado sobre nós, e tivemos um avivamento precioso e contínuo enquanto continuei a pastorear essa igreja".[5]

UM DIA DE ORAÇÃO QUE PREVALECE

Enquanto Finney retornava de sua viagem marítima de seis meses para restaurar a saúde, Deus proporcionou no navio um dia de tremenda bênção, renovação e direção. Finney reconheceu que sua saúde não era a mesma; sentia o peso do desejo por avivamento e se angustiava com a oposição de cristãos que, sem papas na língua, objetavam à sua forma de ministério avivalista.

Certo dia, Finney passou a maior parte do tempo em oração, ajoelhado em um grande salão e andando pelo convés. Estava tão abatido que torcia as mãos, agoniado. Muitas vezes Finney experimentara pesar em oração, mas nunca igual a esse dia. Falou sobre isso como sendo "um dia de inefável batalha e agonia de alma". Ao cair a noite, o Espírito Santo assegurou-lhe que tudo iria se resolver,

> que o Senhor avançaria com a sua obra e me daria força para participar da maneira que Deus desejasse. Mas eu não tinha a mínima ideia do rumo que a providência tomaria. Em um sentido muito importante, considero que toda obra de avivamento que pude realizar desde então, os resultados de pregação e publicação dessas palestras e também tudo o mais em que pude ser instrumento da obra em favor da Sião de Deus como resposta de oração daquele dia [...]. Ninguém, senão eu, pode apreciar mais o modo maravilhoso com que essas agonizantes dores de alma naquele dia encontraram resposta divina. Na verdade, foi Deus Espírito Santo que intercedeu por mim. A oração não era propriamente minha, mas a oração do Espírito Santo [...]. Ele pressionou minha alma em oração até que eu

pude prevalecer, e, por infinitas riquezas da graça de Cristo Jesus, há muitos anos tenho sido testemunha dos maravilhosos resultados daquele dia em que lutei com Deus. Em resposta à agonia daquele dia, ele continua a dar-me o Espírito de oração.[6]

UM MANUAL DE AVIVAMENTO

Com a volta de Finney a Nova Iorque, o editor do *The evangelist*, uma publicação prestes a falir, pediu que Finney escrevesse uma série de artigos sobre avivamento. Finney orou um ou dois dias sobre o assunto e prometeu dar uma série de palestras sobre avivamento uma vez por semana. O editor tinha liberdade para enviar um repórter para observar e escrever os artigos. Os sermões foram publicados de forma condensada e mais tarde em um livro, *Cartas sobre avivamento*, de Finney.

Este livro teve todas as suas edições esgotadas: 12 mil exemplares nos primeiros seis meses. Foi publicado também na Inglaterra, França, Alemanha, e muitas edições foram publicadas depois na Grã-Bretanha e por diversas outras publicadoras. *Cartas sobre avivamento*, de Finney, tornou-se um fenômeno de vendas. Pessoas como Godet, famoso comentarista bíblico, e David Livingstone, missionário, dizem ter sido fortemente influenciados por esse livro. Foi usado por Deus para influenciar o fogo do avivamento nos Estados Unidos e incendiar o mundo inteiro com avivamento durante muitos anos. O livro de Finney foi, sem dúvida, uma preparação para os avivamentos de 1858 por toda a América e pelas Ilhas Britânicas.

CAPÍTULO QUINZE
OBERLIN E ALÉM

Em 1834, o reverendo Asa Mahan fundou o Instituto Colegiado de Oberlin, no estado de Ohio. Foi mudado o nome para Oberlin College em 1850. Mahan e outros líderes pediram reiteradamente que Finney viesse a Oberlin. Finney mudou-se para lá em maio de 1835. Concordou em residir em Nova Iorque de abril a novembro a cada ano, para servir no tabernáculo Broadway, e viver em Oberlin o restante do ano, ministrando na faculdade e pastoreando a igreja. No primeiro ano, chegaram trezentos alunos, e muitos mais vieram no ano seguinte.

Desde a primeira ida de Finney a Oberlin, Deus começou a conceder bênçãos de avivamento sobre a escola.

> Não somente prosperamos em nossa alma como igreja, como tínhamos também avivamento contínuo, que variava de força em diferentes tempos, mas em nenhum momento passamos por alguma fase que não pudesse ser visto como estado de avivamento. Nossos alunos se convertiam às vintenas a cada ano. O Senhor cobria-nos constantemente com sua sombra de misericórdia. Fortes ventos de influência divina nos impressionavam, deixando seus frutos de amor, alegria, paz, longanimidade, bondade, benignidade e fé abundantes entre nós.[1]

Em 1842, Finney passou dois meses realizando reuniões de avivamento em Boston e dois meses em Providence, Rhode Island. Estava totalmente exausto. Descansou por um ou dois dias em Boston, para viajar então até Rochester, descansando um dia ali antes de prosseguir. O juiz Gardiner, do Tribunal de Apelações de Nova Iorque, apoiado por outros juízes, pediu que ele realizasse cultos especiais para advogados, enquanto outro evangelista dirigia cultos para a população em geral.

Deus estava operando no coração dos advogados de Nova Iorque. Certa noite, o juiz Gardiner pediu que Finney orasse nominalmente por ele. Imediatamente, esse juiz foi até o "banco dos ansiosos" na frente de todo mundo. Vendo isso, os advogados vieram à frente em grupos. O juiz e muitos dos advogados que lá se encontravam converteram-se de maneira maravilhosa. Finney passou dois meses ali em poderoso avivamento.

NOVO BATISMO

Tão logo Finney chegou a Oberlin, as bênçãos começaram novamente ali. No outono de 1843, Finney voltou a Nova Iorque, para ministrar na Segunda Igreja Congregacional Livre, muitas vezes chamada de "Igreja da Santificação" ou "Igreja de Oberlin". Esta se reunia num espaço alugado com capacidade de acomodar 1.500 pessoas. Ali, Finney ministrou por cerca de três meses.

Finney voltou de diligência para Oberlin. Em cada parada da diligência, Finney ficava sabendo de reuniões diárias de oração ou poderosos avivamento. Ele escreveu: "Descobri também, para grande satisfação minha, que um avivamento contínuo prevalecia em quase toda cidade entre aqui e Nova Iorque". Finney não tinha uma estimativa clara de quantos se converteram, mas só Albany relatou mais de três mil almas sendo salvas.[2]

No inverno de 1844, Finney testemunhou um novo batismo do Espírito. A Palavra de Deus incendiou-se de luz e vida de Deus. Finney entrou em um profundo senso de consagração jamais experimentado. Deus inundou-o de novo amor ao se deleitar em Jesus, revelando a ele o livro de Cantares de Salomão. Ele já tinha experimentado tais derramamentos, mas agora a liberdade, o ânimo e o transbordante amor pareciam permanentes. Constantemente, dia após dia, crentes de diversas partes da cidade vinham até seu quarto para indagar acerca de uma vida cristã mais nobre e buscar possuí-la.

MINISTÉRIO DE AVIVAMENTO NA INGLATERRA

A doença e morte da sra. Finney e a fraqueza física de Finney mantiveram-no afastado por um tempo do ministério evangelístico ativo. Em novembro de 1848, Finney casou-se novamente. Em setembro de 1849, após muitos convites insistentes, ele e a nova sra. Finney navegaram para a Inglaterra. Deus abençoou as várias semanas de ministério em Houghton. Então, ele ministrou em Birmingham por cerca de três meses, vendo ali muitas conversões. Depois, Finney passou várias semanas em Worcester. A maioria das igrejas não anglicanas era pequena e não conseguia acomodar as grandes multidões.

Finney começou a pregar no tabernáculo de Londres, local onde estivera antes o tabernáculo de Whitefield. O prédio atual tinha lugar para entre três e quatro mil pessoas. Finney continuou ministrando ali durante nove meses, tendo cultos de segunda a sexta à noite e duas vezes aos domingos. Repetidamente, ele pregava a respeito da oração. Os cultos aos domingos eram lotados, e havia grandes congregações reunindo-se nos dias da semana.

Depois de várias semanas de pregação, Finney sentiu que o Espírito o dirigia a fazer convites à salvação. Usou um salão vizinho, com lugar para 1.500 pessoas sentadas, como sala para interessados.

Repetidas vezes, Finney dizia que essas reuniões não eram para cristãos, nem para pecadores já convencidos dos seus pecados, mas apenas para os não salvos que desejavam receber imediatamente a salvação. Esse grande salão de interessados rapidamente ficou cheio. Noite após noite, centenas iam à frente e pediam que orassem por eles, muitas vezes quase toda a congregação. As pessoas vinham de toda parte de Londres, algumas caminhando diversos quilômetros. As pessoas paravam Finney na rua para testemunhar como Deus havia transformado a vida delas.

Milhares se converteram nos meses que ele passou na Inglaterra. Inúmeros pastores, incluindo diversos clérigos da Igreja Anglicana, mudaram seu método de pregação, seguindo o exemplo de Finney, insistindo com as pessoas a buscar salvação imediata em Cristo. Um ministro anglicano deu início a vinte diferentes reuniões de oração em diversas localidades de sua paróquia, ganhando em poucos meses 1.500 pessoas para Cristo.

Quando Finney deixou Londres, havia quatro ou cinco igrejas anglicanas que começaram a realizar cultos evangelísticos diários. Finney sentia um peso tremendo para orar em favor de Londres nesses tempos. "Quase nunca me senti tão atraído a orar por qualquer cidade ou lugar quanto por Londres. Às vezes, quando eu orava em público, especialmente com as multidões à minha frente, eu não conseguia parar de orar, e o Espírito de oração me fazia quase sair de dentro de mim ao clamar pelo povo e por sua cidade." Finney não passou nenhum tempo fazendo turismo, mas procurava se entregar "ao empreendimento expresso de ganhar almas para Cristo".[3]

Finney falava muito sobre confissão e restituição como sendo provas de arrependimento. Quase toda espécie de crime foi confessado. Grandes somas de dinheiro foram dadas por pessoas que desejavam fazer restituição por seus pecados.

Depois de uns cinco meses no ar poluído de Londres, o ministério incessante afetou profundamente o sr. e a sra. Finney. Um cristão deu-lhes dinheiro e mandou-os para a França por algumas semanas para se recuperarem e estar a sós. A saúde da sra. Finney melhorou muito, mas a rouquidão de seu marido continuou. Contudo, Finney prosseguiu em ministrar, atravessando o inverno até abril de 1851.

Estando os Finneys de volta a Oberlin, Deus enviou avivamento aos estudantes durante todo o verão. No outono, Finney voltou a Nova Iorque, para visitar sua antiga congregação, mas descobriu que o pastor que o sucedera não cooperava. Somente quatrocentas pessoas continuavam frequentando a igreja. O pastor recusava-se a permitir que fizessem propaganda dos cultos

OBERLIN E ALÉM   89

com pôsteres ou folhetos. No entanto, permitia que o prédio fosse usado por outras organizações e tinha uma atitude muito independente. Finney sentiu que nessas circunstâncias não seria possível programar um avivamento geral e então foi para Hartford, Connecticut, e lá começou seu ministério em 1º de janeiro de 1852.

NECESSIDADE DE CONFISSÃO E RESTITUIÇÃO

Deus deu a bênção do avivamento em Hartford, e houve grande espírito de oração entre os recém-convertidos. Começaram a promover reuniões de oração nas igrejas, e quase todos os novos convertidos participavam. A sra. Finney iniciou alguns grupos de oração de mulheres nas igrejas. As reuniões na sala para interessados após o culto da noite foram grandemente abençoadas, e chegava a ter quatrocentas pessoas em cada uma dessas reuniões, buscando conhecer o Senhor. Porém, a saúde de Finney estava tão debilitada que foi necessário voltar para Oberlin.

Aonde quer que ia, Finney ensinava que o arrependimento envolvia confissão e restituição. Em muitas campanhas de avivamento, a quantia de restituição em dinheiro totalizava alguns milhares de dólares. No primeiro inverno em que ele ministrou em Boston, Finney pregou dois sermões em um domingo sobre Provérbios 28.13. Durante muitas semanas depois disso, pessoas de ambos os sexos e todas as idades vinham em busca de conselho espiritual. Muitos tipos de crimes foram confessados, e foram feitas muitas restituições.

No inverno seguinte, Finney foi até Syracuse, Nova Iorque, por um domingo. Porém, vendo a necessidade, concordou em permanecer para pregar no domingo seguinte. Deus operou entre a liderança dos membros daquela pequena igreja congregacional. Eles começaram a confessar as suas necessidades, e, à medida que o tempo de avivamento incrementava, os presbiterianos se juntaram a eles. A sra. Finney dirigia reuniões de orações para as mulheres. Finney passou todo o inverno ali, pregando de igreja em igreja. Um novo espírito de união se desenvolvia entre as igrejas de Syracuse.

TERCEIRO AVIVAMENTO EM ROCHESTER

No outono de 1855, mais uma vez havia guerreiros em oração de Rochester, Nova Iorque, intercedendo por avivamento, e pediram que Finney viesse até lá. No começo, ele relutou em recomeçar. Mas vários juízes do Tribunal de Apelações pediram que ele fizesse outra série especial de palestras para advogados sobre "O governo moral de Deus". Finney começou a série em 2Coríntios 4.2.

Como nos outros avivamentos de Rochester, o Espírito movia-se das classes mais altas da sociedade e se espalhava pela população em geral. Muitas vezes os comerciantes designavam metade de seus empregados para assistir aos cultos em um dia e a outra metade no dia seguinte. Avivamento tornou-se assunto recorrente das conversas nos bancos, nas lojas, nos transportes públicos e ao longo das ruas. Em cada uma das preciosas reuniões de avivamento anteriores realizadas por Finney em Rochester, Deus havia trazido grande número de conversões, mas dessa vez havia um número maior. Foi designado um dia especial de jejum e oração em favor das faculdades em 28 de fevereiro de 1856. A maioria dos estudantes — 85% — converteu-se.

O avivamento espalhou-se de maneira marcante para as vilas e cidades vizinhas. Repórteres de dois dos jornais diários assistiam a todos os cultos e relatavam detalhadamente as mensagens e os sermões nos jornais. Pessoas de outras cidades vinham de trem a Rochester assistir aos cultos. Reuniões de oração matutinas começaram e continuaram por vários anos. Os jornais relatavam essas notícias e foram influentes na preparação do caminho para o avivamento de 1858 do Movimento de Oração Conjunta. Essas reuniões surgiram espontaneamente na cidade de Nova Iorque e espalharam-se como fogo por todo o país em forma de reuniões de oração ao meio-dia. Finney continuou a ministrar na região de Rochester pelo inverno todo e a primavera, até sua saúde piorar, forçando-o a sair.

Em dezembro de 1856, novamente Finney aceitou o convite de ir a Boston para esforços de avivamento. Pregou principalmente na igreja da rua Park. Imediatamente, Deus começou a salvar muitos. Finney continuou ministrando até 19 de abril, quando retornou a Nova Iorque e então a Oberlin. Um despertar começara entre os alunos da faculdade. Finney considerava suas reuniões em Boston como parte do movimento contínuo de avivamento que se espalhara de Rochester por toda a Nova Inglaterra, conduzindo ao grande avivamento que varreu toda a América em 1858.

UM AVIVAMENTO NACIONAL

Uma reunião de oração diária resultou dos avivamentos que haviam começado em Boston em 1840 e continuou por dez anos na igreja da rua Park. Em setembro de 1857, Jeremiah C. Lamphier começou a reunião de oração na rua Fulton, na antiga North Church. Dentro de poucas semanas, havia reuniões de oração ao meio-dia em igrejas por toda a nação, numa rapidez quase explosiva. Eram dirigidas por leigos. Pelo menos cem mil pessoas foram salvas nessas reuniões entre janeiro e abril de 1858.

Em 8 de março, começou uma reunião de oração de homens de negócios, realizada ao meio-dia, na antiga North Church em Boston, além da reunião de oração pela manhã. Como a igreja era pequena demais para acomodar as multidões, começou uma série de reuniões de oração para empresários por toda a Boston. A sra. Finney dirigia uma reunião de oração diária para as senhoras na igreja da rua Park, que também logo ficou literalmente cheia. Por todo o país, pelo menos dez mil vilas e cidades realizavam reuniões de oração ao meio-dia, e pelo menos um milhão de pessoas se converteram nesse despertar de 1857-1858.

Era um reavivamento nascido principalmente da oração, mais que da pregação. Pessoas em todo lugar oravam por seus parentes e amigos, e a confiança que tinham em Deus recebeu tremendo ímpeto ao ver tantas orações respondidas.

NOVAS BÊNÇÃOS NA GRÃ-BRETANHA

Finney voltou para a Inglaterra em janeiro de 1859. Viu a bênção do avivamento em diversas congregações locais, mas quase voltou para a América em razão de sua saúde precária. Huntington, Edimburgo e Aberdeen, na Escócia, viram centenas de pessoas salvas. Então Finney viajou até Bolton, na Inglaterra.

Na segunda noite depois de ter ali chegado, o avivamento de Bolton começou na casa em que os Finneys estavam hospedados. Deus convenceu diferentes pessoas naquele lar; elas começaram a orar e chorar e foram salvas naquela mesma noite. Uma semana nacional de oração havia começado na Inglaterra, e, desde a primeira noite, as reuniões estavam cheias. Quando Finney fez o convite, a sala paroquial estava abarrotada de pessoas interessadas.

Logo tiveram de mudar as reuniões para um salão que pudesse acomodar mais pessoas do que a igreja. A cada culto, Deus derramou seu Espírito Santo sobre a multidão. Finney pregava duas vezes aos domingos e quatro noites durante a semana. Era o máximo que sua saúde suportava. Bolton era um centro metodista, e os metodistas cooperavam completamente com o avivamento. Tantas pessoas se converteram que foi necessário erguer dois novos edifícios para as igrejas metodistas.

Finney estimulava as pessoas a andar pela cidade de Bolton em duplas, orando em cada lar. Toda noite, muitos interessados vinham ao Senhor. As pessoas vinham de Manchester para assistir às reuniões. Finney realizou poderoso culto em uma fábrica de tecidos de algodão, onde 62 pessoas se converteram. Ele estava exausto, mas continuava as reuniões, noite após noite, e muitas vezes cinquenta a oitenta pessoas se convertiam a cada dia. Finney pregava sobre confissão e restituição, e as pessoas obedeciam a Deus, muitas vezes abrindo mão de centenas de libras esterlinas. Uma pessoa testemunhou ter devolvido 1.500 libras.

Falando de seu tempo em Bolton, Finney disse que, se pudesse edificar um prédio em que coubessem dez mil pessoas, ele acreditava que ficaria lotado. A sra. Finney realizava reuniões de senhoras a cada dia. Durante aquele ano e meio na Inglaterra, os Finneys ficaram totalmente exaustos. Charles sentia que poderia ter um grande avivamento em Manchester, mas estava fraco demais para ficar. Voltando para a América, Finney foi a Oberlin tão logo sua saúde permitiu que viajasse. Enquanto estiveram fora, a cidade crescera, e havia muitos estudantes não convertidos na faculdade.

92 FOGO DO AVIVAMENTO

Finney lançou-se ao ministério com vigor quase sobrenatural. Muitas vezes estava em três cultos por dia e constantemente reunia-se com pessoas interessadas até as nove da noite. De imediato, Deus começou a conceder o gracioso avivamento. Após quatro meses, Finney tomou friagem e ficou fisicamente incapacitado de continuar seu ministério. Aos poucos o espírito de avivamento diminuiu, embora toda semana ainda houvesse conversões.

As reuniões de oração na faculdade, tanto as gerais quanto as dos homens, continuaram sendo grandemente usadas por Deus. Muitos estudantes eram ativos nas campanhas locais de avivamento. Havia "um avivamento mais ou menos contínuo do verão para o inverno de 1860 até 1866".[4] O avivamento chegou ao ápice em 1866, lembrando os grandes avivamentos de trinta anos antes. Mas, em janeiro de 1866, a saúde de Finney deteriorou por completo; sua segunda esposa morrera de tuberculose em novembro de 1863. Em outubro de 1865, Finney casou-se pela terceira vez, nessa ocasião com uma viúva de Oberlin que era diretora-assistente do departamento feminino da Faculdade de Oberlin.

De janeiro de 1867 até sua morte em 1875, Finney ministrava conforme sua saúde permitia. Durante o grande avivamento de 1866 em Oberlin, Finney havia comentado que agora poderia dizer: *Senhor, agora podes deixar ir em paz o teu servo* (Lc 2.29). Em 1867, muitas pessoas relataram que a pregação de Finney era mais poderosa que antes, mas sua força física esvaía-se rapidamente. Foi forçado a se retirar para o quarto e para a cama durante períodos de tempo. Finney foi instrumento de Deus no avivamento por tanto tempo quanto sua força permitiu.

Teve de abrir mão do pastorado em Oberlin em 1872, mas continuou lecionando no seminário até julho de 1875, alguns dias antes de falecer. Morreu de ataque cardíaco em 16 de agosto de 1875, duas semanas antes de completar 83 anos de idade. Foi uma pessoa humilde, santa, poderosa e bênção para todos que o conheceram.

CAPÍTULO DEZESSEIS

A ORAÇÃO POR AVIVAMENTO ACENDE O FOGO DO AVIVAMENTO

De 1857 a 1859, Deus iniciou um movimento de colheita de avivamento nos Estados Unidos que acabou atingindo as Ilhas Britânicas, levando renascimento espiritual para a Irlanda do Norte, Gales, Escócia e, finalmente, Inglaterra. O dr. J. Edwin Orr, historiador dos movimentos de avivamento, chama isso de Quarto Avivamento Geral.

Todos esses derramamentos do Espírito tiveram início em um movimento de oração motivado, dirigido e coordenado pelo Espírito Santo. Nenhuma pesquisa humana poderia descobrir todas as fontes e os ribeiros de oração que convergem em tão caudaloso rio de bênção. A oração prolongada e prevalecente continua em muitos corações, invisível aos olhos humanos, mas presente nas correntes do preparo do caminho do Senhor feito pelo Espírito. Não conhecemos todos os caminhos do Espírito Santo que prepararam a América e a Grã-Bretanha para o avivamento de 1857-1858, mas reconhecemos muitos dos eventos e pessoas que Deus usou para tanto.

A INFLUÊNCIA DE FINNEY

Talvez o instrumento mais amplamente usado por Deus para essa preparação tenha sido a vida, o ministério e os escritos de Charles G. Finney. Algumas pessoas consideram-no o maior evangelista desde o apóstolo Paulo. Certamente nenhuma pessoa impactou sozinha o mundo para o avivamento na mesma proporção que Finney. Outros evangelizaram mais pessoas, atingiram mais resultados numéricos e chegaram a mais lugares no mundo, mas ninguém fez maior contribuição ao avivamento autêntico ou foi usado pelo Espírito para chamar mais pessoas à fome profunda e à oração persistente quanto Finney.

O livro de Finney *Sermões sobre avivamento* nasceu de jejum, oração e das suas ricas experiências no ministério de avivamento. Esse livro influenciou mais cristãos a orar por avivamento e esperar derramamento espiritual do que qualquer outro já escrito. Foi campeão de vendas daquele tempo, quando a

94   FOGO DO AVIVAMENTO

população total dos Estados Unidos era consideravelmente inferior a 30 milhões de pessoas. Embora nem todos concordem com a teologia avivalista de Finney, cristãos que oram têm sido abençoados e influenciados por ele desde então. É provável que este livro, como também o livro *Memórias do rev. Charles G. Finney*, tenha sido usado por Deus mais que qualquer outro para chamar as pessoas a preparar o caminho do Senhor para o avivamento de 1857-1859.

OS AVIVAMENTOS DE FINNEY NA NOVA INGLATERRA

Durante as reuniões realizadas por Finney em Syracuse em 1857, parecia quase que a cidade inteira se converteria. Pelo menos cem mil conversões podem ser atribuídas direta ou indiretamente a essas reuniões.

Finney foi grandemente usado por Deus durante dois anos na região de Boston e na Nova Inglaterra. Ele pregou principalmente na igreja da rua Park, mas muitas vintenas de pastores e talvez milhares de leigos vieram de regiões distantes dos Estados Unidos para ouvir Finney nesse ano. De Boston, o avivamento espalhou-se por toda a Nova Inglaterra, levando a um despertar nacional no ano seguinte. No ano anterior, o avivamento chegara a Rochester, Nova Iorque. A influência dessas reuniões espalhou-se para a cidade de Nova Iorque, onde teve início o avivamento de 1858 das Reuniões Conjuntas de Oração.

No meio deste avivamento de 1858-1859, um relatório de oração distribuído nacionalmente descreveu a renovação que se alastrava pela Nova Inglaterra. Logo, muitos estados do centro-oeste e oeste americano começaram a experimentar renascimento espiritual semelhante.

CONVENÇÕES DE AVIVAMENTO

Os presbiterianos convocaram uma convenção de três dias de pastores presbiterianos dos sínodos de Pittsburgh, Allegheny, Wheeling e Ohio. As reuniões foram realizadas em Pittsburgh de 1º a 3 de dezembro de 1856, tendo como foco o avivamento, examinando a necessidade de renovação, vencendo empecilhos e encorajando os pastores. Duzentos ministros e muitos leigos participaram da convenção, e grande parte do tempo foi dedicado à oração. Esses pastores voltaram para suas igrejas e passaram a pregar o avivamento no primeiro domingo de janeiro de 1857. A quinta-feira seguinte foi declarada como dia de humilhação, jejum e oração. Pouco tempo depois, outra convenção sobre avivamento foi realizada em Cincinnati, com atividades e resultados similares.

O MINISTÉRIO DE PALMER

Enquanto isso, Deus estava usando o dr. Walter Palmer, médico de Nova Iorque, e sua talentosa esposa, Phoebe, que era a principal pregadora nas campanhas de avivamento e reuniões de acampamento em Ontário e Quebec, Canadá, no outono de 1857. Centenas de pessoas converteram-se, e a frequência era de cinco a seis mil pessoas a cada reunião. A sra. Palmer liderou mais de trezentas "reuniões de santidade no acampamento" ou cruzadas de avivamento em um período de 35 anos. Milhares converteram-se a Cristo, em especial durante os meses de verão.

No outono de 1857, surgiu o avivamento na cidade de Hamilton, Ontário. Esse avivamento tinha todas as características do movimento que começou algumas semanas depois em Nova Iorque, exceto pelo fato de o avivamento de Hamilton não gerar reuniões conjuntas de oração. O movimento de renovação era relatado amplamente em periódicos e jornais cristãos por toda a América, especialmente em publicações metodistas. Muitos pastores metodistas estavam famintos por avivamento. Naquela época, a Igreja Metodista era o maior e mais evangelístico corpo de crentes da América. Logo vieram relatos de despertamento local em vários estados dos Estados Unidos.

JEREMIAH LAMPHIER ACENDE A CHAMA

Em 1º de julho de 1857, um empresário nova-iorquino de 46 anos de idade, quieto e zeloso, foi designado como missionário para o centro da cidade de Nova Iorque, na igreja holandesa. Jeremiah Lamphier tinha se convertido em 1842 no tabernáculo Broadway, a igreja de Finney construída em 1836.

Lamphier sentia-se chamado por Deus a iniciar uma reunião de oração semanal para empresários que quisessem se reunir ao meio-dia para orar. Qualquer pessoa podia participar por alguns minutos ou por uma hora inteira. As orações deveriam ser comparativamente breves. O grupo de Lamphier reunia-se no terceiro andar da Igreja Reformada Holandesa do Norte, na rua Fulton, em Nova Iorque. Lamphier imprimiu alguns folhetos anunciando as reuniões de oração, intitulados "Com que frequência devo orar?". Ele deixou-os em escritórios e armazéns. Também colocou um na porta da igreja da rua ao lado.

No primeiro dia, 23 de setembro de 1857, Lamphier orou sozinho durante meia hora. Mas, chegando ao fim daquela hora, seis homens, vindo de pelo menos quatro denominações, juntaram-se a ele. Na quarta-feira seguinte, havia vinte pessoas. Em 7 de outubro, eram quase quarenta. A reunião foi tão abençoada que decidiram se reunir diariamente. Uma semana depois, havia mais de cem pessoas presentes, incluindo muitos ainda não salvos que, pelo Espírito Santo, estavam convictos dos seus pecados.

Dentro de um mês, os pastores que participaram da reunião de oração da rua Fulton ao meio-dia iniciaram reuniões de oração pela manhã em suas igrejas. Logo os lugares onde as reuniões eram realizadas estavam demasiadamente cheios. Homens e mulheres, jovens e idosos, de todas as denominações, reuniam-se indistintamente e oravam juntos. Era abundante o amor por Cristo nessas reuniões, amor pelos irmãos cristãos, amor pela oração e pelo testemunho. Os frequentadores sentiam a maravilhosa presença de Deus em seu meio. Oravam por pessoas específicas, esperavam respostas, e as obtinham.

Os jornais começaram a falar sobre as reuniões e o espírito singular que se evidenciava. Dentro de três meses, reuniões semelhantes tinham surgido por toda a América. Milhares começaram a orar nessas reuniões e em seus lares. Em Nova Iorque, folhetos evangelísticos foram distribuídos aos que iam às reuniões, com instruções para orar a respeito dos folhetos e só depois entregá--los a alguém que Deus trouxesse à sua mente.

As três salas da igreja da rua Fulton ficaram superlotadas, e centenas de pessoas tiveram de ir para outros lugares. No início de fevereiro, uma igreja metodista próxima foi aberta, e imediatamente transbordou de gente. As galerias estavam cheias de senhoras. Em 19 de março, um teatro foi aberto para oração, e, meia hora antes de começar, foi preciso dispensar pessoas, tantas estavam ali. Centenas ficaram em pé na rua porque não conseguiam entrar. No final de março, mais de seis mil pessoas reuniam-se diariamente para orar na cidade de Nova Iorque. Muitas igrejas acrescentaram cultos à noite para oração. Logo havia 150 reuniões conjuntas de oração realizadas ao meio-dia em salões públicos por toda a Manhattan e por todo o Brooklyn.

Na Filadélfia, as reuniões começaram em fevereiro. Logo o Jayne's Hall estava demasiado cheio, e realizavam-se reuniões ao meio-dia em salões públicos, salões de concerto, estações dos bombeiros, residências particulares e tendas. Toda a cidade exalava espírito de oração.

FERVOR NAS REUNIÕES DE ORAÇÃO

Simultaneamente, as reuniões de oração ao meio-dia surgiram por toda parte dos Estados Unidos: Boston, Baltimore, Washington, D.C., Richmond, Charleston, Savannah, Mobile, Nova Orleans, Vicksburg, Mênfis, Saint Louis, Pittsburgh, Cincinnati, Chicago e muitas outras cidades e vilas, bem como em áreas rurais. Chegado o fim do quarto mês, o fervor de oração ardia intensamente por toda a nação. Era uma surpreendente e gloriosa demonstração da obra soberana do Espírito Santo e da desejosa obediência do povo de Deus.

Os Estados Unidos tinham entrado em novo período de fé e oração. Pessoas cultas e incultas, ricas e pobres, líderes empreendedores e operários comuns — todos oraram, creram e receberam respostas às orações. Até mesmo o presidente dos Estados Unidos, Franklin Pierce, participava de muitas das reuniões de oração do meio-dia. Este não era um avivamento de poderosa pregação. Era um movimento sincero e poderoso de oração persistente.

Tudo que as pessoas desejavam era um lugar para orar. Os pecadores vinham pedir oração por si mesmos. Alguém orava em favor de cada indivíduo, e dentro de minutos a pessoa era salva e se regozijava em Cristo. Vinham de toda parte do país os pedidos de orações, feitos nominalmente por amigos e parentes

A ORAÇÃO POR AVIVAMENTO ACENDE O FOGO DO AVIVAMENTO

não convertidos. Em um ou dois dias, eram dados testemunhos de como a oração fora respondida. Em algumas cidades, quase toda a população foi salva.

Seis meses antes de começarem as reuniões de oração de Lamphier, poucas pessoas teriam se reunido para um evento deste tipo. Agora, porém, um espírito de oração tomava conta do país, como se a igreja tivesse descoberto pela primeira vez o seu verdadeiro poder. A maioria das igrejas em grande parte das denominações experimentou uma nova dimensão na experiência da oração. A *Presbyterian Magazine* relatou que tinha havido cinquenta mil conversões no avivamento. Em fevereiro, uma revista metodista de Nova Iorque reportou ter havido o total de oito mil conversões em reuniões metodistas em uma só semana. O *Diário de Louisville* disse que dezessete mil conversões ocorreram naquela cidade durante o mês de março. De acordo com uma declaração feita em junho, o número de conversões estava em 96.216 — e ainda estavam contando.

CAPÍTULO DEZESSETE
A GLÓRIA DE DEUS SOBRE TERRA E MAR

O grande despertar de 1857-1859, que começara nas cidades, espalhava-se agora para os lugarejos, as vilas e áreas rurais. Levou avivamento a faculdades e escolas. Durante um a dois meses no ápice do avivamento, registrava-se, a cada semana, a conversão de cerca de cinquenta mil pessoas.

O jornal *Washington National Intelligencer* reportou que em várias cidades da Nova Inglaterra não se podia encontrar uma pessoa sequer que não fosse convertida. Um estado depois de outro relatou avivamento avassalador. Em alguns lugares, os sinos das igrejas chamavam as pessoas para a hora de oração.

Entre os locais com reuniões diárias de oração documentadas havia: 150 cidades de Massachusetts, 200 de Nova Iorque, 60 em Nova Jersey, 65 na Pensilvânia, 200 em Ohio, 150 em Indiana, 150 em Illinois, 50 em Missouri e 60 em Iowa. Dos trinta milhões de habitantes dos Estados Unidos, quase dois milhões foram ganhos para Cristo durante aquele reavivamento. A transformação moral foi tão grande em todo o país que o jornal diário de Louisville, Kentucky, declarou que o milênio tinha chegado.

O avivamento de 1857-1859 não ostentou nenhum movimento ou estrutura organizada, nem "promotores de avivamento". Não havia coordenação entre os diversos grupos de oração em todo o país. Exceto por Finney, não havia evangelistas de avivamento operando na Nova Inglaterra. Não foi um movimento planejado ou dirigido por pessoas.

Foi um movimento de leigos. Muitos pastores participavam e estavam presentes sempre que possível, mas não lideravam as reuniões de oração. Os bispos encorajavam as reuniões e participavam delas, mas não as presidiam. Qualquer pessoa podia dirigir uma breve oração específica, fazer um pedido de oração por algum amigo, começar a cantar uma estrofe de um hino. Foi um movimento de oração impulsionado pelo Espírito, guiado pelo Espírito. As pessoas não iam para ver e serem vistas. Reuniam-se para orar.

UNIDADE NO AVIVAMENTO

O Quarto Grande Avivamento foi, acima de tudo, um avivamento de união. Esqueceram-se as origens denominacionais. Mais do que nunca, a união espiritual do corpo de Cristo ficava evidente ou era demonstrada de maneira prática. Todos oravam por todas as outras pessoas. Todos os participantes regozijavam-se sobre as respostas de oração compartilhadas. Pessoas pelas quais parentes e amigos tinham orado durante anos agora entregavam a vida a Cristo.

A primeira reunião de oração conjunta em Kalamazoo, Michigan, contou com a presença de pessoas de cinco diferentes denominações. Cinco ou seis pessoas foram salvas na primeira hora. Antes de terminar o culto de avivamento, havia quase trezentas conversões em Kalamazoo.

Um pai pediu ao grupo que orasse pela salvação de seus três filhos que se encontravam em diferentes partes do país. Esses filhos não sabiam nada a respeito disso, mas dentro de poucas semanas chegaram cartas de cada um deles contando de sua vida nova em Cristo. Outro pai pediu oração por um filho que estava em um navio no meio do oceano Pacífico. Este filho converteu-se ainda em alto-mar mais ou menos na hora daquela reunião de oração. Em Columbus, Ohio, um grupo de oração orou pelas escolas públicas, e todos os alunos do ensino médio, com exceção de duas pessoas, foram salvos. Semelhante acontecimento ocorreu em Toledo, Ohio. Esses são breves exemplos do que estava ocorrendo constantemente em toda a nação.

Os relatos das reuniões de oração durante aqueles anos de avivamento descrevem como as pessoas se ajuntavam calmamente no lugar designado na hora marcada. Quem estivesse liderando a reunião — quer leigo quer pastor — levantava e anunciava um hino. Cantavam com grande alegria uma ou duas estrofes, e o líder confiava a direção do culto aos membros. Qualquer pessoa tinha liberdade, com limite de cinco minutos, de falar ou orar. Se a pessoa levasse mais que cinco minutos, um pequeno sino tocava para avisar que era a vez de outra.

Apresentavam-se pedidos de oração, muitas vezes vindos de lugares distantes, a viva voz ou por escrito. Com frequência os pecadores se levantavam pedindo oração por si mesmos. Os membros davam testemunho das respostas de oração, e o povo louvava o Senhor. Permitiam-se breves exortações sobre oração e avivamento, mas limitadas a cinco minutos. Muitos testemunhavam o progresso do avivamento em diversos locais. No término da hora, o líder levantava, dava a bênção, e as pessoas saíam calmamente do lugar. De vez em quando, alguém ficava para trás para orar com outro que estivesse buscando auxílio espiritual.

A NUVEM INVISÍVEL DA PRESENÇA DE DEUS

Um toldo de influência maravilhosa e santa de avivamento — na verdade, a presença do Espírito Santo — parecia pairar como nuvem invisível sobre muitas

100 FOGO DO AVIVAMENTO

regiões dos Estados Unidos, especialmente nos estados costeiros do Leste. Às vezes, esta nuvem da presença de Deus parecia estender-se para além-mar. Pessoas a bordo dos navios que se aproximavam sentiam a influência solene e santa sempre que estavam a cerca de 160 quilômetros de distância, sem nem sequer saber o que estava acontecendo nos Estados Unidos.

O avivamento começava a bordo de um navio antes que ele chegasse à costa. As pessoas começavam a sentir a presença de Deus e perceber seu pecado. O Espírito Santo convencia-as, e elas começavam a orar. Quando o navio chegava perto do porto, o capitão sinalizava: "Mandem um ministro". Outra pequena embarcação chegava ao porto com o capitão e cada membro da tripulação que havia se convertido nos últimos 240 quilômetros da viagem. Navio após navio chegava com a mesma história: passageiros e tripulação eram repentinamente convencidos dos seus pecados, voltando-se para Cristo antes mesmo de chegar à costa americana.

O encouraçado North Carolina estava ancorado em Nova Iorque como navio recebedor. Mais de mil jovens homens estavam a bordo. Quatro cristãos conbinaram de se reunir para orar e ajoelharam-se no convés inferior. O Espírito de Deus encheu de tal modo o coração deles que começaram a cantar. Homens ímpios do primeiro tombadilho ouviram o cântico e, olhando para baixo, viram aqueles homens ajoelhados. Começaram a descer as escadas com deboche e zombaria. O poder do convencimento do Espírito Santo tomou-os de tal forma que, ao chegar ao convés inferior, eles também caíram de joelhos clamando a Deus por misericórdia.

Homens fortes que viviam em profundo pecado foram quebrantados pelo poder do Espírito e, humilde e penitentemente, ajoelharam-se em fé. Durante noites seguidas, os marinheiros oraram, e centenas converteram-se naquele navio. Mandaram chamar pastores, que vieram da terra firme para ajudar na obra graciosa do Espírito. O couraçado tornou-se poderoso centro de avivamento. Os convertidos nesse movimento eram enviados a outros navios quando completavam seu período de treinamento. Aonde quer que fossem, o fogo de avivamento ardia e espalhava-se para outras embarcações.

EM CASAS, LOJAS, CAMPOS E IGREJAS

Chegavam relatos de centenas que se convertiam nas reuniões de oração em lares, oficinas e nos campos. Frequentemente, as portas dos locais de comércio ostentavam placas: "Fechado. Voltaremos após a reunião de oração". Diariamente havia cinco reuniões de oração em Washington, D.C. Cerca de cinco mil pessoas participavam das reuniões diárias na Academia Music Hall.

Em Filadélfia, o Jayne's Hall removeu as divisórias e acrescentou espaço para seis mil pessoas participarem das reuniões diárias. Naquela época, George

Duffield escreveu o hino *Stand up, stand up for Jesus* ["Avante, avante, ó crentes, soldados de Jesus", nº 311 do hinário *Novo Cântico*]. Durante meses, inúmeras igrejas abriam a cada noite para reuniões de oração. Algumas chegaram a ter até cinco reuniões de oração por dia. Todas cheias. Os cultos consistiam em simples oração, confissão, exortação e cânticos. O culto era "tão sincero, solene [...] o silêncio tão terrível, os cânticos [...] tão irresistíveis" que as reuniões se tornavam inesquecíveis.[1] Ergueu-se uma tenda de lona para as reuniões ao ar livre, e esta imediatamente ficou lotada de pessoas. Dentro de quatro meses, o total de 152 mil pessoas participara desse ministério na tenda, com muitas conversões. As igrejas de Filadélfia relataram ter tido cinco mil conversões.

Os presbiterianos da Irlanda do Norte ouviram falar do despertamento de Filadélfia e enviaram uma delegação fraterna. Esses delegados voltaram à sua terra de origem relatando o que viram, e o avivamento irrompeu na Irlanda, espalhando-se rapidamente pelas Ilhas Britânicas.

AVIVAMENTO NO EXÉRCITO

Em razão da amarga tensão da Guerra Civil e da questão da escravatura, por algum tempo parecia que os estados do sul dos Estados Unidos não veriam influência tão poderosa do avivamento quanto os estados do Norte. Há quem questione essa suposição. Um avivamento incrivelmente poderoso surgiu entre as tropas do Sul posicionadas em volta de Richmond, Virgínia, no outono de 1861. Começou entre os feridos nos hospitais e espalhou-se pelos acampamentos à medida que esses homens retornavam à ativa. Reuniões de oração eram organizadas, e centenas de pessoas foram convertidas. O movimento espalhou-se rapidamente pelo exército, alcançando as tropas de Tennessee e Arkansas.

O avivamento foi encorajado pelos generais Robert E. Lee e Thomas J. "Stonewall" Jackson, ambos conhecidos como cristãos piedosos. No meio do verão de 1863, o avivamento tinha se espalhado por todo o exército confederado, e milhares de homens se converteram. Os capelães e ministros leigos estavam entre as tropas, pregando e distribuindo folhetos, tratando pessoalmente dos corações famintos. Ao final da guerra, pelo menos 150 mil soldados tinham se convertido e mais de um terço de todos os membros das tropas do Sul tornaram-se homens de oração. O avivamento entre as tropas do Sul foi principalmente um despertar de oração, como tinha sido antes o avivamento semelhante dos estados do Norte. Com base nestas informações, estima-se que 6,6% de toda a população dos Estados Unidos converteu-se durante esse avivamento. A porcentagem entre os estados do Sul foi de 21%.

CAPÍTULO DEZOITO

ATRAVESSANDO O MAR ATÉ ULSTER

Deus abençoou a América com um avivamento avassalador em 1857, chamado de avivamento das reuniões de oração. Quando as notícias alcançaram as Ilhas Britânicas, especialmente a Irlanda do Norte, muitos ministros e cristãos profundamente espirituais sentiram fome de renovação e zelo em oração para que Deus movesse a Irlanda de maneira semelhante.

Era tão grande o interesse pelo avivamento americano que a Câmara Presbiteriana da Irlanda, em sua Assembleia Geral de 1858 em Dublin, separou duas sessões para conferências e discursos sobre o assunto de avivamento. As duas mil pessoas ali presentes ouviram com intensa atenção. A assembleia designou dois de seus pastores líderes, dr. William Gibson, que seria moderador no ano seguinte, e o rev. William McClure, para irem a Nova Iorque assistir à reunião de oração da rua Fulton, investigar o avivamento e trazer um relato detalhado dele.

Quando esses dois homens voltaram, seus relatos aumentaram o desejo por avivamento em toda a Irlanda do Norte. Em várias ocasiões, eles testemunharam publicamente sobre o que viram do outro lado do Atlântico. Quando os cristãos irlandeses desejosos oraram e creram, Deus visitou-os com o derramamento do Espírito, e esse avivamento espalhou-se de um lugar a outro. O ano de 1859 ficou conhecido como o ano da graça de Deus sobre a nação irlandesa. Os relatos simples neste e no próximo capítulo ilustram a poderosa operação do Espírito Santo nesse pequeno país.

AS PRIMEIRAS REUNIÕES DE ORAÇÃO NA IRLANDA

Em setembro de 1857, quatro jovens irlandeses iniciaram reuniões semanais de oração em Connor, no condado de Antrim, em uma pequena escola rural perto de Kells. Essa reunião começou do mesmo modo que começara a reunião de oração da igreja da rua Fulton, em Nova Iorque, a partir do avivamento nos Estados Unidos. Em 1º de janeiro de 1858, a primeira pessoa na reunião de Kells converteu-se a Cristo e, depois disso, toda semana pelo menos uma pessoa se convertia. Ao final de 1858, o grupo de Kells tinha frequência média de cinquenta pessoas a cada encontro. Não se permitia que os não convertidos participassem, pois as reuniões tinham como foco o derramar do Espírito Santo no avivamento. Foram muito influenciados por três livros: *Life of Trust* [Vida de confiança], de George Müller, *The life of Murray McCheyne* [A vida de Murray McCheyne] e *Lectures on revival* [Palestras sobre avivamento], de Finney. Logo outras reuniões gerais de oração começaram a ser realizadas nas casas. Até o final de 1858, aconteciam cerca de cem reuniões de oração por semana no distrito.

Dois dos convertidos no distrito de Connor aceitaram o convite para ir até o vilarejo de Ahoghill a fim de dirigir uma reunião de oração. Em 14 de março de 1859, havia uma multidão tão grande enchendo a maior igreja que houve o temor de que as galerias desmoronassem. Saíram, então, para a rua, e umas três mil pessoas de todas as denominações — presbiterianos, anglicanos, metodistas e católicos romanos — oraram juntas. Numerosas pessoas foram tão impactadas pelo Espírito Santo que ficaram prostradas no chão. Supõe-se que essa prostração ocorresse repetidas vezes durante o avivamento.

O professor William Gibson, que no ano seguinte foi eleito moderador do sínodo, descreve da seguinte maneira:

> Nessas reuniões, muitos foram convencidos. De um até dez ou doze foram tomados pelo Espírito de Deus mediante a palavra e oração desses honrados irmãos. Até mesmo homens fortes cambaleavam e caíam sob as feridas de sua consciência. Toda a estrutura treme. Ah! Testemunhar isso é uma visão de rasgar o coração! Com o retorcer das mãos, torrentes de lágrimas e olhar de insuportável angústia, eles confessam seus pecados em tons de indubitável sinceridade e apelam ao Senhor por misericórdia, com clamor de lancinante autenticidade [...] Tenho ouvido o clamor como nunca: "Senhor Jesus, tem misericórdia de minha alma pecadora; Senhor Jesus, vem ao meu coração ardente; Senhor, perdoa meus pecados; oh, vem, e me tira dessas chamas do inferno!"
>
> Essa convicção varia de indivíduo para indivíduo, tanto em força quanto em duração. Enquanto alguns obtêm paz e fé logo após serem convencidos dos seus pecados, outros não o conseguem por vários dias.[1]

O fogo do avivamento irrompeu e espalhou-se por todo o distrito. Toda noite realizavam-se cultos de oração, louvor, leitura bíblica e exortação, até mesmo nos tempos de maior ocupação. Faziam-se reuniões em cozinhas, estábulos, igrejas, escolas, campos e à beira da estrada. Havia sessões de choro em oração que duravam a noite inteira. As pessoas abandonavam o trabalho em suas fazendas para se reunir, tomadas pelo Espírito de Deus.

COMO FOGO NA CAMPINA

O avivamento se espalhou, atravessando todo o Ulster (Irlanda do Norte). Relatos de intensa convicção do pecado e gloriosas conversões vinham quase a cada hora. Em meados de abril, um homem de 30 anos de idade de repente caiu de joelhos na rua em Ballymena, clamando em agonia como se alguém o tivesse atacado. As pessoas vieram correndo de toda direção, esperando encontrar a vítima de algum crime. Por dez minutos, ele gritava: "Imundo! Imundo! Deus, tem misericórdia de mim, um pecador". O terrível temor de Deus havia caído sobre o povo.

Uma pessoa seguida de outra era gloriosamente salva nos lares e nas escolas. As pessoas abriam as janelas para que os de fora e em volta pudessem ouvir as orações e o louvor de dentro das casas. Pecadores negligentes desmoronavam em choro como crianças. Bêbados ficaram solenemente calados. Frequentemente, as pessoas ficavam acordadas de duas a três noites seguidas. Os passantes ouviam o choro por misericórdia nas casas, o clamor a Deus em oração e o cantar de hinos e coros.

O comércio ficou quase totalmente parado. Trabalhadores braçais, carpinteiros, sapateiros e outros comerciantes passavam quase todos os seus minutos em reuniões durante a primeira semana. Noite e dia oravam com pessoas que iam sendo tocadas pelo Espírito Santo com convicção do pecado.

De todos os lados, as pessoas pediam que viessem pastores. Novos crentes tiveram de instruir e confortar pecadores em busca de salvação. As reuniões de oração em residências aconteciam em todas as horas, de dia e de noite. Toda noite, as igrejas presbiterianas transbordavam de gente. Não era raro ver milhares de pessoas em oração enchendo uma pedreira ou um cemitério. Muitos rostos expressavam dor ao perceber quão pecadores eram. O rosto dos recém-convertidos brilhava de alegria, de forma que era fácil identificar quem era novo convertido.

O avivamento estendeu-se para as comunidades próximas, e toda a região experimentou um poderoso derramar do Espírito Santo. Em um grande ajuntamento a céu aberto, quando um convertido começou a orar, as pessoas caíram ao chão com grande choro, lamentando seus pecados. Durante a pregação da mensagem, muitos caíram ao chão diante do pregador, e a reunião continuou a noite toda.

Os operários de uma fábrica de fiação em Boroughshane foram tomados pela convicção do pecado dada pelo Espírito Santo. Dentro de uma hora, mais de vinte pessoas ficaram prostradas, e a fábrica teve de fechar por dois dias enquanto as pessoas oravam. Vários milhares se reuniram a céu aberto em frente à igreja presbiteriana, e os cultos continuavam noite adentro. Pessoas notoriamente devassas se converteram.

Em maio, dezenas de pessoas de todos os temperamentos e personalidades foram convencidas dos seus pecados, prostraram-se no chão diante de Deus e receberam seu perdão, rostos brilhando com indescritível glória. "Muitíssimos entre eles receberam maravilhosa fluência de poder na oração; ódio ao pecado, amor pelo Salvador, zelo por sua causa e afeto uns pelos outros, como também ansioso desejo pela salvação dos que perecem, tomavam conta dos corações e literalmente regiam os seus atos."[2] Pelo menos mil pessoas se converteram.

Em certo distrito, todas as donas de casa se converteram, e essas mulheres formaram um grupo feminino de oração. Reuniões de oração femininas semelhantes foram usadas pelo Senhor em outros lugares. Nas reuniões gerais, a presença de Deus tomava de tal forma o povo que todos eram movidos a chorar, orar e regozijar. Era como se o Senhor soprasse sobre eles. "Foram primeiro afetados pelo senso de admiração e temor, depois banhados por lágrimas e, em seguida, preenchidos de amor inefável." Tais manifestações vinham até mesmo durante cultos comuns de domingo.

As reuniões de oração eram tão concorridas que cadeiras temporárias enchiam os corredores, e as pessoas ainda tinham de ficar em pé por falta de lugar. Jovens e idosos de todas as denominações, até mesmo católicos romanos, ansiavam por participar. No inverno e no verão, o nível de interesse permaneceu alto, e floresciam os cultos domésticos. Bebedeiras, chocarrices, brigas e lutas diminuíram. Muitas pessoas levavam suas Bíblias aonde quer que fossem, parando o trabalho no campo ou fazendo paradas em sua caminhada pela rua para ler mais a Palavra de Deus. Um festival na região acabou em reunião de oração com a presença de cinco mil pessoas.

DE CIDADE EM CIDADE

De repente, Ballymena irrompeu em avivamento. Toda a cidade foi tomada de comoção, e choro e orações enchiam as ruas e casas praticamente o tempo todo. Muitos eram de tal forma convencidos pelo Espírito Santo que passaram várias noites sem dormir.

Pelo menos duas vezes por semana, realizavam-se grandes reuniões de oração ao meio-dia nos campos e nas prefeituras. Nestas, pessoas de todas as denominações uniam-se para orar. Uns cinco mil homens se reuniram em uma pedreira. Leigos exortavam o ajuntamento com unção e poder especial do Espírito Santo. Repetidas vezes, as pessoas caíam ao chão, convictas pelo Espírito Santo a respeito de seus pecados.

Crianças de 10 e 12 anos foram maravilhosamente salvas, e oravam com grande poder pelos adultos. Um pastor presbiteriano, ao retornar de uma reunião do sínodo, andava pela rua e ouvia as pessoas dentro das casas dos dois lados chorando e pedindo a Deus misericórdia.

Jovens comerciantes tiravam licença para se ausentar do trabalho a fim de se entregar à oração e ao avivamento. Realizavam-se reuniões de oração nos lares a qualquer hora do dia e da noite. Durante algumas semanas, houve reuniões de oração conjuntas ao meio-dia na prefeitura, com a presença de pastores e membros de todas as igrejas. Ouvindo falar do avivamento, veio gente da Inglaterra, Escócia e outras partes da Irlanda para ver a obra de Deus.

Enquanto o avivamento se espalhava para outras cidades, chegavam relatos de que famílias inteiras se convertiam a Deus. Em Ballyrashane, 1.500 pessoas reuniram-se ao ar livre, e cerca de cinquenta pessoas ficaram tão impactadas que caíram ao chão.

Em Derry, as reuniões unidas eram realizadas toda noite no mercado Victoria. Um ministro da Igreja Anglicana relatou sobre o avivamento, enfatizando que todas as denominações estavam sendo atingidas e que jovens do pior caráter, depois de serem salvos, oravam com orações poderosas, superiores às de qualquer pastor.

Cerca de duas mil pessoas foram à gigantesca reunião em Cloughmills. Muitos católicos romanos foram salvos. Em Ballymoney, cem reuniões de oração na cidade e distrito mantinham aceso o fogo do avivamento. Em Portrush, uma reunião de oração conjunta atraiu duas mil pessoas da região circunvizinha. Então começaram a ocorrer reuniões diárias de oração. Uma multidão de seis mil participou de uma reunião em Dunmills, a cerca de 6,5 quilômetros de Portrush. Muitos se prostraram diante de Deus.

Em Ballycarry, as reuniões continuaram por 42 noites seguidas depois do início do avivamento. Com frequência, reuniões com interessados continuavam até o raiar do sol. Em quase toda reunião, viam-se pessoas tomadas pelo poder, muitas das quais ao orar a sós em suas casas. Reuniões de oração do meio da semana, dirigidas por leigos, tinham frequência de mil pessoas ou mais. As pessoas pareciam ter um maravilhoso dom de oração.

Em Dundrod, o avivamento espalhou-se "com a velocidade de um fogo na campina". Depois de uma curta mensagem do pastor presbiteriano, primeiro um e em seguida outro se levantaram para testemunhar. O Espírito Santo se movia sobre as pessoas.

> Aqui e acolá pela igreja, grupos se levantam e saem sob grande convicção, e imediatamente o cemitério da igreja se enche de grupos que cantam e oram sobre os homens e mulheres que caem prostrados, alguns em transe, outros clamando pela misericórdia do Senhor. Alguns ainda caem desfalecidos nos braços de amigos; outros cambaleiam um pouco e então caem de joelhos em oração [...] uns poucos correm para os portões, assustados com o cenário.[3]

O Espírito de Deus operou até a noite entre homens e mulheres. Por dez dias, o avivamento continuou com poder.

O fogo do avivamento veio sobre Carrickfergus quando se observava a ceia do Senhor. Esse avivamento espalhou-se pelas minas de sal, e grandes reuniões de oração foram realizadas a centenas de metros debaixo do solo. O pastor congregacional relatou o profundo espírito de oração que fluía pela região, trazendo avivamento autêntico. "Ficam abolidas a irreverência, a profanação do Dia do Senhor e a bebedeira. Muitos bares e tavernas são fechados, uma rinha é transformada em ponto de pregação, e famílias nas quais nada havia, senão vícios em sua pior forma, são trazidas ao amor e adoração ao Senhor."[4]

CAPÍTULO DEZENOVE
A CONEXÃO BELFAST

As notícias de avivamento nas cidades do interior mexeram com Belfast, mas o avivamento ali só começou em junho de 1859, em uma reunião pública na igreja presbiteriana da rua Linen Hall. Multidões formavam-se todas as noites nas igrejas episcopal, presbiteriana, wesleyana, independente e batista. Noite e dia, leigos envolvidos no avivamento visitavam pessoas arrependidas em suas casas, para orar com elas. O avivamento espalhou-se poderosamente entre os jovens.

Então uma reunião de oração semanal começou a ser realizada na sala de concertos. No primeiro culto, estiveram presentes quase cem pastores das diversas denominações. O prefeito da cidade de Belfast presidiu. No segundo culto, o bispo anglicano, auxiliado pelo moderador da igreja presbiteriana e pelo presidente da igreja metodista, dirigiu as orações. O prédio estava transbordando, e centenas não conseguiram entrar.

REUNIÃO GIGANTESCA EM BELFAST

Em 29 de junho, um encontro gigantesco ao ar livre, reunindo gente de todas as igrejas, foi realizado no Jardim Botânico de Belfast, com cerca de quarenta mil pessoas preenchendo todo o espaço disponível. As crianças estavam sentadas nos galhos das árvores. Muitos que não conseguiam ouvir distintamente formaram reuniões separadas, com quinhentas a mil pessoas, nas margens da gigantesca multidão.

O moderador da assembleia geral da igreja presbiteriana dirigiu o culto. Ele disse:

> Estamos aqui reunidos especialmente para honrar o Espírito Santo, cujo poder de convencimento e conversão tem sido manifesto tão fortemente entre nós nestes últimos meses. Não resistamos ao Espírito Santo, nem o entristeçamos, mas peçamos insistente, sincera e esperançosamente que ele venha sobre nós como no dia de Pentecostes, em resposta às muitas orações que foram oferecidas e que ainda serão feitas, para que muitos filhos e filhas nasçam neste dia para o Senhor Todo-poderoso.[1]

A CONEXÃO BELFAST   109

Nas reuniões menores, as pessoas ficavam abaladas pela forte convicção do pecado. Muitas choravam silenciosamente, enquanto outras clamavam por misericórdia. Grupos de meninos e meninas, muitos deles filhos da pobreza, oravam em separado à beira da multidão.

Daí em diante, muitas igrejas locais passaram a realizar cultos noturnos diariamente. A igreja presbiteriana da rua Great Georges estava tão cheia que um culto foi realizado dentro enquanto simultaneamente outro era realizado do lado de fora. Muitos clamaram pela misericórdia de Deus. Esses foram levados ao jardim da igreja ou à casa pastoral, onde líderes leigos oravam com cada um, exortando-os e, em alguns casos, cantando e louvando ao Senhor com eles. Foi impossível encerrar o culto, e alguns só foram embora às 5 horas da manhã. Só a igreja da rua Great Georges documentou oitocentas conversões a Cristo durante o avivamento. Em muitos lugares, havia tantos convertidos que não cabiam nas igrejas.

GLORIOSAS TRANSFORMAÇÕES

Um conhecido pastor presbiteriano contou como pessoas convencidas pelo Espírito sentiam como se o sofrimento do inferno estivesse sobre elas. Seu choro transformou-se em enlevo angelical e num derramar de amor cristão ao testemunharem sua conversão pelo Espírito. "Ah! Como eu desejaria contar-lhes do amor de Jesus; eu os tomaria nos braços, se pudesse, e os colocaria aos pés do Senhor." Todos os cultos nas igrejas estavam repletos, e milhares de pessoas iam aos cultos ao ar livre.[2]

As conversões cruzavam os limites da sociedade. Homens cultos, ricos comerciantes, senhores e senhoras da nobreza choravam sob a mesma convicção de pecado que afetava os analfabetos trabalhadores rurais e artesãos.

Com frequência, o avivamento chegava às igrejas antes mesmo de o culto começar. Um comerciante, sem ser convidado, foi impelido a dizer a uma igreja o que vira Deus fazer no avivamento naquela semana. Muitas pessoas ficaram abaladas antes mesmo de ele completar dez minutos de fala. A glória do Senhor encheu de tal modo a igreja que muitos começaram a chorar, e cinquenta pessoas foram salvas naquela noite.

Na mesma igreja, algumas semanas mais tarde, o Espírito de Deus se moveu sobre um culto, e mais de cem pessoas foram salvas antes do findar da noite. Quando as pessoas se retiravam, estavam tão cheias da alegria do Senhor que, ao voltarem para casa, cantavam na madrugada pelas ruas de Belfast e dos vilarejos de onde vieram. Vinte reuniões de oração começaram a ser realizadas pelas pessoas dessa igreja, e cerca de quatrocentas pessoas se converteram.

Antes de a semana terminar, o avivamento espalhava-se a grande número de homens e mulheres jovens fortes da população de agricultores. Em alguns desses dias, as escolas fechavam porque o avivamento se espalhara entre as criancas nas salas de aula. Em uma escola de cerca de oitenta alunos, metade de suas criancas converteram-se em um único dia. Essas criancas comecaram a orar pela salvacao de seus colegas e familiares. Homens fortes choravam ao ouvir as criancas orar.

Em julho, outra reuniao ao ar livre foi realizada, com cerca de quinze mil pessoas presentes. Os pastores oravam com os pecadores arrependidos até as 2 ou 3 horas da manha.

SUSPENSA A ASSEMBLEIA GERAL

A Assembleia Geral da Igreja Presbiteriana Irlandesa se reuniria em julho, e um pastor após outro levantava e contava como o Espírito Santo tinha sido derramado sobre a sua congregacao. Os pastores todos queriam correr de volta para as suas congregacoes, que precisavam deles, enquanto o avivamento continuava se espalhando de igreja em igreja. O fogo do avivamento ardia tao poderosamente que a assembleia resolveu suspender a reuniao, concordando que se reunissem novamente dali a tres meses.

Em agosto, outra reuniao de oracao conjunta foi realizada em Belfast, com a presenca de vinte mil pessoas. Novamente, ministros de todas as denominacoes estavam presentes, e numerosas pessoas vieram da Escócia.

Por toda a Belfast, as reunioes de oracao eram feitas para adultos e para criancas. Estudos bíblicos brotaram como flores na primavera. Reverencia santa, alegria em Cristo e um espírito de intercessao pairavam sobre a cidade. Uma igreja relatou quarenta cultos semanais de oracao entre os membros de sua congregacao.

BELFAST RENASCE

O avivamento de Belfast foi tremendamente usado pelo Senhor. A prostituicao como estilo de vida comecou a desaparecer à medida que as prostitutas eram salvas. Diminuíram os casos de litígio e aumentaram os depósitos nos bancos. As manifestacoes políticas cessaram temporariamente. Os empregados de uma gráfica foram de tal modo convencidos e impelidos à oracao que a empresa teve de fechar temporariamente as portas. Várias fábricas fecharam as portas por algum tempo porque os empregados, convencidos dos seus pecados, nao conseguiam trabalhar e entao buscavam a misericórdia de Deus.

Saindo de Belfast, o avivamento espalhou-se em todas as direcoes. Em muitos lugares, cultos abarrotados de gente convicta do pecado e oracoes públicas e em particular continuavam à noite ou cedo de manha. Uncao incomum e poder na oracao, mesmo da parte de recém-convertidos, foram descritos repetidamente.

Entre os resultados mais impressionantes do avivamento estavam a enorme liberdade, a eloquencia em oracao e a uncao do Espírito manifestos pelos recém-convertidos. A oracao acrescentou uma dimensao maior enquanto as pessoas

A CONEXÃO BELFAST   111

se tornavam mais fluentes, ousadas e expressivas em sua preocupação pela conversão do próximo. Sob direção divina, a vida de oração amadurecia, e exemplos destacados de respostas de oração foram reportados por todos os lados.

Grupos de pessoas cantavam ao caminhar para casa depois dos cultos, mesmo tarde da noite. Em muitas partes do país formaram-se bandas, e as pessoas marchavam, quatro ou cinco lado a lado, ao cantar. Por vezes, essas bandas foram tão abençoadas e zelosas que andavam cantando pelas ruas até a madrugada. Alguns desses grupos tinham trinta membros ou mais.

De Coleraine chegou a notícia de que por três semanas tinha havido um Pentecostes contínuo. Centenas de pessoas foram convencidas dos seus pecados, e em suas pequenas casas, uma após outra, se reuniam grupos para orar, ler a Bíblia e cantar salmos e hinos. Havia uma nova sede de prefeitura em Coleraine, e o prefeito tinha agendado um baile de inauguração para celebrar. Mas era tão disseminado o espírito de arrependimento que foi necessário que a nova prefeitura fosse usada para a oração. Noutro local da cidade, o palácio de justiça também ficou repleto. Os pastores oravam com os penitentes durante horas, até ficarem totalmente exaustos. Ministravam até mesmo nas ruas em meio à multidão, exortando e orando com as pessoas que se arrependiam de seus pecados.

O rev. W. Arthur descreve o surpreendente despertamento que Deus mandou a uma grande escola de Coleraine:

> Ali se observara um menino profundamente abalado. O ministro, vendo que o jovenzinho não estava em condições de trabalhar, chamou-o e sugeriu que fosse para casa e clamasse ao Senhor em particular. Mandou um rapaz mais velho acompanhá-lo até sua casa.
>
> No caminho, viram uma casa vazia e entraram ali para orar. Os dois jovens continuaram orando naquela casa vazia até cansar e sentir alívio na alma antes pesarosa, com a bênção da santa paz. Alegrando-se com essa nova e estranha bênção, o menino disse: "Tenho que voltar para contar ao sr...!" O menino que antes estivera triste demais para fazer seu trabalho escolar chegou à escola com rosto radiante, foi até o ministro e disse: "Oh, senhor, estou muito feliz. Agora tenho Jesus em meu coração".

O relato continua:

> A atenção da escola inteira foi atraída. Um após outro, os meninos saíam da sala. Depois de um tempo, o professor subiu em algo que lhe permitisse olhar por cima do muro o pátio de recreio. Ali, viu muitos meninos ajoelhados junto ao muro, cada um orando sinceramente.

A cena o conquistou. Voltou-se ao aluno que já consolara outro cole-guinha e disse: "Você acha que pode orar por aqueles meninos ali?"

Ele foi e se ajoelhou entre eles, implorando ao Senhor que per-doasse os pecados pelo amor daquele que carregou sobre si todo pecado na cruz. Os resmungos silenciosos dos outros meninos logo se tornaram em amargo clamor. Quando isso chegou aos ouvidos dos que estavam na sala de aula, penetrou o coração deles, e, com nosso consentimento, eles se ajoelharam e oraram pedindo misericórdia.

A escola das meninas ficava logo acima, e, tão logo o clamor penetrou as salas delas, elas, aparentemente sabendo do que se tra-tava, também caíram de joelhos. Um choro uníssono atingiu as ruas do lado, e todos os lugares daquele educandário estavam cheios de pecadores arrependidos buscando a Deus".[3]

CAPÍTULO VINTE
O ANO DA GRAÇA NA IRLANDA

Em 1859, aparentemente toda a Irlanda do Norte estava salpicada de reuniões de oração, e a sociedade irlandesa havia sido transformada. Da igreja presbiteriana do vilarejo de Ballycarry, considerada berço do presbiterianismo irlandês, veio um relato de trezentas conversões em curto período de tempo, e metade dos convertidos tinham sido derrubados. Todas essas conversões e grande maioria das conversões através de Ulster foram autênticas e duradouras. Não havia quem voltasse para trás. As aulas bíblicas tinham 150 novos membros.

A igreja estava repleta: bancos, corredores, saguão de entrada e escadas ao púlpito. "E que orações!" As orações das senhoras em suas reuniões eram "especialmente belas, espirituais e sublimes". Jovens senhoritas antes tímidas tinham agora "os olhos brilhando de deleite". Enquanto o pastor estava fora em viagem, mais duzentas pessoas foram acrescentadas à igreja, e a obra continuava progredindo "com maravilhoso poder".[1]

Mais católicos romanos experimentaram o novo nascimento durante o avivamento do que em meio século antes disso. Muitos foram ameaçados, e alguns apanharam brutalmente por sua fé, mas a maioria dos católicos convertidos permaneceu firme. Vários deles fizeram comentários, como "prefiro que meu corpo seja queimado a continuar adorando os santos".

Da cidade de Derry veio o relato de um grande despertamento. Diariamente, reuniões de oração conjuntas eram realizadas em igrejas e salões de socie dades, onde diversos pastores dirigiam as orações conjuntas do povo, todo dia, às 19 horas, no mercado de milho. Encontros de oração reuniam de quinhentas a cinco mil pessoas. Quando essas reuniões em conjunto acabavam, as pessoas iam para suas igrejas, onde oravam até as 22 horas. Raramente os ministros conseguiam deixar o gabinete pastoral antes da meia-noite ou até mais tarde.

Como começou o despertamento de Derry? Quatro jovens convertidos de Connor deram o seu testemunho em um culto na Primeira Igreja Presbiteriana, que estava cheia, com vários milhares presentes. De repente, diversas pessoas começaram a clamar a Deus por misericórdia.

114   FOGO DO AVIVAMENTO

Muitas pessoas não conseguiram dormir aquela noite. Algumas choraram em sua casa durante horas. Outras xingavam e faziam imprecações furiosas. Na noite de segunda-feira, realizaram mais uma reunião de oração na Primeira Igreja Presbiteriana. O prédio estava lotado, mas os pastores falavam com calma. "Parecia que a reunião era silente e grave; o silêncio era de dar medo. Os que estavam ali jamais se esquecerão. Depois de algum tempo, o silêncio foi rompido por gritos sinistros dados simultaneamente por várias pessoas em diferentes partes da igreja." Em poucos minutos, a sala do conselho estava repleta de gente "em grande agonia mental e total prostração do corpo".[2]

Temos aqui um dentre centenas de relatos daquele culto. Um comerciante culto e de ilibada moral de repente viu o inferno aberto diante de seus olhos, e um poder irresistível parecia empurrá-lo para lá. Ele olhou à sua volta e disse: "Eu sei onde estou. Esta é a igreja onde eu geralmente cultuo. Estou sob uma ilusão". Mas, olhando para baixo, lá estava o inferno!

Ele levantou-se do seu lugar, agarrando as costas do banco à sua frente. A fumaça do inferno parecia subir até seu rosto. Ele ficou arrepiado, e seu coração clamou: "Meus pecados! Meus pecados! Estou perdido!" Em seguida, caiu cambaleando para fora do prédio e foi para casa. "Se alguém me tivesse perguntado para onde eu ia, eu teria respondido em calmo desespero: vou para o inferno."

Ao chegar a seu quarto, clamou a Deus por várias horas, pedindo misericórdia. Vieram-lhe então à mente as promessas de Deus. Com alegria ele as apreendeu, e um "brilho celestial" espalhou-se por sobre sua alma. Levantou-se dali convertido. Correu para a noite, atravessando a cidade, e bateu à porta de seu sócio nos negócios. Quando a porta abriu, ele disse: "Encontrei Cristo e vim avisá-lo!" Os dois oraram juntos, e três dias depois o seu sócio estava também convertido.[3]

PROSTRADOS PELO CONVENCIMENTO DO ESPÍRITO

Um ministro episcopal escreveu que em um período de seis semanas teve cinquenta casos de prostração em seus cultos de adoração dominicais, e cerca de 250 pessoas, membros de sua igreja, se converteram. Outro ministro episcopal relatou que entre os cinco mil membros de sua igreja quase não havia família em que um ou mais membros não tivessem sido completamente convertidos.

Um pastor presbiteriano, escolhido para visitar as igrejas da Assembleia em favor de missões nacionais, disse quanto ao avivamento:

> Logo descobri que não me contaram metade do que acontecera. Em algumas das reuniões em que estive, havia casos de pessoas prostrando o corpo no chão. Foi realmente terrível ver algumas delas, ouvir a intervalos os gritos de agonia implorando misericórdia, e ver

cada detalhe do terror na face dessas pessoas. Foi horrível. Mas como foi maravilhoso observar essas almas abatidas pelo pecado passando a repousar no Salvador [...]. As palavras não transmitem a ideia da alegria celeste que brota dos olhos ou a calma segurança depositada sobre esses semblantes quando eles encontraram Cristo.

Ele era da opinião de que Deus usava essas prostrações para chamar a atenção para a obra do Espírito. Percebeu que tais manifestações físicas começavam a diminuir, mas os casos de "convicção do pecado e conversão a Deus" aumentavam rapidamente. O avivamento chegava a novas regiões "levando consigo inundações de ricas bênçãos [...] milhares do povo de Deus foram literalmente vivificados e renovados pelo avivamento".[4]

Em muitos lugares, os relatos de avivamento aludiam ao rosto transformado dos recém-convertidos. De Derry veio o relato de uma moça que sentia estar no inferno durante três horas enquanto esteve prostrada sob a convicção do pecado. "Durante esse tempo, seu rosto parecia o de uma alma perdida." Então entrou em transe, e o rosto dela transformou-se completamente. "O brilho de glória a dominava, e durante quatro horas ela parecia estar nas regiões benditas." Teve visões especiais nesse tempo, mas nunca foi ouvida para descrevê-las. Continuou firme na fé, "exemplo de humildade e amor, bem como todas as outras graças do Espírito".[5]

Em alguns casos, quem ficava prostrado, embora parecesse abstraído a qualquer outra coisa, demonstrava memória ungida. Um pastor contou de uma moça que ficou parada com os olhos fixos no céu durante quatro horas, citando mais de cem versículos da Escritura, todos relacionados e aplicados ao seu caso. Ela repetiu sermões e exortações que o pastor pregara nos meses anteriores, citando grandes porções deles palavra por palavra. O pastor interrogou-a mais tarde, mas ela não se lembrava dos sermões e não conseguia recitar os trechos das Escrituras que citara quando tomada pelo Espírito Santo.

Um homem de 32 anos em Ballymoney, nascido surdo e mudo, trabalhava em uma turfeira quando o Espírito Santo o tocou, convencendo-o de seu pecado, e ele começou a andar até a casa de sua irmã. Ele estava de tal maneira arrasado que não tinha forças e teve de deitar duas vezes antes de chegar em casa. Orou a noite inteira e na hora do café da manhã seguinte. De repente, sentiu o poder salvador de Deus, saltou no ar e correu com os braços em frente como se segurando alguém junto ao coração. O rosto brilhava de alegria, irradiando amor e gratidão.

Outro homem, voltando do mercado, para onde levara as verduras que produzira, para sua casa, descia pela estrada contando seu dinheiro. De repente, caiu ao chão como Saulo de Tarso, impactado pela convicção do seu pecado, e o dinheiro espalhou-se pela rua.

Até católicos romanos sentados em suas capelas durante a missa foram derrubados. Os padres vendiam-lhes água benta para "manter longe o diabo do avivamento".

O avivamento começou junto à lareira de uma casa de fazenda no vilarejo de Maghera. Um visitante começou a descrever cenas de avivamento que vira em outro município. De repente, um empregado que escutava sentiu-se convencido. Momentos depois, uma serva e, em seguida, o irmão do visitante caíram prostrados, convencidos dos seus pecados. Nenhuma dessas pessoas tinha demonstrado antes qualquer interesse religioso. A notícia espalhou-se pelo vilarejo, e os vizinhos se ajuntaram ali, passando a noite em oração e cânticos.

Cedo pela manhã, mandaram buscar o pastor. Antes de o dia terminar, a notícia se espalhara por toda a região. Espalhava-se o fogo do avivamento, e os novos convertidos retomaram reuniões de oração e escolas dominicais de avivamento que tinham cessado. Os jovens iniciaram reuniões de oração diárias cedo de manhã, e estas continuaram por muitos meses.

O avivamento em Armagh lembrava o modo pelo qual o Espírito Santo operou na escola de Coleraine. Um dos pastores de Armagh começou a dirigir a oração em sua igreja, e houve unção tão poderosa que uma torrente de orações jorrou durante uma hora inteira. Deus deu início a um poderoso mover do Espírito por toda a congregação. Após duas reuniões de oração conjuntas, começou uma terceira reunião não anunciada, mas a intercessão unida era impossível. Cada banco da igreja era como reunião de oração separada. Em alguns grupos, as pessoas oravam com os que tinham caído por agonizante convencimento do Espírito. Em outros, recém-convertidos regozijavam no Senhor. Centenas foram salvos nessas noites. Telegrafaram ao pastor pedindo que deixasse a Assembleia Geral da qual estava participando. Ele voltou imediatamente e dirigiu na quarta noite.

TRENS DE AVIVAMENTO

Como resultado do avivamento, durante algum tempo a Irlanda do Norte ficou conhecida como a mais poderosa província do Império Britânico. Um grande ajuntamento de avivamento foi realizado em Armagh, com a participação de vinte mil pessoas. Trens especiais foram colocados na linha vinda de Belfast e outras cidades, levando o povo até as reuniões de avivamento. O povo lotou os vagões, cantando hinos enquanto percorriam o trajeto e distribuindo folhetos quando o trem parava em alguma estação.

Em Belfast e por todo o país, os ministros estavam ocupados dia e noite, orando nas casas e igrejas após os cultos. Muitos ficaram excessivamente cansados, no entanto estavam jubilosos em tudo. Um pastor disse: "Ah! Que céu

O ANO DA GRAÇA NA IRLANDA   117

ministrar a um povo avivado!" Estima-se que pelo menos um pastor tenha morrido de exaustão e excesso de trabalho.

Um ministro episcopal descreveu as manifestações físicas como sendo de dois tipos. A grande maioria das pessoas reagia com lágrimas e tremores. O restante ficava completamente prostrado. O ministro disse que os últimos eram tratados com prudência e cautela. Vigiavam contra maus efeitos, e, "na maioria dos casos, podemos ver claramente os resultados mais comuns e felizes". Deus usou esse "derrubar" para prender a atenção dos piores pecadores entre a população, levando-os a enfrentar a realidade de Deus e da eternidade.[6]

Outro pastor disse sobre as prostrações: "Foram mandadas por Deus para um fim específico, e, quando esse propósito foi alcançado, cessaram. A meu ver, foram mandadas tanto para o benefício dos outros quanto para o das próprias pessoas. Creio firmemente que toda prostração era um sermão, um empolgante apelo aos devassos e advertência solene aos que andavam descuidados em Sião".[7] Sem dúvida, foram de Deus os melhores meios para despertar algumas pessoas.

O ministro em Boveva escreveu sobre o domingo 12 de junho: "Ah! Com que poder e majestade Javé andou entre nós. Zacarias 12.10 foi cumprido de maneira maravilhosa para nós". A multidão na igreja de Boveva tornou-se tão grande que tiveram de conduzir o culto do lado de fora da igreja. Jamais se reuniu sobre a terra assembleia tão solene. Durante o culto, as lágrimas e o choro reprimidos de muitos mostravam que aquela não era uma atividade ordinária — era o dia do poder de Deus, que o espírito de poder tratava pessoalmente a alma dos homens. Quando a bênção final foi pronunciada, alguns se retiraram, mas a grande maioria permaneceu ali — de fato em pé, como que amarrados ou presos com cadeias.

> Em determinado momento, como se abatidas por um raio, cerca de cem pessoas se prostraram de joelhos, enviando um pranto dos corações feridos, quebrados, sobrepujados pelo horror que jamais seria esquecido e que, por senso solene de admiração, jamais será superado até o dia do juízo final [...]. Durante horas, as almas abatidas, derrubadas, sangrando, permaneceram de joelhos, inconscientes de tudo que acontecia, exceto da própria culpa, do perigo e da necessidade de um Salvador, implorando e orando com intensidade e fervor que ultrapassa toda descrição.[8]

O culto de quarta-feira em Boveva foi designado para oração. A igreja estava lotada bem antes da hora de começar a reunião. "A terrível tristeza de todos os rostos falava da profunda sinceridade interior; até mesmo os mais impiedosos foram surpreendentemente tomados de solene tristeza no semblante. Se a

118 FOGO DO AVIVAMENTO

peste tivesse varrido a vizinhança, deixando em cada casa um morto, o senso de pavor não teria sido maior."[9] Vez após vez, encerrava-se o culto, mas o povo se recusava a ir embora.

Os pastores não encorajavam demonstrações emotivas. Longe disso! "Durante vários dias do Senhor, os cultos no santuário tiveram de dar lugar ao choro e clamor de almas lancinadas, e, embora todos os meios legítimos fossem usados para evitar a agitação, a agonia e tristeza eram grandes demais para serem reprimidas, e com frequência ouvia-se grito audível pedindo misericórdia."[10]

Uma mulher ignorante, irreligiosa e analfabeta visitou uma casa onde as pessoas haviam se convertido com muita emoção no dia anterior. Agora, na mesma casa, ela estava prostrada sobre a cama, falando de sua vida de pecado, como Satanás tentara destruí-la, mas como Cristo havia salvado a sua vida. Ela citava muitos versículos das Escrituras, o que surpreendeu a todos, porque ela não sabia ler e durante muitos anos não tinha pisado na igreja.

Em Castlederg, o culto congregacional começou com o cântico de duas linhas de um hino, quando de repente um homem forte caiu ao chão. Ele foi removido do local. De repente, houve uma surpreendente manifestação da presença de Deus.

> Toda a casa ficou cheia da glória do Senhor; os cânticos tiveram de cessar; na casa só se ouviam gemidos e choro, algumas pessoas clamando por misericórdia, outras regozijando pelo Deus que perdoa os pecados. O Senhor estava presente em grande poder. Era tal o senso de admiração que não pode ser descrito por nenhum mortal. Depois de várias horas, o pastor não conseguia dispersar a congregação, mesmo após ter impetrado a bênção apostólica seis vezes.
>
> Por fim, alguns foram embora, cantando enquanto saíam; outros, clamando a Deus por misericórdia, deixaram o lugar com seus amigos. Durante a noite, um após o outro, encontraram paz. Imediatamente, eles começaram a apontar Cristo a outros que estavam convictos dos seus pecados.[11]

UMA GRAÇA QUE PERDURA

Dentre as maravilhosas mudanças que resultaram desse avivamento, relatou-se por todo o país uma diminuição dos casos de embriaguez, blasfêmias, brigas e discussões, rinhas de galo, inimizades, desonestidade e contendas nas famílias. Surgiu um novo interesse por educação, música sacra, Bíblia, higiene pessoal e até mesmo eliminação da pobreza. As pessoas pareciam mais conscientes e atenciosas. No ano anterior ao avivamento, havia em certo distrito 22 pessoas miseráveis em sua pobreza; depois do avivamento, somente quatro pessoas continuaram nesta condição.

Por toda a Irlanda do Norte, os ministros estavam ansiosos por escrever sobre a maravilhosa obra do Senhor em suas igrejas e comunidades. Meses após o avivamento, muitos pastores testificaram que todas as pessoas conhecidas que realmente se haviam convertido durante o avivamento, não obstante sua origem ou vida anterior, continuavam fiéis e firmes no Senhor.

Não é de surpreender que nos primeiros dias do avivamento muitos ministros tivessem questionamentos quanto a algumas das manifestações físicas das experiências de conversão. No entanto, quase todos passaram a ser cônscios de quer tais manifestações eram prova da presença e do ministério do Espírito Santo.

Um destes pastores, cauteloso, relatou que no começo tivera restrições a respeito do movimento de avivamento. Porém, "de repente o Espírito de Deus desceu sobre o povo e a vizinhança ao redor com poder tão terrível que ele mesmo foi prostrado ao pó em adoração e reverência! Sua igreja tornou-se cenário de gloriosas manifestações".[12] Contou da ressurreição espiritual de famílias inteiras e de grandes transformações morais e sociais em todo o distrito.

Em 1840, no relato sobre "Evidências de Avivamentos" feito pelos pastores da igreja da Escócia, o rev. Robert Murray McCheyne testemunhou: "Frequentemente, vi a pregação da Palavra acompanhada de tanto poder que as emoções das pessoas não podiam ser reprimidas. Ouvi indivíduos clamarem em alta voz como que perfurados por um dardo", e, quando "ternos convites ao evangelho" eram feitos, "toda frase era secundada pela mais amarga, mas ao mesmo tempo, doce agonia. Em tais horas, vi as pessoas tão vencidas [pelo Espírito] que não conseguiam andar ou ficar em pé sozinhas".[13]

O professor William Gibson, eleito moderador no ano seguinte, escreveu que as prostrações

> serviam para meu determinado conhecimento, como a propósito foi o vento impetuoso que precede a vinda do Espírito Santo no dia de Pentecostes. Elas acordaram a massa que estivera dormindo, assustando ruas inteiras, chamando atenção especial para a profunda convicção da pessoa assim afetada; maravilharam e despertaram a mente de muitas pessoas cuja curiosidade levara a "vir e ver"; foram convencidas a mandar as pessoas de volta para suas casas e igrejas, clamando a Deus por sua alma, olhando para Cristo para o perdão e a aceitação como nunca tinham visto.[14]

CAPÍTULO VINTE E UM

AVIVAMENTO DE ORAÇÃO DE 1859 NO PAÍS DE GALES

O País de Gales experimentou avivamento em escala local diversas vezes em sua história. Houve a chamada "bênção de 1739", "o grande avivamento" de 1762, e mais visitações de Deus em 1791, 1817, 1840 e 1848.

Chegando a meados do século 19, muitos cristãos piedosos em Gales sentiam necessidade de novo e poderoso despertar. Oravam em particular, às vezes nos cultos domésticos e nos cultos congregacionais:

Não tornarás a vivificar-nos, para que teu povo se alegre em ti? (Sl 85.6) Quando o avivamento chegou em 1859, foi como o avivamento de 1857-1858 na América, um despertar de oração conjunta.

Deus usou dois pastores para acender a chama em 1859. O rev. Humphrey Jones, metodista de 27 anos de idade, fora grandemente influenciado pelos escritos de Charles Finney enquanto ministrava nos Estados Unidos. Jones voltou ao País de Gales, e durante seis meses foi grandemente usado por Deus. Pregou em Tre'r-ddol por cinco semanas, e Deus ungiu suas mensagens de manhã, tarde e noite.

Começando todo dia às 5 horas da manhã, mesmo nos dias mais atarefados da colheita, a capela de Tre'r-ddol ficava lotada. As pessoas vinham pelas ruas em filas de cerca de 800 metros, de todas as direções. De maneira muito ordenada, vinham jovens e velhos, orando, louvando e adorando. Todas as noites havia reunião de oração. Nessa pequena comunidade, alguns se convertiam a cada noite — o total de 76 pessoas. As mesmas manifestações seguiram Jones de vilarejo em vilarejo até meados de outubro. Então, um pastor de nome David Morgan foi transformado pelo Senhor.

O rev. David Morgan, ministro metodista calvinista, foi profundamente desafiado por Jones. Depois de muita oração durante três noites, ele acordou às 4 horas da manhã e teve uma profunda experiência espiritual. Os dois pastores trabalharam juntos no ministério desde outubro até dezembro. Dali em diante, James não

AVIVAMENTO DE ORAÇÃO DE 1859 NO PAÍS DE GALES

se destacou mais tanto no contexto geral, enquanto Morgan foi poderosamente usado por Deus. Até o Natal, duzentas pessoas tinham se convertido.

O AVIVAMENTO SEGUE MORGAN

Até março de 1859, o fogo do avivamento ardia em numerosos vilarejos. O Espírito Santo colhia os frutos de anos de pregação fiel entre os galeses e anos recentes de oração. Aonde ia Morgan, o Espírito Santo era derramado, e muitas pessoas se convertiam.

Na faculdade Trevecca, um culto de santa ceia durou quatro horas enquanto seus estudantes adoravam, cantando hino após hino, para então ficarem sentados em silêncio diante de Deus. As lágrimas jorravam ao sentirem a presença de Deus tão próxima. O culto finalmente terminou, e os jovens assentados juntos compartilhavam uns com os outros. Muitos sentiam que era assim que o Pentecostes devia ter sido. Os estudantes diziam, nas palavras de Gênesis 28.17: *Como este lugar é terrível! Este lugar não é outro senão a casa de Deus, a porta do céu.*[1]

O avivamento e suas bênçãos espalharam-se de igreja em igreja, entre todas as denominações, nos vilarejos vizinhos e até outros municípios. Uma imensa obra de Deus disseminou-se por meio dos homens que trabalhavam nas enormes pedreiras estatais. O avivamento espalhou-se como um raio de fogo circundando as montanhas.

Centenas de pessoas renderam-se a Deus nos municípios de Cardigen e Camarthan, no sul de Gales. Sentiram profunda e terrível obra de Deus. Pecadores notórios enchiam a igreja às centenas. Em certa cidade, trezentas pessoas se afiliaram à igreja anglicana e quatrocentas, à igreja metodista. Muitos pastores por toda a área foram avivados. As pessoas saíam chorando das igrejas, mas não conseguiam prosseguir e voltavam para se entregar ao Senhor.

Dentro de dois meses, mais de vinte igrejas tinham acrescentado entre cem e duzentas pessoas ao seu rol de membros. Anglicanos, independentes, batistas, wesleyanos, calvinistas, metodistas — estavam todos colhendo abundantemente. Mais de três mil novos crentes se filiaram apenas aos metodistas calvinistas. O fogo continuava se espalhando. Crianças de dez a catorze anos de idade dirigiam seus cultos de oração, orando com fervor. Algo extraordinário tinha dominado a massa do povo. Todos ficaram surpresos, muitos regozijaram, e os pecadores sentiram temor diante de Deus. Cristãos mais maduros relataram ter visto mais de Deus em 1859, o ano do avivamento, do que em toda a sua vida. Um relato afirmou que apenas meia dúzia de pessoas não professou sua salvação em todo o vale onde moravam.

Uma vila relatou que todas as igrejas tinham novos membros, especialmente pessoas jovens. Outra cidade disse ter visto vintenas de pessoas salvas, incluindo os maiores beberrões da região. Notícias vindas ainda de outro lado davam conta de que o Espírito Santo fora derramado e que os blasfemadores estavam humildemente buscando Deus. O avivamento era quase universal naquela região.

REUNIÕES DE ORAÇÃO CONJUNTAS

Deus derramou seu Espírito de maneira incomum sobre as reuniões de oração conjuntas, ainda que todas fossem grandemente abençoadas. Um ministro escreveu que em sua reunião o Espírito veio de repente como poderoso vento impetuoso. Em três meses, cerca de duzentas pessoas tinham se entregado ao Senhor.

As igrejas de quatro municípios promulgaram um dia de oração, e dali em diante as reuniões de oração experimentaram vida nova, enquanto membros oravam pelo derramar do Espírito de Deus. Em fevereiro de 1859, "agradou a Javé derramar do alto o seu Espírito como no dia de Pentecostes. Interessados aflitos às dúzias vieram à frente".[2] Reuniões de oração diárias começaram e continuaram por muitos meses.

As igrejas estavam superlotadas, diariamente tendo novos convertidos. O fogo celeste continuava a arder. Todas as denominações uniram-se nas reuniões de oração. Um ministro reportou que recebera 650 novos membros em sua igreja. As pessoas foram tomadas pelo Espírito de Deus em seus trabalhos, clamando ao Senhor por misericórdia. Membros apenas nominais da igreja nasceram de novo e começaram a louvar a Deus. Congregações inteiras gritavam aleluias. O rev. William Griffiths relatou que repetidas vezes ele viu novos crentes saltarem de alegria. Os recém-convertidos organizaram diversos grupos para reuniões de oração, em que oravam nominalmente por seus amigos e parentes, continuando a fazê-lo até que essas pessoas se entregassem a Cristo.

"Milhares, desde o começo do avivamento, se converteram, voltando para Deus [...]. Este período com certeza deve ser a alvorada do glorioso milênio."[3]

O PODER DA ORAÇÃO

Dos "distritos de ferro" de Gales, o rev. W. Edwards escreveu: "Veio avivamento depois de um ano de anseios, orações e labutas por isso [...]. Este avivamento distingue-se pelo sentimento solene e grande sinceridade na oração. Há nele algo que leva as pessoas a fazerem todo esforço para ganhar o próximo".[4]

Em Aberdare, por volta de 1.200 pessoas foram acrescentadas à denominação Independente em um prazo de apenas seis meses. Os ministros reuniram-se e pregaram como nunca tinham feito. Em Brecknachshire, o avivamento começou com cânticos em uma reunião de oração no lar. As pessoas saíam de lá de manhã, cantando com alegria e paz, transbordando como uma fonte, ao caminhar para suas casas. Ao se aproximarem do vilarejo, outros as escutaram, e o avivamento se espalhou rapidamente. As crianças começaram a orar e cantar

AVIVAMENTO DE ORAÇÃO DE 1859 NO PAÍS DE GALES

durante horas. Jovens e crianças dirigiam reuniões de oração de casa em casa. O avivamento continuava a espalhar-se, e as pessoas vinham de longe para ver, e então levavam o fogo consigo para as suas regiões. Uma carta relata: "Todo dia agora é o dia do descanso do Senhor. As pessoas não conseguem pensar em nada, senão em alimentar o gado e ir assistir à reunião de oração".[5]

Em lugar após lugar por todo o País de Gales, as igrejas tinham dias especiais de oração, conforme pediam os missionários galeses na Índia. Deus usou esses dias de oração para preparar o caminho para o avivamento. Em muitos outros lugares, o avivamento começou exatamente naquele dia de oração. O problema da embriaguez desapareceu de modo surpreendente.

Durante quatro meses prevaleceu um espírito de oração numa igreja batista. Os membros resolveram começar uma reunião de oração todas as noites, implorando com as palavras de Isaías 64.1: *Oh! Se fendesses os céus e descesses, e os montes tremessem à tua presença!* Então as três denominações existentes naquela cidade começaram cultos de oração conjuntos, realizados de modo rotativo em cada uma das igrejas. Eles sentiam como se a glória do Senhor estivesse passando e eles ficassem na *fenda da rocha* (Êx 33.22). Porém, logo, em outro culto conjunto de oração, o Espírito desceu sobre eles "como o manso zefir, até encher todo o lugar. Foi tão poderosa a influência que nenhum de nós ousou falar por alguns minutos. Todos nós demos vazão às emoções em inundações de lágrimas de alegria".[6]

"Este é totalmente um AVIVAMENTO DO ESPÍRITO DE ORAÇÃO; toma corpo em UNIDADE CRISTÃ", dizia a reportagem de um jornal de 1860 sobre o avivamento (as palavras em destaque são do texto original do relato). Essa maravilhosa unidade em oração era evidente na região montanhosa do norte do País de Gales. Três jovens foram trabalhar na pedreira de ardósia na segunda-feira de manhã. Estavam tão convictos de seus pecados que às vezes choravam enquanto trabalhavam. No dia seguinte, depois do almoço, todos os quinhentos homens naquela pedreira foram até o cume do monte e tiveram uma reunião de oração. Quase todos oravam, choravam e soluçavam. No dia seguinte, novamente deixaram o trabalho e voltaram à colina para orar. Reuniram-se também a cada noite na igreja para orar. No sábado, esses homens voltaram para suas igrejas na vizinhança, espalhando o fogo do avivamento.

Às 8 horas da manhã de domingo, realizou-se outra reunião de oração. Os operários e suas famílias oravam e choravam, choravam e oravam, até completa exaustão. Ao meio-dia, todas as congregações e igrejas se reuniram para orar em cima do morro perto da pedreira. Na semana seguinte, essas reuniões de oração continuaram. Todas as denominações foram tocadas, e a maioria da população foi salva e tornou-se membro das igrejas.

Este avivamento teve início em outubro, e o fogo ainda ardia em janeiro. Era oração e mais oração. Outras pedreiras reportaram avivamentos semelhantes.

Com frequência, começavam com os pecadores mais devassos, que caíam de joelhos, um após outro, orando uns dez minutos. Outras pessoas ouviam a notícia, e logo também estavam ajoelhadas, chorando e orando. Às vezes, cinco ou seis pessoas oravam ao mesmo tempo em um só lugar, aparentemente sem perceber a coincidência.

DO MAIS NOVO AO MAIS VELHO

As crianças que anteriormente xingavam e diziam palavrões enquanto brincavam, seguindo o mau exemplo de seus pais em casa, agora faziam reuniões de oração. Cantavam, liam a Bíblia e oravam durante horas. Jovens homens entre quinze e vinte anos de idade dirigiam-se aos lares depois do culto público, ali realizando suas reuniões de oração.

Um ministro escreveu que, embora estivesse acostumado a reuniões de oração desde o primeiro ano de seu ministério, jamais tinha ouvido orações tão surpreendentes.

> A sinceridade, a humildade, o senso da própria fraqueza, a clara percepção de Cristo como único refúgio e da influência do Espírito como sustento, guia e consolação vão além de tudo que jamais testemunhei [...]. Nunca, desde o começo de meu ministério, eu tinha visto homens tão fervorosos. Parece que tomavam o reino do céu pela força.[7]

Outro pastor escreveu: "Nada me causa tanta surpresa quanto ouvir esses homens envolvidos em oração. Oram conforme as Escrituras e com tanta sinceridade que sou constrangido a crer que são ensinados pelo Espírito de Deus".[8]

Houve casos de homens tão convictos de seus pecados ao descer a rua que começaram a clamar ao Senhor enquanto caminhavam. As pessoas maravilhavam-se com as orações das crianças. Na cidade de Bala, estudantes e tutores das duas faculdades foram tomados pelo avivamento. As reuniões de oração continuavam a ser realizadas em toda casa da cidade, com exceção de umas três ou quatro. Mesmo as pensões e os *pubs* foram usados para poderosas reuniões de oração.

Em Llandinorwig, o avivamento começou no mesmo domingo à noite em diversos lugares de culto. Toda a vizinhança estava empolgada. Reuniões de oração eram realizadas ao ar livre e nas igrejas. Em diversos lugares, Deus usou especialmente as orações de pessoas bastante jovens. Em Bangor, relatou-se um poderoso mover do Espírito entre as crianças. Elas reuniam-se em todo lugar para orar, nas casas, escolas e ao longo das estradas. Eram cheias do espírito de oração e oravam por pessoas de todas as classes e idades.

AVIVAMENTO DE ORAÇÃO DE 1859 NO PAÍS DE GALES   125

De Anglesea, vieram relatos sobre pecadores que prevaleciam diante de Deus com irresistível poder enquanto clamavam, "pelo sangue da expiação", por perdão. Às vezes parecia chover lágrimas. Os convertidos oravam com grande empenho pela salvação do próximo. Um repórter contou que "notáveis reuniões, com oração e louvor, eram ouvidas à meia-noite nas estradas, florestas e casinhas dos fundos".[9]

Na escola pública de uma comunidade, quando o diretor abriu a ordem do dia com orações, o Espírito Santo sobreveio com tamanha intensidade que ele e as crianças continuaram orando e louvando até o meio-dia. Os vizinhos ouviram e se ajuntaram do lado de fora, profundamente tocados pelas orações dos meninos por seus pais e familiares não salvos.

Começou o avivamento entre os mineiros de carvão. Um município reportou avivamentos em mais de quarenta minas, com orações e choro da parte de muitos. O espírito de oração foi derramado sobre as igrejas cristãs. O poder prevalecia de tal maneira que as pessoas iam às reuniões de oração que nunca tinham frequentado. Noite após noite, essas reuniões continuavam, e era quase impossível encerrá-las antes da meia-noite. As reuniões de oração conjuntas eram especialmente poderosas.

Um pecador transformado em uma reunião de oração tarde da noite mudou tanto a sua aparência que, quando chegou em casa, perguntaram:

— O que foi que aconteceu?

— Estou preso.

A esposa começou a praguejar e perguntou-lhe:

— Mas quem foi que o prendeu?

Ele calmamente respondeu:

— Ah, querida! Nunca mais xingue! Foi Jesus quem me prendeu a si.[10]

E os dois choraram juntos.

Em um lugar depois de outro, a embriaguez diminuiu, e os bares permaneciam vazios. Bíblias e Novos Testamentos eram rapidamente comprados. As imprecações e xingamentos nas minas praticamente desapareceram. Uma vila relatou que os jovens que antes perambulavam pelas ruas estavam agora frequentando as reuniões de oração. Havia seis reuniões de oração separadas nessa cidade: meninos de dez a doze anos, meninos de dez a quinze anos, homens jovens, meninas de oito a quinze anos, moças jovens e outra para adultos de todas as idades.

Outro distrito relatou inúmeras cenas semelhantes à do dia de Pentecostes. Frequentemente, os cultos iam até mais de meia-noite, e às dúzias as pessoas iam para casa chorar e orar até a madrugada. Uma reunião de oração realizada em uma pedreira teve a presença de quatro mil pessoas. Chovia muito, mas centenas foram atraídos pelo som das orações e cânticos. O Espírito de Deus se derramou tão fortemente quanto a chuva. Muitos clamavam a Deus em alta voz, e outros caíam por terra como se mortos.

UMA NAÇÃO NASCE EM UM SÓ DIA

A notícia do poderoso avivamento no País de Gales descrevia-o como "um poderosíssimo despertar", "fogo celestial" e "dedo de Deus". "Verdadeiramente, este é o maior derramar do Espírito [...] jamais experimentado em nossa nação e nosso país." Foi maravilhosamente como se a nação tivesse nascido em um único dia (Is 66.8). "É questionável se algo mais forte tenha sido sentido na América, Irlanda ou Gales."[11]

Desapareceu toda tensão entre as denominações, sendo substituída por nova e bendita união. A vida de oração de multidões de pessoas foi transformada. Até que o tempo frio os forçasse a parar, muitos novos convertidos e outros crentes passavam noites inteiras ao relento em oração ao pé do monte.

As reuniões de oração tornaram-se o principal meio de acordar as igrejas. Logo que as pessoas iam sendo salvas, tornavam-se guerreiras de oração. O poder da oração das crianças surpreendia todos.

O relato na revista de uma igreja declarou:

> Jamais testemunhei semelhante coisa ao que venho vendo diariamente. Não se ouve falar de mais nada, exceto o avivamento. Pessoas ímpias tremem e se abalam [...]. Vi uma grande congregação nesta região, constituída de muitas dezenas de pessoas ímpias e empedernidas, banhadas de lágrimas e incapazes de sair do local no fim do culto público, como se os pés estivessem grudados ao chão da capela [...]. Alguns dos mais ímpios pareciam totalmente confusos; mal conseguiram chegar em casa naquela noite. Bendito seja Deus! Muitos encontraram o caminho ao sangue da cruz. Agradeço a Deus por eu ter vivido para ver o ano de 1859. Em sua graça, Deus fez mais durante as últimas poucas semanas nesta parte do país do que em toda uma era anterior.[12]

CAPÍTULO VINTE E DOIS

O FOGO DO AVIVAMENTO NA ÁFRICA DO SUL

Até 1859, o fogo do avivamento tinha se espalhado pela Irlanda do Norte, onde cerca de 10% da população se converteu. Então, o movimento do Espírito Santo de avivamento em oração se espalhou por Gales, Escócia e Inglaterra, e outro milhão de novos crentes foi acrescido às igrejas em todas as Ilhas Britânicas.

Quando a notícia da obra do Espírito chegou a numerosos países europeus, a fome espiritual aumentou, preparando para novas bênçãos espirituais. Nas colônias da África do Sul, Austrália e onde quer que os europeus tinham suas colônias, as ondas do avivamento começaram a aparecer.

Uma das consequências dos avivamentos na América e nas Ilhas Britânicas foi o renovado interesse em missões. As antigas sociedades missionárias renasceram, e novas, como a Missão do Interior da China, foram criadas. Spurgeon edificou o seu tabernáculo em 1859, e Moody logo desenvolveu um ministério internacional de missões. Depois de uma década, começaram trinta anos de avivamento na Alemanha. O fogo do avivamento começou a se espalhar pela Índia, África do Sul, Indonésia e nas Índias Ocidentais entre as populações britânicas e europeias, resultando em novo poder de evangelismo e movimentos populares entre as castas e tribos.

AVIVAMENTO SUL-AFRICANO

Durante alguns anos, o rev. Andrew Murray, sr., ansiava por avivamento e orava por isso na África do Sul. Toda sexta-feira à noite, passava várias horas em oração. Os avivamentos em 1858 nos Estados Unidos e em 1859 na Irlanda do Norte tinham sido relatados nas revistas dos reformados da Holanda. Publicou-se um pequeno livro a respeito do "poder de oração". Indivíduos e grupos de oração em diversos lugares pela África do Sul começaram a orar especificamente por avivamento.

Em abril de 1860, uma conferência assistida por 374 pessoas reuniu-se em Worcester, África do Sul. Representantes de vinte congregações — dezesseis

128   FOGO DO AVIVAMENTO

delas reformadas holandesas, além de líderes metodistas e presbiterianos — se reuniram. O tema principal foi avivamento. Andrew Murray, sr., foi movido às lágrimas e teve de parar de falar. Seu filho, também chamado Andrew Murray, orou com tanto poder que alguns dizem que essa conferência marcou o início do avivamento.

Cinquenta dias após a conferência em Worcester, os fogos do avivamento começaram a arder. Em Montague, perto de Worcester, uma reunião de oração foi iniciada na igreja metodista. Todas as noites havia reuniões de oração, como também às segundas, quartas e sextas pela manhã, às vezes até mesmo às 3 horas. Pessoas que jamais tinham orado começaram a orar. Certa noite, Deus ungiu uma moça que orava. Jovens e idosos começaram a clamar por misericórdia a Deus e continuaram até a meia-noite. Quando os reformados da Holanda saíam de sua reunião, iam enchendo a igreja metodista.

Durante semanas, a vila de Montague experimentou grande convicção do pecado. Homens fortes clamavam, angustiados, a Deus. Seis reuniões de oração eram feitas por todo o vilarejo. As pessoas de Worcester souberam e começaram as reuniões ali também. Famílias inteiras, tanto europeias quanto de africanos nativos, humilhavam-se perante Deus.

TROVÃO DO CÉU

Certo domingo à noite, durante a reunião dos jovens, uma moça africana levantou-se e pediu permissão para orar. O Espírito veio sobre o grupo enquanto ela orava. Podia-se ouvir, a distância, um som como de trovão que se aproximava. Ele envolveu o salão, e o edifício começou a tremer. Todos imediatamente se puseram a orar. O pastor assistente ajoelhou-se à mesa.

Andrew Murray estivera falando no culto do santuário principal. Foi informado, e veio correndo. Clamou em alta voz: "Sou o seu pastor, enviado da parte de Deus. Silêncio!"[1] Ninguém deu atenção, pois todos continuaram clamando a Deus pedindo perdão dos pecados. Murray pediu que seu assistente cantasse um hino, mas as orações continuaram sem parar.

Durante toda a semana, realizaram-se reuniões de oração. Cada culto começava com profundo silêncio. "Tão logo diversas orações tinham sido feitas, o lugar foi sacudido como antes, e todo o grupo estava envolvida em petição simultânea ao trono de graça."[2] Essas reuniões continuavam com frequência até as 3 horas da manhã, e, enquanto o povo se dispersava com relutância, ia cantando pelas ruas.

Por causa das multidões os cultos passaram a ser conduzidos em outro edifício. No sábado, Andrew Murray dirigia a reunião de oração, pregando da Bíblia. Orava e então convidava outros a fazerem o mesmo. Novamente, o misterioso som de trovão aproximou-se de longe, chegando mais perto, até envolver o prédio todo. Todos irromperam em oração simultânea.

O FOGO DO AVIVAMENTO NA ÁFRICA DO SUL 129

Murray andava pelo corredor tentando aquietar o povo, mas um estranho no culto chegou pé ante pé até ele e cochichou: "Cuidado com o que faz, porque o Espírito está operando aqui". Murray aprendeu a aceitar a oração avivada. Em torno de vinte pessoas encontraram o Senhor em um culto. A sra. Murray escreveu: "Sentimos e reconhecemos o poder e a presença de Deus com grande poder. Seu Espírito realmente foi derramado sobre nós".[3]

O AVIVAMENTO SE ESPALHA

Esse avivamento sul-africano passou a se espalhar como rastilho de pólvora a outras regiões. Em Wellington, um cristão havia orado durante semanas pedindo o avivamento e organizara reuniões de oração com esse propósito. Deus operou de modo maravilhoso a ponto de o consistório da igreja declarar que Deus realizara mais em algumas semanas do que em toda a história anterior da igreja.

Um pastor relatou que era algo como "a glória da igreja no primeiro século".[4] As reuniões de oração multiplicavam-se. Muitos cristãos reuniam-se semanalmente em grupos de três ou quatro pessoas em oração. Havia ocasiões em que as pessoas que vinham adorar não cabiam nas igrejas. O despertar espiritual chegou a lugares a uns 320 quilômetros de distância.

Noutro centro, as pessoas de repente foram instantaneamente tomadas pelo Espírito Santo. Quatro vezes por semana, tinham reuniões de oração que às vezes duravam o dia inteiro. Aos domingos, havia reuniões por toda parte. Noutro distrito, foi reportado o despertar com centenas de conversões, até o pastor relatar que menos de cinquenta pessoas permaneciam não convertidas no seu distrito.

Em Heidelberg, Colônia do Cabo, o primeiro avivamento ocorreu em 1860, o segundo em 1868, o terceiro nos anos 1870, o quarto em 1884 e o quinto mover do Espírito em 1889. Uma congregação após outra experimentou avivamentos repetidos durante meio século.

Cinquenta jovens da congregação de Andrew Murray foram chamados ao ministério, e o avivamento lançou Andrew Murray Jr. em um ministério de pregação e escrita por todo o mundo. A igreja reformada holandesa resolveu dedicar os dez dias entre a Ascensão e o Pentecostes a cada ano à pregação evangelística e oração por avivamento. Não somente a igreja reformada holandesa, como também as igrejas de língua inglesa foram sacudidas pelo reavivamento.

Embora não houvesse comunicação telegráfica entre a América do Norte e a África do Sul, ao mesmo tempo que o avivamento atravessava os Estados Unidos em 1857-1858, ele começou também na tribo bantu e entre as igrejas europeias em Grahamstown.

Na verdade, o avivamento começou entre os zulus e bantos antes mesmo de chegar à igreja reformada holandesa. Nativos acorriam aos postos missionários da fronteira. As congregações transbordavam, e centenas de pessoas foram batizadas. Em Natal, na costa leste, houve um avivamento zulu que tocou quase todos os postos mantidos por missionários norte-americanos.

Na noite do domingo de 22 de maio de 1859, no final do culto, o Espírito veio sobre os zulus com tamanho poder que passaram a noite inteira em oração. A notícia espalhou-se amplamente entre os zulus, como também se espalhou a obra de Deus naquele ano todo. O avivamento zulu produziu oração extraordinária, tremenda convicção do pecado, conversões imediatas e uma vigorosa expansão evangelística.

Uns 320 quilômetros a oeste, em Botsuana, o avivamento chegou a diversas tribos e a outra língua. Reuniões diárias de oração, de manhã e à tarde, foram realizadas durante muitas semanas.

AVIVAMENTOS "INSTANTÂNEOS" DE WILLIAM TAYLOR

Deus estendeu o avivamento de 1858 por todo o mundo por meio do ministério de William Taylor, evangelista metodista americano batizado por fogo e que mais tarde foi bispo na África. Poucas pessoas fizeram do mundo a sua paróquia como fez Taylor.

Taylor converteu-se em 1841, aos 20 anos de idade. Começou seu ministério na Igreja Metodista no ano seguinte como pregador itinerante. Taylor evangelizou na Califórnia durante a corrida do ouro e retornou ao leste dos Estados Unidos e Canadá durante o avivamento de 1858. Deus chamou-o ao ministério internacional e deu-lhe muitos frutos no evangelismo onde quer que ele pregasse.

Estava continuamente mudando, e Deus operava rapidamente. As igrejas locais experimentavam avivamento quase instantâneo aonde quer que ele fosse. Na África do Sul, Deus operou um mover do Espírito e numerosas conversões entre as igrejas de língua inglesa. Havia muitas conversões, mas nenhuma explosão maciça. O primeiro avivamento real começou entre o povo de língua xossa, onde o intérprete de Taylor foi Charles Pamla, um jovem chefe africano.

Em um culto diurno, Taylor pregou aos crentes sobre o tema "Recebereis poder ao descer sobre vós o Espírito Santo", e à noite falou aos não crentes sobre o tema: "Por que, pois, morrereis? Convertei-vos de vossos maus caminhos!" Pamla foi intérprete muito talentoso. Veio de Deus sobre os ouvintes um silêncio, e na reunião após o culto duzentas pessoas foram profundamente tocadas ao arrependimento. Taylor e seus ajudantes oraram com elas até meia-noite.

Com o nascer do sol, todos voltaram para louvor e oração. Em cinco dias, umas trezentas pessoas, número sem precedentes entre eles, encontraram salvação em Cristo. No próximo local, mil nativos encheram o culto. Novamente,

O FOGO DO AVIVAMENTO NA ÁFRICA DO SUL 131

a mensagem de Taylor para os crentes foi "Recebereis poder". No final, Taylor orou em silêncio, para então convidar interessados a irem à frente. Pelo menos trezentas pessoas caíram de joelhos, clamando a Deus. Então acabou o barulho, restando apenas suspiros e gemidos calmos.

O missionário local relatou que, com olhos brilhantes e "semblantes radiantes de alegria indizível", irromperam em louvor. Ele escreve: "Que dia! Não sei como relatar, pois jamais testemunhei algo tão semelhante às cenas do Pentecostes!"[5]

Taylor passou para outro centro missionário, e centenas de pessoas da nação xossa, além de muitos hotentotes, se converteram. Veio sobre eles poderoso espírito de oração. Taylor pregou seis vezes, e naquele dia mais de 250 vieram ao Senhor. Ele foi de um centro a outro, de uma tribo para outra. Escreveram-se relatos sobre cenas indescritíveis, centenas de convertidos, avivamento se espalhando e o derramar do Espírito Santo. A membresia nas igrejas cresceu 400% em um circuito e 350% em outro, com muitos participando de programas de discipulado e como membros experimentais. Os xossas deram a Taylor um nome que significava "tição ardente".[6]

No distrito de Grahamstown, os missionários relataram que toda a terra estava sendo abençoada. "Em todo lugar a Palavra de Deus é o poder de Deus para a salvação."[7] Os relatos de diversos postos missionários contavam sobre trezentas, quinhentas e, em certo lugar, oitocentas conversões entre os bantos. Além disso, mais de seiscentos ingleses também se converteram.

Em Fort Beaufort, Taylor relatou: "A terrível presença e o poder de fusão do Espírito Santo nesta ocasião superou qualquer coisa que eu já tivesse testemunhado".[8]

Em Healdtown, várias centenas de pessoas na capela caíram de joelhos em lágrimas, chorando e gemendo por seus pecados. Em dois dias, mais de trezentas pessoas se converteram.

Taylor viajava de um lugar a outro, raramente permanecendo mais de uma semana em um circuito. Seus convertidos eram de todas as idades, dos dez aos sessenta anos, casados e solteiros, de todas as classes sociais. Em dois anos, os metodistas aumentaram seus membros em 40%, e muitas igrejas presbiterianas e reformadas holandesas também foram abençoadas.

O ministério de Taylor teve impacto permanente. J. Edwin Orr resumiu assim: "Missionários e pastores nacionais experimentaram um batismo do Espírito Santo e foram por todos os lados pregando arrependimento e fé, perdão e pureza a nativos analfabetos e semialfabetizados".[9]

CAPÍTULO VINTE E TRÊS

PREPARO EM ORAÇÃO

Muito antes de 1904, Deus começava a preparar o avivamento mundial que irromperia com a virada do século. Dr. J. Edwin Orr, historiador dos avivamentos, considera os poderosos movimentos do Espírito de Deus no avivamento durante a primeira década do século 20 como o mais extenso movimento de renovação de todos os tempos. O fogo do avivamento ardia mais em algumas nações que em outras, mas esse mover espiritual brilhava para a glória de Deus na Europa, América do Norte, Austrália, África do Sul, Coreia, China e América Latina. Mais de cinco milhões de pessoas dessas nações renderam-se a Cristo nos primeiros dois anos desse avivamento.

TUDO COMEÇA COM ORAÇÃO

Somente quando os registros de Deus forem abertos no céu, quando o povo de Deus estiver diante do seu trono de juízo para receber sua recompensa eterna, é que saberemos quantas horas de oração foram investidas pelos intercessores que oraram por avivamento. Só Deus sabe a surpreendente extensão da obra do Espírito Santo em dirigir os guerreiros de oração que orassem pelo avivamento que hoje documentamos.

Onde começou a série de avivamentos poderosos de 1904, com suas maravilhosas colheitas? Os historiadores geralmente referem-se ao que começou no vilarejo de Loughor, no sul do País de Gales, como ponto de fusão. Evan Roberts foi instrumento de Deus no lançamento desse avivamento de 1904. Evan Roberts começou em 1891, como menino de treze anos, a ter fome e sede e orar por dois motivos principais: 1) para que Deus o enchesse de seu Espírito e 2) para que Deus enviasse o avivamento a Gales. Talvez Roberts tenha feito o maior investimento no banco de orações de Deus para o avivamento que o Senhor desejava muito enviar. Talvez seja por isso que a onda internacional de avivamento começou em Gales — por meio de Evan Roberts.

Mesmo antes da virada do século, as reuniões de oração dos sábados à noite pedindo avivamento no mundo estavam sendo realizadas no Instituto Bíblico Moody, em Chicago, bem como nas convenções internacionais de Keswick,

PREPARO EM ORAÇÃO   133

na Grã-Bretanha. Reuniões de oração missionária, reuniões nas igrejas locais e ênfase pessoal em oração por avivamento eram realizadas na Índia, no Extremo Oriente, na África, na América, na Grã-Bretanha e na América Latina. Poucos intercessores, mesmo entre os mais fiéis, tinham visto pessoalmente um avivamento de ampla abrangência. Contudo, o Espírito se movia e chamava milhares de filhos de Deus a orar por avivamento, ainda que não compreendessem plenamente quantas outras pessoas compartilhavam a mesma visão e impulso por orar.

Treze pessoas do País de Gales participaram da convenção de 1896 para aprofundamento da vida cristã, em Keswick, na Inglaterra. Essas treze pessoas oraram juntas pedindo a Deus que começasse uma convenção semelhante em Gales. Sete anos depois, suas orações foram respondidas, e a Primeira Convenção de Llandrindod Wells reuniu-se em 1903.

Vários jovens pastores estavam cônscios da necessidade da visitação de Deus. Começaram a pregar sobre arrependimento, restituição e reconciliação, o senhorio de Jesus, santificação e total entrega ao Espírito Santo. O fogo do avivamento ardia em numerosos lugares.

No começo de 1903, quatro jovens galeses começaram a orar juntos cada noite, pedindo avivamento. Outros souberam e se juntaram a eles. Logo o fervor alcançou toda a igreja local, e muitos foram movidos com um espírito de oração e paixão pelas almas. Em curtíssimo tempo, toda a vizinhança estava acesa pelo fogo divino. Alguns domingos, realizavam-se até seis reuniões, e um dia trinta pessoas encontraram o Senhor. Por seis meses, as reuniões de oração continuaram a cada noite.

Outro pastor relatou que durante quatro meses Deus visitou sua igreja. Jovens tinham profunda sede de uma vida mais santa. O pastor convocou cultos especiais nos domingos à noite. "O Espírito Santo desceu e possuiu a reunião, sobrepujando-nos de poder do alto [...]. Eu mal podia falar, tão manifesta era a presença do Senhor." Deus repetiu as mesmas maravilhosas manifestações em diversos domingos à noite. Depois de várias semanas, o pastor relatou: "Desde então as almas têm sido salvas a cada dia. A igreja entrou na bênção do Pentecostes [...]. Tenho agora uma nova igreja, com grande número de homens e mulheres cheios do Espírito Santo, usados para ganhar almas!"[1]

Chamas do avivamento começaram a arder em numerosos lugares no centro e sul do País de Gales como resultado das convenções de avivamento. Evangelistas pioneiros, cheios do Espírito, de várias denominações diferentes foram usados por Deus.

Numa convenção local em 1904, muitos jovens, incluindo Evan Roberts, experimentaram uma nova operação do Espírito Santo. Referiram-se a essa humilhação e total entrega diante do Senhor como "flexão". Isso conduziu a derramamento e enchimento do Espírito, em que as chamas do avivamento começaram a realmente impulsionar todo o País de Gales, indo até lugares longínquos do mundo. Em Gales, o movimento foi dirigido principalmente pelos jovens, ainda que pessoas de todas as idades estivessem envolvidas no poderoso mover do Espírito.

UM CÍRCULO CADA VEZ MAIS AMPLO

Fogos e colheitas de avivamento maiores e menores precederam o derramar do Espírito em Gales. Na Austrália, uns quarenta pastores começaram a orar por avivamento de 1890 a 1901. Dali surgiram os "círculos de oração", e até 1901 já havia mais de duas mil dessas reuniões, com cerca de quarenta mil pessoas orando. Em 1902, o dr. R. A.Torrey conduziu campanhas de evangelismo com muitos frutos na Austrália e Nova Zelândia, e estas produziram cenas de avivamento semelhantes. No Japão, uma reunião de oração em 1900 resultou em períodos de despertamento e evangelização.

Em julho de 1902, notícias dos círculos de oração da Austrália chegaram à Convenção de Keswick. Círculos de oração nos lares em prol do avivamento em todo o mundo começaram na Inglaterra e espalharam-se para outras nações. Milhares de pessoas oravam em suas casas, "pedindo um derramar do Espírito Santo".

Em 1901, Pandita Ramabai deu início a reuniões especiais de oração por viúvas e refugiados da fome em sua missão no Mukti, sul de Bombaim. Em dezembro e janeiro, 1.200 dessas mulheres converteram-se e foram batizadas, e em julho de 1902 mais seiscentas se converteram em um avivamento de três semanas. Quando Ramabai ouviu falar dos avivamentos liderados por Torrey na Austrália, em 1903, pediu que cristãos australianos iniciassem círculos de oração por seu trabalho na Índia. Ela mesma organizou círculos de oração com dez moças em cada um no centro de Mukti. Quando Ramabai ouviu falar do avivamento em Gales, começou a orar com mais afinco ainda com as moças. O avivamento chegou à Índia em 30 de junho de 1905.

Em poucas semanas, diversos pastores estavam unidos em oração. Em outro lugar, quatro jovens reuniam-se toda noite pedindo o avivamento. Dentro de dois meses, dezenas de pessoas estavam se encontrando para orar numa montanha. Os fiéis intercessores de Deus preparavam o caminho do Senhor para um poderoso avivamento internacional.

CAPÍTULO VINTE E QUATRO

A VISÃO DE EVAN ROBERTS

Em fevereiro de 1904, a bênção caiu sobre uma reunião em New Quay, sul de Gales, quando uma moça tímida levantou e disse: "Ah! Eu amo Jesus Cristo de todo o meu coração!" Numa reunião de oração à meia-noite em agosto de 1904, no segundo "Keswick galês", todos pediram em conjunto que Deus "levantasse alguém para trazer o avivamento para cá".[1]

Mais tarde, em setembro, vários jovens que entregaram sua vida a Deus e estavam cheios do Espírito começaram cultos a cada noite em uma igreja galesa. Até o fim do ano, 120 pessoas foram salvas. Noutra igreja, a bênção do avivamento veio em 20 de novembro, e as pessoas começaram a se reunir a cada noite para orar, tendo bom número de salvos. Até o final de 1904, 150 tinham recebido a salvação.

Embora os avivamentos no sul do País de Gales fossem bem conhecidos, o Espírito Santo, de forma divinamente sincronizada, usando corações preparados, incendiou os corações tanto no norte quanto no sul de Gales no mesmo dia da mesma semana.

No norte, o avivamento estava centrado em Rhos e espalhou-se para muitas vilas no norte de Gales. O pastor mais instrumental no avivamento do norte foi o mesmo que tinha ficado cheio do Espírito no ano anterior. No sul, Evan Roberts foi a figura mais conhecida do avivamento galês.

Por toda parte, as cenas eram semelhantes. Igrejas de todas as denominações eram atraídas pelo Espírito de Deus, quase se esquecendo das diferenças denominacionais. As reuniões de oração ficavam tão lotadas que não cabiam nos prédios das igrejas. Algumas dessas reuniões duraram até oito horas. Eram caracterizadas por oração sem cessar e cânticos de louvor.

A PRESENÇA DO SENHOR EM TODO LADO

Por todo o país, havia um forte senso da presença de Deus, universal e inescapável. Não apenas nas igrejas e reuniões de oração, como também nas ruas, nos trens, nos lares e nas tavernas, as pessoas eram dominadas pelo Espírito. Ricos e pobres, velhos e jovens — todos eram tocados por Deus.

Uma pessoa que estava presente naqueles dias de despertar espiritual olhou para trás, sem ser capaz de descrever adequadamente essa obra do Senhor. Resumiu assim sua impressão: "Foi um senso universal, inescapável, da presença de Deus".[2]

De acordo com o falecido rev. R. B. Jones,

> Um senso da presença de Deus estava em toda parte. Dominava, ou melhor, criava a atmosfera espiritual. Não importava aonde se fosse, a consciência da realidade e proximidade de Deus ia junto. Sentida, claro, nos ajuntamentos de avivamento, não se confinava às reuniões; estava também nos lares, nas ruas, nas minas e fábricas, nas escolas, sim, e até mesmo nos teatros e bares. O estranho resultado foi que, onde quer que as pessoas se ajuntassem, o local tornava--se lugar de profundo senso de admiração, e os estabelecimentos de divertimento e farra ficaram praticamente vazios.
>
> Eram muitos os casos em que homens entravam em bares, mandavam vir bebidas, para então virar e sair, deixando-as no balcão, intocadas. O senso da presença do Senhor era tal que quase paralisava o braço que se erguia para tomar um trago. Times de futebol e de esportes semelhantes debandaram; seus membros encontravam maior alegria no testemunho da graça do Senhor do que nos jogos. O fundo das pedreiras e as galerias das minas tornaram-se lugares de oração e louvor, onde os mineiros se reuniam para adorar antes de se dispersar para seus variados postos. Mesmo as crianças das escolas diurnas chegavam sob o gracioso poder de Deus. Poder-se-ia contar muitas histórias sobre como elas se reuniam onde pudessem, e ali oravam e cantavam de modo impressionante.[3]

Na verdade, durante meses a nuvem da presença de Deus pairou sobre grande parte do País de Gales.

A terra estava coberta por um toldo de oração, e pessoas por toda parte tinham fome da presença e do poder de Deus.

O rev. R. B. Jones descreve a maior reunião que ele presenciou. Aconteceu meses mais tarde, na ilha de Anglesey, bem próxima à costa noroeste de Gales, onde ele estivera ministrando em cultos de avivamento durante várias semanas. Na grande capela abarrotada de gente, Jones pregou sobre Isaías 6. Quando falou a respeito do pecado à luz da santidade de Deus, todo o auditório ficou de tal modo convicto que se sentiu quase esmagado pelo desespero. Poderia Deus perdoar e purificar?

Então Jones falou sobre o altar e a brasa viva que Isaías viu. Explicou aos presentes como Deus pode tocar vidas impuras com o tição purificador tirado do altar (Is 6.6,7). Jones confessou não ter palavras para descrever como Deus veio sobre o povo.

> Como um só homem, primeiro com suspiros de alívio, e então com delirantes gritos de alegria, as pessoas do auditório inteiro saltaram [...]. Naquele momento, o lugar todo ficou cheio do temor da glória de Deus — usamos a palavra "terrível" deliberadamente; a santa presença de Deus foi de tal forma manifesta que até mesmo o pregador foi dominado; o púlpito onde ele se encontrava ficou cheio da luz de Deus a ponto de ele ter de se afastar.[4]

UMA PODEROSA OBRA DO ESPÍRITO

Em setembro de 1904, Seth Joshua, evangelista do movimento Forward dos metodistas calvinistas, começou as reuniões de avivamento em New Quay. Foi então para Newcastle-Emlyn, visitar uma escola preparatória para estudantes que pretendiam ingressar no ministério. Entre estes estudantes estava Evan Roberts, que deixara seu emprego duas semanas antes e viera preparar-se para o ministério.

Evan Roberts havia sido espiritualmente receptivo durante toda a sua vida. Desde menino, ele amava o Senhor, memorizava os hinos, lia a Bíblia e orava. Realizava cultos de "igreja" para as crianças da vizinhança e "pregava" para elas. Roberts sempre teve fome de fazer mais por Jesus. Não faltava a nenhum culto — aos domingos e durante cinco noites cada semana.

Aos 12 anos, Evan foi trabalhar na mina de carvão, como fazia a maioria dos meninos da região. Mas, a partir dos 13 anos, começou a orar continuamente para que Deus o enchesse do Santo Espírito e enviasse o avivamento a Gales. Enquanto trabalhava na mina, Roberts continuava orando, cantando e repetindo versículos bíblicos horas a fio. À noite, em sua casa, ele lia a Bíblia durante horas. Orava silenciosamente, mas frequentemente gemia com profundo desejo por Deus. Muitas vezes, Roberts escolhia orar em vez de comer a refeição e, repetidamente, levantava-se no meio da noite para pedir a Deus o avivamento.

Na manhã de quinta-feira, 27 de outubro, Seth Joshua levou uns vinte jovens, Roberts entre eles, de Newcastle-Emlyn a Blaenanerch, para assistir ao seu culto. A caminho, cantavam:

> Está para vir, está para vir,
> O poder do Espírito Santo.
> Eu o recebo, eu o recebo,
> O poder do Espírito Santo.

No culto das 7 horas da manhã do dia seguinte, Seth Joshua terminou orando: "Senhor... dobra-nos". O Espírito Santo disse a Evan: "É disso que você precisa!" Evan saiu pela porta orando: "Senhor, dobra-me!" Durante o culto das 9 horas, o Espírito veio sobre ele com poder, e ele caiu de joelhos, clamando: "Dobra-me, dobra-me, dobra-me! Ah! Ah! Ah! Ah! Ah!" As lágrimas jorravam de seus olhos, e a transpiração molhava seu rosto. Após orar por treze anos, Evan finalmente ficou cheio do Espírito. Em breve sua oração por avivamento, que fazia por treze anos, também seria respondida. "Senti-me em chamas, com o desejo de atravessar toda a extensão e largura do País de Gales falando sobre o Salvador", disse ele.[5]

A VISÃO DE AVIVAMENTO DE ROBERTS

Roberts começou a orar pedindo cem mil almas, e Deus lhe assegurou que cem mil seriam ganhos para Cristo. Ele testificou: "O fogo divino tomou conta de nós".[6] Roberts sentia necessidade de plena obediência à direção do Espírito Santo. Previa levar uma equipe de jovens com ele na evangelização, atravessando por inteiro o País de Gales. Ficou insistindo com as pessoas para se entregarem ao Espírito Santo em plena obediência.

Deus veio com poder sobre Evan enquanto ele orava. Certa noite, não conseguia dormir. "O quarto estava cheio do Espírito Santo. O derramamento foi tal que eu tive [...] de implorar a Deus que detivesse sua mão!"[7]

Deus deu visões a seu servo naqueles dias em que orava. Numa visão, Roberts viu o imenso poço de fogo do inferno cercado por um muro com uma porta. Viu uma grande massa de pessoas surgindo até onde conseguia ver no horizonte, dirigindo-se para o abismo. Implorou a Deus que fechasse a porta do inferno por um ano. Em outra visão, Roberts viu Satanás em uma sebe, rindo e debochando dele. Viu então uma gloriosa figura branca com uma espada flamejante erguida. A espada bateu na figura de Satanás, que desapareceu imediatamente. Roberts soube que Cristo derrotaria Satanás.

Em outra visão, Roberts viu uma lua brilhante e um braço estendido para o mundo. Esta visão repetiu-se, e dessa vez a mão tinha nela um pedaço de papel em que estava escrito "cem mil".

No domingo à noite, 30 de outubro, sentado no culto em Newcastle-Emlyn, Roberts teve mais uma visão. Viu a escola em seu vilarejo e seus amigos e companheiros sentados enfileirados diante dele. Viu-se falando com eles. Ouviu a voz de Deus dizer: "Vá e fale a esse povo". Roberts finalmente disse "sim" a Deus, e de repente a visão desapareceu, e a capela inteira estava cheia de luz e glória. No culto de domingo, os amigos de Roberts observaram que seu rosto brilhava. Na reunião de oração dos jovens, lágrimas rolavam de seus olhos enquanto ele orava repetidamente: "Glorifica teu Filho".

Naquela semana, Deus deu a Evan tamanho fardo de oração por sua região de origem em Loughoron que ele pediu ao seu pastor permissão para ir para casa para realizar uma semana de reuniões com os jovens. Obtendo essa permissão, foi imediatamente para casa, onde sua família não conseguia entender por que ele viera. Ele contou-lhes ter sido abençoado, batizado e cheio do Espírito. Quando pensava na necessidade de Gales, irrompia em lágrimas. Quando pensava na promessa de Deus de avivar as almas, ria de alegria. Sua família se perguntava se Evan estaria mentalmente desequilibrado.

CAPÍTULO VINTE E CINCO
CÂNTICOS DE AVIVAMENTO
NO SUL DE GALES

Evan recebeu permissão do seu diretor para realizar uma reunião de jovens na segunda-feira à noite, 31 de outubro, imediatamente após a reunião regular de oração na capela Moriah. Dezessete jovens ficaram para o culto. Evan contou--lhes como Deus havia operado em New Quay e Newcastle-Emlyn. Compartilhou o seu fardo e sua visão para Gales e pediu que cada pessoa confessasse Cristo como Salvador pessoal. Ao final de duas horas dessa reunião, um tanto difícil, cada um deles fez exatamente isso.

Na terça-feira, mais seis jovens confessaram abertamente a Cristo num culto de oração, exortação e testemunho pessoal que durou três horas. Vários contaram como Cristo se tornara real para eles na noite anterior. A presença e o poder de Deus aumentaram e, ao final da semana, um dos cultos durou até as 6 horas da manhã seguinte.

Na quarta-feira, dois cultos foram realizados: um na igreja congregacional de Gorseinon e o outro na Moriah. As pessoas escutavam enlevadas enquanto Roberts relatava sobre o poderoso avivamento que estava para vir e os cem mil novos crentes que Deus prometera salvar. Foi tão grande a bênção de Deus que aquele culto durou oito horas. Roberts conta que mais vinte pessoas confessaram Cristo.

Roberts escreveu: "Agora tenho de trabalhar sob a direção do Espírito Santo entre todas as denominações. Três coisas mostram que Deus está conosco: 1) enormes congregações; 2) união entre as denominações e 3) o batismo do Espírito Santo".[1]

Na quinta à noite, mais vinte pessoas confessaram Cristo. Na sexta-feira, a frequência ao culto foi ainda maior. No sábado à noite, quatro foram batizados pelo Espírito Santo. (Nota: Esta não foi uma demonstração de falar em línguas, mas o recebimento da plenitude da presença e do poder do Espírito.) Um pastor confirmou que, quando algumas pessoas ficaram cheias do Espírito, o rosto delas parecia transfigurado.

Roberts ensinou o povo a orar: "Envia o Espírito Santo agora, por amor de Jesus". Durante o período de avivamento, ele enfatizou repetidas vezes quatro pontos: 1) confessar aberta e totalmente qualquer pecado que ainda não tivesse sido confessado; 2) tirar de sua vida qualquer coisa duvidosa; 3) obedecer prontamente a qualquer coisa que o Espírito mandar dizer ou fazer; 4) confessar abertamente Cristo.

A PRESENÇA DO ESPÍRITO

A primeira semana do avivamento sob Evan Roberts culminou com um poderoso culto no domingo à noite. Eis a descrição dos eventos feita por Roberts:

> Antes da meia-noite, toda a congregação estava tomada de lágrimas [...]. Então o povo desceu da galeria, sentando bem próximos uns dos outros. "Agora", disse eu, "temos de crer que o Espírito virá — não pensar que ele virá, não esperar que ele venha, mas crer firmemente que ele vem". Em seguida, li as promessas de Deus e ressaltei como elas são definidas. (Lembre-se, estou fazendo tudo isso sob a direção do Espírito Santo, e a ele é todo o louvor.) Depois disso, o Espírito disse que todos deveriam orar. Orem agora, não confessem nem cantem, nem compartilhem suas experiências, mas orem e creiam, e esperem. Esta é a oração: "Envia agora o teu Espírito, por amor de Jesus Cristo".
>
> O povo estava sentado, apenas de olhos fechados. A oração começou comigo e foi de um lugar para o outro — meninos e meninas, moços e moças. Alguns pediam em silêncio, e outros em voz alta; alguns com frieza, e outros de forma fervorosa; alguns com formalismo, e outros em lágrimas; alguns com dificuldades, e outros acrescentando a elas. Meninos e meninas, vozes fortes, então vozes ternas. Ah! Maravilha! Jamais pensei antes em tal efeito. Senti que o lugar estava enchendo, e antes da oração ter preenchido metade da capela, pude ouvir um irmão chorar, prantear e rir: "Ah, querido! querido! bem, bem!" "Ah, querido, querido!" A oração continuou, o sentimento se tornou mais intenso, o lugar estava cada vez mais cheio da presença do Espírito.[2]

As sessenta ou mais pessoas que permaneciam agora se juntaram ao redor do avivalista, muitas quase derrubadas pelo senso de temor e maravilhamento. Alguns clamaram: "Não mais, Senhor Jesus, senão eu morro!" Outros clamavam por misericórdia, chorando, cantando, louvando e ficando prostrados no chão pela convicção do pecado. Finalmente a reunião terminou, e Roberts foi dormir às 3h15 da manhã. A essa altura, avivamento simultâneo veio também sobre Gorseinon, com oração, choro e cânticos como povo jamais conhecera.

OS SONS DO PENTECOSTES

Na segunda-feira da segunda semana, a igreja estava lotada, e quase todos estavam em lágrimas. As pessoas começaram a clamar em oração. Muitos presentes insistiam ter ouvido poderoso som à distância, e pareceu então que a presença de Deus entrou e encheu o prédio. Muitos oravam com grande aflição de alma ou sentindo o fardo pelos outros. Novamente, Roberts pediu que orassem: "Envia o Espírito Santo agora, por amor de Jesus Cristo". Ele chamava isso de "oração direta" e pedia que cada pessoa se colocasse de pé e recitasse essa oração.

Roberts repetiu a corrente de oração duas ou três vezes, até que o Espírito de Deus veio de forma irresistível sobre o povo. Lágrimas e agonia eram intercalados com cânticos. Pela primeira vez, cantou-se um hino sobre o oceano do amor do Calvário. Esse tornou-se o "hino do avivamento" nos meses que sucederam. Era impossível terminar o culto antes das 3 da manhã.

Em 1964, dois dos primeiros cinco convertidos desse avivamento, levaram-me até a capela Moriah e descreveram como Deus veio sobre eles. Henry Penry apontou o lugar onde estivera sentado quando o fogo desceu. Roberts havia dito ao povo que orasse — não confessando, não cantando, não testemunhando — simplesmente orando, crendo, esperando. O senso da presença de Deus e de sua bênção divina foi experimentado com poder cada vez maior.

Na décima noite, o grupo mudou novamente para um prédio maior. Os trabalhadores acorriam diretamente das minas, ainda com as suas roupas de trabalho, receosos de não encontrar lugar no local. Repórteres estavam presentes, e todos os dias os jornais traziam relatos empolgantes sobre o avivamento. Assim, a história espalhou-se para perto e para longe, por todo o País de Gales e muitas partes do mundo.

A reunião continuava com poder. Muitas pessoas foram "curvadas" em humilde submissão sob a mão poderosa de Deus. Alguns estavam de joelhos devido à intensidade do temor e não conseguiam balbuciar nem uma palavra sequer. Alguns caíram ao chão como se golpeados. Outros oravam com poder por pecadores e bêbados notórios, e houve muitas reconciliações entre inimigos.

Na noite de sexta-feira, a multidão era maior que nunca, com a presença de batistas, congregacionais, calvinistas e metodistas. O culto durou cinco horas. Novamente, Roberts pediu que as pessoas presentes repetissem a oração "em cadeia": "Envia o Espírito Santo agora, por amor de Jesus Cristo". Então, ele começou novamente com a primeira fileira, mandando que todos repetissem: "Envia o Espírito Santo agora com maior poder, por amor de Jesus Cristo".

CÂNTICOS DE AVIVAMENTO NO SUL DE GALES

Muitas pessoas caíram de joelhos com tamanha convicção do pecado que não conseguiam balbuciar nem uma sílaba sequer. Outros clamavam com tristeza pela misericórdia de Deus. Então um pastor fez uma longa oração. O próprio Roberts orou pelo povo com tanto empenho, pedindo pelo avivamento de toda a nação, que o suor descia em rios pelo seu rosto. Levantou-se uma oferta para missões estrangeiras, e alguns deram até o seu último centavo.

AVIVAMENTO GERA EVANGELISMO

No sábado, durante o dia duas jovens realizaram uma pregação evangelística ao ar livre, enquanto outras foram até um acampamento de ciganos e ali ganharam muitos para o Senhor. Muitos lares das redondezas tiveram reuniões de oração que duraram o dia todo. Moças conduziram cultos ao ar livre em frente a bares. Quando os beberrões saíam, sentiam-se tomados pelo Espírito Santo e eram salvos. O fogo do avivamento começou a se espalhar quando as pessoas liam as reportagens de jornal e compareciam ao culto para ver os acontecimentos com os próprios olhos.

No horário das reuniões, havia multidões tão grandes que era necessário realizar cultos simultâneos em duas igrejas. Um cantor bem conhecido foi de tal modo tocado que subiu à plataforma e começou a cantar "Salvo pela graça", que o povo repetia, cantando muitas vezes. Às 2 horas de domingo, as duas igrejas ainda estavam tão cheias que as pessoas não tinham como entrar nem sair. Perderam todo o senso de tempo e não tinham desejo de comer ou ir para casa. Um dos cultos continuou até as 6 horas da manhã.

"Todos estavam tomados por um senso da presença e santidade de Deus, invadindo toda a área da experiência humana em casa, no trabalho, nas lojas e nos lugares públicos. A eternidade parecia inescapavelmente próxima e real", escreveu Efion Evans. "Ao final da segunda semana, era evidente que os planos do avivalista foram superados em muito pela iniciativa do Espírito, e as esperanças de Evan Roberts foram cobertas pelo poder de Deus."[3]

A essa altura, as bênçãos do avivamento caíam também sobre outras partes do País de Gales. Deus usou muitos outros jovens e evangelistas. Parece que onde essas reuniões especiais começavam, caía o fogo santo do Espírito. Em Carmarthen relatou-se que "as comportas de bênçãos" foram abertas. No último dia da conferência, "nem um quarto de hora tinha passado antes que numerosas pessoas, jovens e idosas, homens e mulheres, de uma parte ou outra da capela da rua Water, estivessem orando pela libertação dos seus pecados e liberdade do evangelho".[4]

De Ammanford veio o relato: "Uma celestial proximidade de Deus foi sentida por todos os que estavam presentes [...] era geral o choro na congregação". Seth Joshua chegou e registrou em seu diário: "Tenho lutado pelo batismo pessoal do Espírito e por um avivamento nacional. Ele chegou, e eu me regozijo

144 FOGO DO AVIVAMENTO

com isso". Em sua chegada, o evangelista encontrou um "maravilhoso fogo aqui ardia. O chão foi grandemente preparado, graças a Deus". Um dia depois, Joshua escreveu: "Este foi um dos dias mais notáveis em toda a minha vida".[5]

Nas livrarias, esgotaram-se as Bíblias. Minas de carvão foram transformadas de lugares de blasfêmia e impropérios em lugares onde ressoavam os louvores a Deus. Os lares ficaram cheios de alegria e cânticos. Notórios blasfemadores e profanos pecadores foram transformados e citavam as Escrituras em cultos ao ar livre, onde falavam com fluência ungida pelo Espírito.

O AVIVAMENTO SALTA PARA LONDRES

Um relato de primeira mão sobre o avivamento do sul de Gales chegou a Londres, e o avivamento começou a atingir as igrejas galesas daquela cidade. Dos duzentos convertidos em uma igreja, metade tinha sido de beberrões. Seis estudantes galeses fizeram uma campanha em outra igreja galesa de Londres, onde testemunharam 720 conversões.

Evan Roberts viajou quatro vezes a Londres em campanhas de avivamento: 1) de 13 de novembro de 1904 a 1º de março de 1905; 2) de 29 de março de 1905 a 17 de abril de 1905; 3) de 6 de junho de 1905 a 7 de julho de 1905 e 4) de 6 de dezembro de 1905 a 14 de janeiro de 1906.

Na primeira viagem, cinco jovens da sua congregação de Gorseinon o acompanharam em sua equipe evangelística. Eles cantavam solos, duetos, conduziam a oração, davam testemunhos e compartilhavam de muitas maneiras o fardo de oração que ele carregava. De vez em quando, outros jovens conhecidos por Roberts se juntavam à sua equipe por um período de tempo. Geralmente, Roberts ficava em um local por cerca de três dias, mas ocasionalmente mudava de lugar depois de apenas um dia. Então alguns dos jovens ajudantes permaneciam para trás e davam continuidade às reuniões por mais alguns cultos. O irmão de Evan, Dan Roberts, seu amigo chegado, Sydney Evans, e a srta. Annie Davies, "a cantora de voz de rouxinol", estavam entre eles.

Os dias eram cheios de cultos, três ou quatro por dia: uma reunião de oração às 7 da manhã, um culto às 10 horas, um culto às 14 horas e a reunião final às 19 horas. Este último culto às vezes varava a noite inteira e ia até a madrugada do dia seguinte.

Por vezes, as capelas ficavam lotadas à tarde e à noite, e centenas de pessoas permaneciam do lado de fora. Alguns andavam à noite pelas ruas, cantando hinos até a manhã seguinte. Frequentemente, Evan aparecia na entrada da mina às 5 horas da manhã, apertando a mão dos mineiros que deixavam o turno da noite e convidando-os para a reunião das 7h30, se não estivessem cansados demais.

Havia ocasiões em que uma igreja estava tão cheia que centenas de pessoas iam até outra igreja próxima para lá realizar outro culto abençoado. As pessoas

CÂNTICOS DE AVIVAMENTO NO SUL DE GALES

percorriam a distância de muitos quilômetros para participar das reuniões. Os corações estavam em chamas, e o povo voltava para as suas cidades e vilarejos por toda a Grã-Bretanha, espalhando com eles o avivamento e dando início a cultos em suas vilas.

As pessoas que iam para as reuniões na cidade onde Roberts pregava eram muitas vezes tomadas pelo Espírito e esqueciam-se de seus afazeres. Vendedores deixavam as suas amostras e ficavam absorvidos pelas reuniões.

Mesmo depois que Roberts passava para outra cidade, o lugar em que ele estivera permanecia tão repleto de bênçãos que as igrejas continuavam cheias noite após noite. Céticos, desviados, indivíduos cheios de justiça própria e beberrões inveterados — todos encontravam a salvação. Um conhecido agnóstico converteu-se e foi de lugar em lugar para apontar Jesus aos pecadores.

NOVA VIDA ATRAVÉS DA MÚSICA

Roberts não procurava controlar as reuniões, mas insistia com as pessoas que obedecessem ao Senhor. Homens e mulheres leigos dirigiam a oração com tanta unção e eloquência que os ministros se maravilhavam. Pecadores eram quebrantados e choravam. Alguém começava a cantar um hino, e logo era acompanhado por todos. Frequentemente, os pastores juntavam-se e dirigiam a oração. À medida que as pessoas, umas após outras, se rendiam ao Senhor, era anunciada a conversão. Em seguida, os louvores subiam a Deus, e o culto continuava. Às vezes as pessoas marchavam nas ruas a noite toda, cantando hinos. Frequentemente, quando o culto em uma igreja estava cheio demais, quem ficara do lado de fora imediatamente ia para outra igreja, onde começava outro culto. Havia ocasião em que três cultos ou mais eram realizados simultaneamente na mesma cidade.

Roberts avaliava continuamente o progresso espiritual nos cultos, parando para perguntar: "Quantas pessoas agora receberam o Senhor e o confessaram como seu Salvador?" Muitas vezes, de oito a 22 pessoas ou mais se levantavam confessando Cristo pela primeira vez em sua vida. As pessoas no culto sentiam-se como que eletrificadas pelo que Deus estava realizando.

Quem vinha de trem para o avivamento cantava e orava durante o percurso até a estação, na plataforma e dentro do vagão. Grupos vindos das montanhas até as vilas tinham reuniões de oração no caminho, e seus cânticos podiam ser ouvidos de longe. Pessoas que falavam inglês e os que falavam galês se misturavam e cantavam e oravam juntos. Em muitas cidades, as minas fecharam temporariamente para que os mineiros pudessem assistir aos cultos.

O mais intenso entusiasmo seguia Roberts aonde quer que fosse, e o fogo do avivamento queimava simultaneamente em dúzias de outros lugares. Relatos de conversões, cultos ao ar livre, procissões e igrejas abarrotadas de gente vinham de todas as direções. Deus movia-se por toda a nação. Ministros e repórteres dos noticiários vieram da Inglaterra e Escócia para ver com os próprios olhos a surpreendente realidade do avivamento.

Após um mês de avivamento, muitas vidas tinham sido transformadas: bêbados e jogadores foram libertos do vício; brigas de família, resolvidas; dívidas, pagas; bares, fechados, valores culturais, mudados. Dezenas de igrejas e capelas ficavam cheias toda noite.

Foram superadas as diferenças denominacionais, e enormes procissões de pessoas cantavam pelas ruas. Alguns dias, todos os compartimentos dos trens estavam cheios de gente cantando hinos da igreja. Às vezes, quando o trem parava e as pessoas viam uma turma em volta de uma igreja, elas deixavam o trem para participar do culto naquele local. As reuniões de avivamento ocorriam de vilarejo em vilarejo. Havia grande período de cânticos e orações poderosos. Muitos pastores presentes nos cultos vinham de longe para serem abençoados nessas reuniões. "Não havia propagandas, nada de bandas de sopro, nem pôsteres ou enormes tendas. Toda a parafernália de um empreendimento elaborado estava conspicuamente ausente."[6]

Evan Roberts "falava com simplicidade, sem afetação, com sinceridade, agora e então, mas sem pregar sermões, e a pregação enfaticamente não é a regra de seu avivamento [...]. O avivamento é levado pelas ondas encrespadas dos cânticos sagrados [...]. É o cântico, e não a pregação, o instrumento mais eficaz para tocar o coração dos homens".[7]

Um jornal diário relatou: "As reuniões eram absolutamente desprovidas de direção ou liderança humana. 'Temos de obedecer ao Espírito' é a palavra de ordem de Evan Roberts. Três quartos dos cultos consistiam em cânticos. Ninguém usa hinário. Ninguém 'tira' um hino [...]. As pessoas oram e cantam, dão seu testemunho, exortam conforme o mover do Espírito [...]. Nunca vi nada igual".[8]

CAPÍTULO VINTE E SEIS

A CHAMA SE ESPALHA

Quase simultaneamente ao avivamento de Roberts no sul de Gales, o Espírito começou a agir também no norte. Uma vila foi tão transformada que os bares ficaram praticamente vazios, e era raro ouvir pessoas blasfemarem. As crianças reuniam-se para orar, usando até mesmo as propriedades das escolas para as reuniões de oração por avivamento. Em 9 de dezembro, um jornal reportou: "O avivamento religioso parece se espalhar rapidamente por todo o norte de Gales. Os cultos são realizados em todas as cidades, prevalecendo grande entusiasmo. Até nas pedreiras de granito os operários realizam reuniões de oração das mais impressionantes no horário de almoço".[1]

OBREIROS DE DEUS NO NORTE

Nesse tempo o Senhor levantou Evan Lloyd Jones, um professor de 22 anos do norte de Gales. Joseph Jenkins e duas jovens da cidade sulista de New Quay estavam numa reunião no norte de Gales. Jones foi ao púlpito e apelou aos jovens que recebessem nova unção do Espírito Santo. Muitos oraram, e receberam poderosa resposta de Deus. Toda a igreja parecia cheia da glória do Senhor.

Dali em diante, Jones parecia revestido de irresistível autoridade espiritual. Em certas ocasiões, seu rosto "brilhava tanto que as pessoas se tornavam alheias a tudo mais que acontecia no culto".[2] Algumas pessoas tentaram sair da reunião, mas a glória e autoridade de Jones as segurava. Jones pregou de cima a baixo por toda a costa de Gales. David Lloyd-George, político que mais tarde se tornou primeiro-ministro, disse que o efeito do avivamento foi como o de um tornado que atingia toda a nação.

Em outra cidade do norte de Gales, a esposa de um fazendeiro de meia-idade, a sra. Mary Jones, de repente foi levantada pelo Espírito Santo enquanto intercedia em uma reunião pública. Fiel batalhadora em oração, a sra. Jones logo desenvolveu um maravilhoso ministério de visitação nos lares. Deus dirigia-a no tocante a que lares deveria visitar, muitas vezes dizendo-lhe quantas pessoas ela conduziria a Jesus. Ela levou pelo menos setenta pessoas de sua cidade ao

148   FOGO DO AVIVAMENTO

Senhor. Certa vez, o poder do Espírito veio de maneira tão forte que ela orou: "Ó Senhor, segura tua mão até que eu me revista da imortalidade".[3]

Deus mandou um avivamento de quatro meses a Rhos, conduzindo 2.267 almas a Cristo. As congregações se derretiam em lágrimas. Muitos oravam ao mesmo tempo. Todos os integrantes de uma turma impiedosa de treze pecadores notórios foram salvos. Nas minas de carvão, realizavam-se reuniões de oração. Antigas brigas de família foram resolvidas, e a causa da temperança foi fortalecida. Novos convertidos lideravam as procissões de crentes, até de crianças, nas ruas, dando testemunho a todos quantos encontravam. O poder soberano de Deus estendeu-se como um cobertor sobre o norte, como também sobre o sul de Gales.

A imprensa de muitas nações, até mesmo de países de maioria católica romana, como França, Itália e Portugal, fez reportagem extensa sobre o avivamento de Gales, incluindo fotografias. Vieram visitantes de Rússia, França, Alemanha, Estados Unidos e de todas as Ilhas Britânicas para ver o poder de Deus em operação. Pedidos de oração chegavam de muitas nações, e os cristãos galeses acreditavam que Deus espalharia o fogo do avivamento por todo o mundo. E isso de fato aconteceu na Índia, na Coreia, no norte da China e na América Latina.

ROBERTS UNE GALES

Enquanto isso, o ministério de Roberts continuava a florescer por todo o País de Gales. Ele dependia constantemente da direção do Espírito para aceitar convites, frequentar cultos e mesmo participar nos cultos que frequentava. Não foi a Cardiff, onde milhares de pessoas o aguardavam, porque se sentiu impedido pelo Espírito. Queria permanecer nos bastidores, dando a Cristo toda a glória.

Em algumas áreas, as reuniões inicialmente eram pouco frequentadas, mas, como Roberts sabia ter sido enviado por Deus, ele perseverou. Logo houve muitas poderosas conversões nesses lugares. Roberts andava nos corredores com radiante alegria.

Evan Roberts visitou os capatazes na entrada das minas para cumprimentar os homens na saída do turno da noite. Cumprimentava cada um com um aperto de mão, convidando-os para as reuniões. A maioria deles ia. Homens fortes choravam quando o Espírito Santo os convencia de seus pecados. Os mineiros transformados acrescentaram número e força aos cânticos e fervor às orações.

Algumas das mais fortes cenas de avivamento ocorreram nos primeiros dois meses. O avivamento alastrava-se como uma onda do mar, de um vale até o outro. Frequentemente o avivamento começava antes mesmo de Evan Roberts chegar. Um repórter de jornal visitou uma mina e ficou deveras impressionado ao ver, a 64 metros de profundidade, um grupo de oitenta mineiros escutando um operário ler Mateus 6 sob a tênue luz de uma lanterna. Em seguida, os homens cantaram, gritando améns, e um mineiro após outro dirigia uma oração até a hora de começar a trabalhar. Às vezes, duzentas ou trezentas pessoas, e até mesmo quinhentas, convertiam-se antes que Evan Roberts chegasse a determinado lugar.

ADORAÇÃO DIRIGIDA PELO ESPÍRITO

Um jornalista de Londres que assistira às reuniões surpreendeu-se pela forma com que os cultos continuavam quase sem liderança ou direção humana. Cânticos, leitura das Escrituras, oração, testemunhos de convertidos e breves exortações por várias pessoas seguiam conforme o Espírito dirigia. Três quartos do culto eram tomados pelo cântico dos grandes hinos da igreja; embora mil a duas mil pessoas estivessem presentes, a ordem reinava. Se alguém gastava tempo demais na exortação, outro começava a cantar um hino. Evan Roberts insistia continuamente: "Obedeçam ao Espírito", e o Espírito mantinha o culto pacífico e ordeiro.

Com o passar do tempo, Roberts convencia-se cada vez mais acerca da prioridade da oração sobre tudo mais, mesmo sobre os cânticos. Ele disse: "Podemos cantar a noite toda sem salvar. É a oração que fala, salva e traz o céu até nós. Orem, amigos, orem".[4]

Evan Roberts não pregava contra jogos de azar, desonestidade, embriaguez ou imoralidade. Apontava Cristo, o Salvador, às pessoas. Contudo, foi profundo o impacto social do avivamento, e durante algum tempo muitos destes pecados quase desapareceram de Gales.

Roberts ministrou por dois meses no norte de Gales. Ali foi usado por Deus, mas não de modo tão espetacular quanto no sul, pois Evan Lloyd-Jones e Mary Jones, entre outros, já tinham fortes ministérios no norte de Gales. Robert expressou repetidas vezes sua preocupação com três coisas: 1) que toda a glória fosse dada a Deus; 2) que o povo orasse; 3) que todos obedecessem a Deus.

Muitos cristãos de outros lugares, ao ouvir sobre o avivamento no sul de Gales, foram conduzidos pelo Espírito a ter fome por avivamento em suas cidades. Na maioria delas, o avivamento começava com reuniões de oração lideradas por jovens e continuava até que o Espírito fosse derramado. Às vezes essas reuniões eram iniciadas por membros da igreja, outras vezes pelos líderes, e ainda outras vezes por um presbitério inteiro. Visitações menores de fogo do avivamento surgiam em diversas partes das Ilhas Britânicas.

O SEGREDO DO AVIVAMENTO

"Dobra a igreja e salva o mundo" era o chamado à batalha de Evan Roberts. Quando lhe perguntavam acerca do segredo do avivamento, Evan respondia: "Não tenho segredo. Pedi, e dar-se-vos-á". Vários anos mais tarde, disse: "Com certeza

150   FOGO DO AVIVAMENTO

estava além de meu poder instigar novo avivamento, pois o avivamento só pode ser dado pelo Santo Espírito de Deus quando forem cumpridas as condições".[5]

Os resultados do avivamento de 1904 foram permanentes? Graças a Deus, a maioria permaneceu. Seis anos depois, 80% dos convertidos ainda eram membros da igreja a que se filiaram na época do avivamento. Mas isso não quer dizer que todos os outros 20% fossem desviados. Muitos se tornaram membros de missões independentes ou se transferiram como membros para outras denominações que surgiam.

Em Gorseinon, ministrei em diversas ocasiões a cristãos no salão da missão. Este prédio foi fundado pelos primeiros cinco convertidos daquele avivamento. Quando estes homens testemunharam em suas igrejas de origem que antes do avivamento não tinham de fato nascido de novo, foram excluídos, e assim construíram esse salão da missão. Era uma alegria ouvir relatos em primeira mão desses fiéis adoradores sobre como Deus operou durante a época do avivamento de 1904.

Até o outono de 1905, o ministério e a influência de Roberts diminuíram. Ele estava fisicamente exausto e sofreu uma crise nervosa. Em abril de 1906, retirou-se para descansar e recuperar suas forças na residência do casal Penn-Lewis, na Inglaterra. Por alguns anos, Roberts e a sra. Penn-Lewis uniram seus esforços. De 1907 em diante, ele entregou-se inteiramente ao ministério da intercessão.

Em outubro de 1932, Roberts escreveu: "Meu trabalho está confinado à intercessão, e tem sido assim que tenho dedicado meus últimos 25 anos [...]. Trabalho tanto em oração quanto se eu estivesse desempenhando qualquer outra espécie de obra religiosa [...]. Pela pregação, eu teria alcançado um número limitado — pela oração posso alcançar toda a humanidade para Deus".[6] Em 1928, ele retornou a Gorseinon por um curto período de tempo, tendo comunhão com um grupo de oração de cerca de trinta membros. Deus usou-o para curar enfermos e expulsar demônios. Muitos se converteram como resultado de orações específicas feitas por eles no grupo.

Evan Roberts estava bastante consciente do conflito com Satanás e os espíritos do mal, conforme o livro que escreveu em coautoria com a sra. Penn-Lewis, intitulado *Guerra contra os santos*. Roberts continuou a enfatizar a importância de estar cheio do Espírito. Nas poucas ocasiões em que falava em algum culto, ficava claro que ele carregava um fardo contínuo de oração por mais um grande avivamento. De 1930 até sua morte em 1951, Roberts viveu em Cardiff, no sul de Gales.

Em Gorseinon, os amigos de Evan Roberts contaram-me que de vez em quando ele voltava para lá e assistia quieto a um dos cultos locais. Em 1964, a última parente viva que tinha, a sra. Dan Roberts, viúva de seu irmão, deu-me uma página do fragmento que havia restado da Bíblia em galês que Evan

A CHAMA SE ESPALHA 151

sempre carregava até a mina de carvão quando fora mineiro. Essa Bíblia fora danificada por uma explosão na mina em Loughor em 5 de janeiro de 1897. Protestei, mas ela insistiu em me dar aquela página. "O senhor está entregando a sua vida àquilo a que meu cunhado deu toda a sua vida", disse ela. Durante alguns anos, fui editor de uma publicação mensal intitulada *Revista de Avivamento*. Tive certeza de que até a sua morte o trabalho da vida de Evan Roberts era interceder pela obra do Espírito Santo de um verdadeiro avivamento. As suas orações, como as de Jesus, Paulo, Wesley, Whitefield, Brainerd, John Hyde e uma multidão de outras pessoas continuarão vivas até a colheita final.

CAPÍTULO VINTE E SETE

1901-1910: UMA DÉCADA DE AVIVAMENTO

O vento do Espírito Santo levou o fogo do avivamento de nação em nação, enquanto chegavam a muitas partes do mundo as maravilhosas notícias do avivamento em Gales. Cristãos começaram a acreditar que a renovação desejada podia estar a caminho. Deus seja louvado porque, à medida que a notícia sobre a poderosa obra do Senhor em Gales chegava a líderes e cristãos de outras partes, seus esforços na busca pelo Senhor se renovavam e multiplicavam até obter resposta. Aprofundava-se a fome e sede de santidade. O zelo santo foi inflamado, e encorajamento e expectativa encheram muitos corações.

A década seguinte à renovação galesa viu multiplicarem-se vitórias espirituais e novos derramamentos do Espírito em muitos lugares. Observemos agora alguns destaques. Certamente os noticiários do céu estavam carregados de tantos nomes novos acrescentados ao livro da vida nesse período. Com certeza, os louvores ressoavam no trono de Cristo enquanto pais, pastores e multidões de guerreiros de oração, antes desconhecidos, esperavam novas notícias de avivamento. Finalmente, as orações foram respondidas em rápida sucessão.

INGLATERRA E ESCÓCIA

A Inglaterra experimentou bênçãos de avivamento por toda parte, embora este não fosse generalizado. Certa igreja teve um maravilhoso renascimento, com a confirmação de 950 novos convertidos. Trinta bispos ingleses endossaram o avivamento, e o arcebispo de Cantuária conclamou um Dia Nacional de Oração. As denominações protestantes cresceram 10% em quatro anos. O avivamento espalhou-se pela Escócia e Irlanda, embora em menor grau que em Gales.

ESCANDINÁVIA E EUROPA

O bispo Berggrav chamou o avivamento da Noruega de o maior que ele tinha experimentado. As chamas saltaram a lugares da Suécia, Finlândia e Dinamarca. Os luteranos disseram que foi o maior mover do Espírito desde a

1901-1910: UMA DÉCADA DE AVIVAMENTO

evangelização dos vikings. Um movimento de oração e confissão alastrou-se por Alemanha, França e outras nações europeias.

ÁFRICA DO SUL

Os primeiros cenários de avivamento, até mesmo antes do derramamento do Espírito no País de Gales, incluíram poderosos avivamentos em campos de prisioneiros de guerra em 1902 e 1903, após a Guerra dos Bôeres. Um destes acampamentos estava no Ceilão [atual Sri Lanka] e o outro, nas Bermudas. Os prisioneiros experimentaram profunda convicção do pecado, confissão, arrependimento e conversão duradoura, e pelo menos duzentos voluntários ofereceram-se ao serviço missionário enquanto ainda estavam presos. Mais tarde, veio o avivamento na própria África do Sul, e em três anos a igreja metodista aumentou 30%. Bênçãos semelhantes estavam sobre as igrejas reformadas holandesas de língua africânder.

ÍNDIA, COREIA E CHINA

A Índia teve poderosas bênçãos de avivamento em muitas áreas em que os missionários trabalhavam. Estas são descritas com detalhes nos capítulos 29 a 33. A população cristã aumentou em 70% em 1905 e 1906. O crescimento entre protestantes foi o dobro do que acontecia na igreja católica romana, e dezesseis vezes o crescimento entre os hindus. Os batistas na Birmânia tinham em média duzentos novos convertidos ao ano, mas em 1905 foram batizadas 3.113 pessoas.

A chama de avivamento que foi de Gales ao norte da Índia saltou então para a Missão Mukti, ao sul de Bombaim, onde Pandita Ramabai servia. Essa chama então chegou à Coreia, onde houve três ondas: 1903, 1905 e a principal onda de avivamento em 1907 (capítulo 34). Depois da visita de Jonathan Goforth à Coreia, o avivamento espalhou-se para o norte da China em 1908-1909. Esse avivamento chinês é descrito nos capítulos 35 e 36.

INDONÉSIA

Na Indonésia, o número de evangélicos cresceu de cem mil para trezentos mil durante a década do avivamento. Foi o resultado dos "Movimentos do Povo", em que os grupos tribais deixavam em massa as suas antigas religiões. Essas respostas ocorreram em diversas áreas das ilhas da Indonésia. Por exemplo, em 1908 houve na ilha de Nias um avivamento, seguido por um "Movimento do Povo". O número de crentes dobrou em cinco anos, e 2/3 da população da ilha tornou-se cristã.

Alguns anos depois, Deus enviou à mesma ilha um movimento de profunda convicção do pecado. Houve reuniões de oração em que as pessoas vinham individualmente, em família e em grupos, muitas vezes chorando, tremendo, desejosas de confessar toda espécie de pecados. Tal convencimento conduziu a salvação e grande alegria, seguidas por novo "Movimento do Povo". Pagãos endurecidos chegaram até lá confessando furtos e até assassinatos. Muitos foram convencidos por meio de sonhos e visões. Ondas de avivamento cobriam a ilha. Esse movimento de sete anos foi chamado de "Grande Arrependimento".

JAPÃO

O avivamento no Japão foi caracterizado por grandes conferências de oração. Em Tóquio, um movimento de oração em outubro de 1900 foi seguido por *taikyo dendo* (evangelismo forte) em maio e junho de 1901. Mais de onze mil pessoas frequentaram as reuniões de oração locais à tarde, e à noite o evangelho foi pregado a 84.247 pessoas. Milhares professaram receber Cristo. Os missionários de todas as denominações cooperavam, e em meados de 1901 o movimento era chamado de "Pentecostes no Japão". As igrejas que mais cresciam eram as dos subúrbios. Em doze meses, os protestantes passaram de cerca de quarenta mil para 65 mil pessoas, e até 1910 o número de cristãos japoneses tinha dobrado para 75 mil.

AMÉRICA DO SUL

Deus enviou a bênção do avivamento ao Brasil e ao Chile, mas, como um todo, o avivamento teve comparativamente pouco efeito sobre a maior parte da América Latina. No Brasil, os batistas tiveram experiência do equivalente a vinte anos de crescimento em apenas três anos, de 1905 a 1907. Na América Latina e nas ilhas do Caribe, entre 1903 e 1910 houve um crescimento de 180% de membros cristãos comungantes.

AUSTRÁLIA E NOVA ZELÂNDIA

Em 1901, em Sydney, foram dedicados três meses à oração por avivamento e evangelismo. Nos dez anos seguintes, a Austrália experimentou tempos intensos de oração e extenso evangelismo e colheita. Durante sete semanas em Melbourne, até 40 mil pessoas se reuniram para orar em 2 mil lares. As reuniões principais eram realizadas nas prefeituras, com reuniões simultâneas em tendas e salões em cinquenta distritos suburbanos. Uma campanha simultânea foi feita em Sydney com os evangelistas dr. R. A. Torrey, W. Edgar Geil e D. C. Davidson, dos Estados Unidos, e James Lyall, da Escócia, assistidos por diversos evangelistas australianos.

Em 1902, foi realizada uma segunda série de campanhas simultâneas por toda a Austrália. Mais tarde, em 1905, a mesma equipe de evangelistas foi usada por Deus na Nova Zelândia. Uma segunda onda de evangelismo alcançou a Nova Zelândia no mesmo ano. O movimento do Espírito foi espontâneo,

1901-1910: UMA DÉCADA DE AVIVAMENTO

e relataram-se muitas cenas semelhantes às de Gales. Quando a notícia do avivamento galês atingiu a Austrália em 1904-1905, renovaram-se os chamados à oração, às reuniões de oração diárias em massa, bem como a outras sessões de oração menores. As pessoas eram tomadas pelo poder de Deus. O avivamento espalhou-se também para algumas das ilhas das Novas Hébridas e Ilhas Salomão.

Em 1909, o dr. J. Wilbur Chapman e Charles Alexander estavam acuados na Austrália, e missões simultâneas eram realizadas em Melbourne, Sydney, Ballarat e Bendigo. Mais tarde, uma segunda rodada de campanhas realizou-se em Melbourne e Sydney. Em 1913, o avivamento teve seu clímax com as campanhas de dr. Chapman na Nova Zelândia. Estas foram precedidas por grandíssima participação em oração: dez mil intercessores oravam diariamente em Auckland.

Foram anos de tremendas bênçãos, evangelismo extenso e as condições de quase um avivamento por todo o Pacífico Sul. Com certeza, a colheita foi abençoada por Deus. Em sete anos, os batistas cresceram 50%, e os metodistas, 60%. Depois da Primeira Guerra Mundial, a igreja levou 45 anos para crescer mais 60%. Durante aqueles primeiros dez anos, houve surpreendentes resultados na colheita na Nova Guiné e por todos os grupos das ilhas do Pacífico. O avivamento e os movimentos de colheita continuaram até meados da década seguinte.

CAPÍTULO VINTE E OITO
COLHEITA NA AMÉRICA

As notícias do avivamento de Gales foram de grande interesse para os cristãos e a imprensa cristã nos Estados Unidos, mas especialmente para as igrejas de língua galesa na Pensilvânia. O fogo do avivamento começou em dezembro de 1904, semanas após o derramar de Gales. Bênçãos e conversões foram relatadas em vilas e cidades por todo o estado. Dentro de quatro meses, só os metodistas relataram mil conversões em Filadélfia. Os convertidos recebidos nas igrejas excederam os das reuniões de Moody-Sankey do século anterior.

DE ESTADO EM ESTADO

O avivamento alastrou-se rapidamente da Pensilvânia para Nova Jersey. Em Atlantic City, restavam não mais que cinquenta pessoas não convertidas em uma população de sessenta mil. Newark reportou: "O Pentecostes foi literalmente repetido [...] igrejas espaçosas ficaram cheias a não caber mais, e grandes procissões passavam pelas ruas".[1]

Em Schenectady, Nova Iorque, todas as denominações evangélicas uniram-se para orar e realizar esforços de evangelismo, e o movimento de avivamento continuou durante meses. A imprensa secular publicou duas colunas diárias sobre tópicos como "O poder da oração", "O fogo de Pentecostes" e "Conversões de ontem". Mulheres zelosas formavam equipes que testemunhavam indo de bar em bar.

Em Troy, Nova Iorque, 26 igrejas relataram bênçãos de avivamento. Na cidade de Nova Iorque, as igrejas estavam lotadas como nunca, e 364 novos membros foram recebidos no culto matutino em uma igreja. O templo batista do Brooklyn experimentou grande avivamento. Quinhentas pessoas aguardavam por oração individual e aconselhamento do pastor.

Embora não houvesse grandes campanhas evangelísticas, as igrejas da Nova Inglaterra relataram o maior derramar do poder de Deus desde 1858. Mais pessoas foram acrescidas às igrejas em abril de 1905 do que em qualquer mês durante muitos anos anteriores. Em Connecticut, cidade após cidade experimentou o mover do Espírito de Deus, e as igrejas de Rhode Island,

COLHEITA NA AMÉRICA   157

Massachusetts e Maine foram tocadas. Bêbados foram transformados. Em conferências de verão de Northfield, Massachusetts, até Winona Lake, Indiana, o Espírito do Senhor operou de modo especial.

Cerca de mil homens de negócios reuniram-se em Atlanta para orar por um derramamento do Espírito Santo. Em 2 de novembro, lojas, fábricas e escritórios fecharam para oração ao meio-dia, de modo sem precedentes. O Supremo Tribunal e até mesmo os bares fechavam para que as pessoas pudessem participar das reuniões de oração.

Em reuniões simultâneas em Louisville, Kentucky, houve 1.500 interessados, e mil se filiaram imediatamente à igreja. A imprensa logo relatou: "Foi o mais impressionante avivamento de que se tem notícia",[2] tendo quatro mil conversões reportadas na cidade. Cinquenta e oito dos principais estabelecimentos empresariais da cidade fechavam ao meio-dia para reuniões de oração. Em Danville, Kentucky, todas as empresas fechavam, e os gerentes e empregados participavam dos cultos como um só corpo. Em Paducah, Kentucky, os batistas do Sul relataram que Deus "enviou grande avivamento pentecostal"[3] que durou cinco meses. Uma só igreja reportou acréscimo de mil novos membros.

Muitos estados do Sul contavam sobre reuniões conjuntas de oração, evangelismo e grandes bênçãos. Na Flórida, os cultos de avivamento se multiplicavam, e eram chamados de "parte do poderoso mover que se alastra pelo mundo inteiro". O rev. Mordecai Ham, que mais tarde conduziu Billy Graham a Cristo, foi grandemente usado por toda a Flórida. Por todo o Sul, brancos e negros tiveram experiência igual de novo nascimento. Novamente, metodistas e batistas foram os que colheram mais convertidos. Houston reportou uma "onda gigante" de avivamento. As igrejas não estavam apenas lotadas, como também as casas de jogatina tinham fechado.[4]

Em Ohio e Michigan, houve relatos tais como: "Um espírito extraordinário de oração" caiu sobre uma congregação durante duas horas, "cinquenta igrejas foram movidas", "um despertar inusitado por muitos anos" e "a unção do Espírito foi derramada". Lansing documentou mil conversões, com os metodistas somando 740 novos membros. O distrito de Albion teve o acréscimo de mil pessoas, e Big Rapids ganhou 500 para Cristo.

Em um estado após outro do Meio-Oeste, metodistas e batistas relataram conversões, batismos e vitórias. Indianápolis teve reuniões de oração por avivamento em todas as igrejas. Em Chicago, realizavam-se reuniões de oração ao meio-dia. Centenas de pessoas foram acrescidas às igrejas nas cidades e nos arredores. Ministros e leigos reuniam-se para orar. Uma grande onda de avivamento alcançou muitas igrejas de Minneapolis. Em uma cidade de Minnesota, 1/6 da população da cidade professou ter se convertido.

No Oeste, uma campanha em Denver continuou durante duas semanas. O prefeito declarou um dia de oração e pediu que se fechassem todas as lojas.

FOGO DO AVIVAMENTO

A casa legislativa do Colorado adiou suas decisões para que os deputados pudessem participar das reuniões de oração. Todas as escolas estavam fechadas. Em Los Angeles, cem igrejas cooperaram em campanha simultânea, e mais de quatro mil interessados foram arrolados. Certa noite, quatro mil pessoas marcharam cantando pelas ruas até o Grand Opera House, sob forte chuva. Ajuntaram bêbados, arruaceiros, barulhentos zombadores e prostitutas para um poderoso culto.

Em Portland, Oregon, empresas chegavam quase a parar durante três horas, das onze da manhã às 14 horas. Mais de duzentas das principais lojas assinaram um documento concordando em fechar para que clientes e funcionários pudessem participar das reuniões de oração. Houve um despertamento geral por todo o Pacífico Noroeste.

CRESCIMENTO DA IGREJA

A maior denominação protestante dos Estados Unidos daquela época era a metodista, que incluía 1/3 de todos os membros de igrejas protestantes. Um editor assim resumiu:

> Grande avivamento alastra-se pelos Estados Unidos. Seu poder é sentido em todo canto de nossa ampla terra. O Espírito Santo convence as pessoas [...]. Tem-se manifestado novo grau de poder espiritual nas igrejas. O povo clama a Deus por ajuda [...]. Reuniões de oração regulares e cultos públicos parecem estar carregados de poder e convicção, de forma que o clamor dos penitentes e as orações por misericórdia se ouvem em lugares em que antes eram desconhecidas tais demonstrações [...]. É um verdadeiro avivamento.[5]

Os metodistas colheram 35 mil novos membros a cada ano, durante quatro anos, tempo que durou esse avivamento. Alguns anos mais tarde, realizaram uma campanha nacional para atingir dois milhões de novos metodistas, mas só conseguiram acrescentar uns poucos ao rol de membros. O avivamento faz o que os programas e campanhas humanas não conseguem fazer. Os presbiterianos relataram que 1905 foi o ano mais marcante de evangelismo jamais testemunhado.

Os batistas eram a segunda maior denominação norte-americana, tendo quase um 1/3 dos protestantes. Um jornal batista de âmbito nacional relatou: "As boas-novas do avivamento vêm de todos os lados [...]. Há surpreendentes respostas".[6] Em Missouri, batizaram dez mil pessoas, e em Oklahoma, cinco mil. As igrejas batistas do Colorado cresceram 10%, e os batistas de Oregon, 12%. A membresia de igrejas negras dobrou em diversos estados do Sul. Entre crentes batistas do Sul, houve o acréscimo de 25% no número de batismos em um só ano.

Os sobrepujantes resultados de avivamento foram sentidos também nos *campi* de universidades e escolas de ensino superior. Grupos estudantis de oração e de estudo bíblico multiplicaram-se. Milhares de estudantes se voluntariaram para missões. Na Faculdade Asbury, alguns estudantes do sexo masculino, incluindo E. Stanley Jones, realizavam reuniões de oração em um dormitório do alojamento estudantil quando o Espírito Santo desceu sobre eles. No dia seguinte, o Espírito foi derramado novamente sobre o culto regular na capela da Faculdade Asbury, e a intercessão passou a dominar. O avivamento espalhou-se pela faculdade e na cidade, continuando por muitos dias. Esse foi o primeiro entre vários avivamentos que ocorreram na Faculdade Asbury em um período de sessenta anos.

CAPÍTULO VINTE E NOVE
AVIVAMENTO NO MUKTI DE RAMABAI

O Espírito Santo deu um pesado fardo de oração a muitas pessoas em todo o mundo que pediam orações de avivamento no final do século 19 e nos primeiros anos do século 20.

Em 1891, o rev. R. J. Ward, um inglês que estivera no ministério e na obra missionária por vinte e sete anos, teve experiência de renovação na Convenção de Keswick, na Inglaterra. Retornou a Madras, no sul da Índia, em chamas por Deus e faminto por avivamento. Essa fome espiritual começou a aumentar entre os missionários, obreiros cristãos e outros por toda a Índia, sedentos de um avivamento poderoso do Espírito Santo.

Livros sobre o Espírito Santo começavam a ter uma larga circulação. A partir de 1895, o primeiro sábado do mês foi separado em Bombaim para oração. Congressos interdenominacionais de aprofundamento espiritual foram realizados em Mussoorie, no norte da Índia, e Ootacamund, no sul. Esses encontros tiveram grande frequência por parte de missionários e obreiros cristãos, focando o enchimento do Espírito e como obtê-lo.

Em 1897, os líderes do Movimento Voluntário Estudantil conclamaram um dia de oração por toda a Índia, encorajando todos a orar por grande despertamento. Em 1898, o rev. Ward chamou para outro dia de intercessão. Daquele dia em diante, este tornou-se um evento anual. Até 1902, Ward tinha dado início a um movimento de oração por missionários de todas as denominações. Logo, mais de oitocentas pessoas estavam orando por um derramar do Espírito.

Em 1892, um missionário presbiteriano dos Estados Unidos embarcou rumo à Índia, recebendo nova plenitude do Espírito Santo, e logo fundou uma comunidade de oração em favor do reavivamento e da obra de Deus no norte da Índia. Este foi John Hyde, que com o tempo foi conhecido como *Praying Hyde* [Hyde que ora].

Até o fim do século, os círculos de oração se espalharam desde a Índia até a Grã Bretanha, Estados Unidos e Austrália, multiplicando a intercessão em prol da Índia. Em Melbourne, durante anos pastores e leigos gastaram a tarde de cada sábado em oração pedindo avivamento ali e em todo o mundo.

AVIVAMENTO NO MUKTI DE RAMABAI 161

Depois da semana de oração de 1899 no Instituto Bíblico Moody, em Chicago, as reuniões regulares de oração por avivamento mundial continuaram, passando a ser realizadas aos sábados. Havia pelo menos trezentas pessoas presentes a cada sessão, e às vezes as orações continuavam a noite toda. Antes de falecer, em 1899, o próprio Moody, desejava ver o avivamento. Sua influência foi tão grande que essas reuniões de oração se espalharam por toda a Índia e partes longínquas do mundo, como o sudeste asiático, a África e a América Latina.

Em 1902, na Convenção de Keswick, Inglaterra, cinco mil crentes concordaram em realizar círculos de oração pedindo o derramar do Espírito no mundo inteiro. Grupos de oração logo se formaram por toda a Índia e se espalharam para lugares distantes do mundo. Houve uma revitalização dos estudos bíblicos em muitos postos missionários da Índia. Os cristãos indianos demonstravam renovado espírito de fé, obediência e sacrifício pessoal.

UMA MULHER DE DEUS

Pandita Ramabai, brilhante e famosa reformadora social indiana, tornou-se nominalmente cristã, mas só se converteu, de forma maravilhosa, em 1891. Ela havia construído um centro para viúvas indianas, sentindo especialmente o fardo de oração pelas viúvas, bem como os órfãos mais jovens, muitos dos quais vinham ao posto como vítimas de grande fome. Em 1898, ao visitar a Convenção de Keswick, Ramabai implorou aos quatro mil presentes que orassem pelo avivamento e pela evangelização na Índia. Em 1901, ela tinha cerca de duas mil meninas e moças em sua instituição, que se chamava *Mukti* (libertação pela salvação), perto de Pune, ao sul de Bombaim.

Ramabai sentia forte necessidade de avivamento entre as viúvas jovens na Índia e por todo o mundo. Durante mais de cinco anos, Ramabai desafiou seus amigos por meio de sua revista, o *Mukti prayer bell* [O sino de oração de Mukti]. De 1899 em diante, passou a gastar grande parte de seu tempo em jejum e oração. Em setembro de 1901, começou uma reunião de oração especial pedindo o derramar do Espírito. Houve muita bênção em dezembro e janeiro, e 1.200 de suas meninas do Mukti foram batizadas. Todas professaram aceitar Cristo, e muitas realmente nasceram de novo. Em julho de 1902, Deus enviou três semanas de verdadeiro avivamento ao Mukti, e cerca de seicentas pessoas foram salvas. Em 1903, Ramabai ouviu falar das bênçãos do avivamento na Austrália, ligadas à campanha de Torrey-Alexander. Mandou a sua filha até lá para angariar apoio em oração pela Índia entre as centenas de novos círculos de oração que foram formados.

Em dezembro de 1904, Ramabai teve a notícia do avivamento de Gales, e sua fome por um derramamento do Espírito se intensificou. Começou com círculos de oração de dez moças em cada círculo, para que orassem pela

162 FOGO DO AVIVAMENTO

salvação de todos os cristãos nominais na Índia e ao redor do mundo. No começo, havia setenta pessoas em seus grupos de oração. Chamou outras pessoas a iniciarem círculos de oração entre amigos e mantenedores, dando a cada um uma lista de nomes de moças e senhoras não salvas por quem orar. Dentro de seis meses, havia 550 pessoas no Mukti, reunindo-se duas vezes ao dia para orar.

AVIVAMENTO NO MUKTI

Enquanto esses grupos ansiavam por avivamento no oeste da Índia, Deus fazia obra semelhante no nordeste da Índia, nos montes Khasi de Assam. Ramabai teve notícias do derramar do Espírito em Assam e do testemunho evangelístico que se seguiu. Ela pediu voluntárias entre as moças do Mukti, no sentido de que abrissem mão de seus estudos seculares para ir aos vilarejos pregar o evangelho. Trinta jovens se dispuseram e se reuniam diariamente para orar pela concessão do Espírito Santo. Depois de alguns dias de oração, em 29 de junho de 1905 o Espírito Santo veio sobre um grande grupo de moças, com choro, confissão de pecados e orações por poder.

Uma das trinta voluntárias estava tão espiritualmente inflamada que as outras moças tiveram uma visão em que o fogo a cercava e engolia. Uma delas atravessou correndo a sala para pegar um balde de água a fim de apagar o fogo, somente para descobrir que o fogo, embora visível, não se constituía num fenômeno físico. Era o fogo do Espírito, tal como no tempo do Antigo Testamento e em Pentecostes.

No dia seguinte, 30 de junho, enquanto Ramabai ensinava acerca de João 8, o Espírito desceu com poder. Todas as mulheres e meninas começaram a chorar, confessar seus pecados e orar pela plenitude do Espírito Santo. As moças foram abatidas pela convicção do pecado enquanto estudavam, assistiam às aulas na escola industrial ou trabalhavam. As aulas foram suspensas, e todo o Mukti passou a buscar Deus. Duas jovens foram de tal modo tomadas que oraram horas a fio, até o rosto delas brilhar com luz celestial.

Logo que as meninas se arrependeram e receberam segurança do perdão de seus pecados, começaram a orar por santificação e batismo do Espírito Santo. Sondavam o coração diante de Deus até ele mostrar as suas impurezas. Muitas tiveram visões do "corpo de pecado" dentro delas. Testificaram que o Espírito Santo entrara em sua vida com "santo ardor", a que chamavam batismo de fogo, quase insuportável. Então as moças foram inundadas de paz e alegria até o rosto irradiar a glória de Deus.

"Uma menina pequena, de 12 anos de idade, está rindo constantemente — o seu rosto comum, até mesmo feio, está lindo e radiante. Ela não sabe disso. Está ocupada com Jesus. Pensa-se ver o rosto de um anjo. Algumas pessoas dizem que o Senhor Jesus teria sido visto por [...] uma moça cega. Todos falam da sua volta. Uma cantava hinos à medida que os compunha — lindos hinos com melodias indianas."[1]

O avivamento teve início na Índia em 30 de junho de 1905. Espalhou-se pelo país todo até Pune, Bombaim, Yeotmal, Manmad, Hoshangabad, Ratnagiri, Dhond, Allahabad, Aurangabad e cidades em Gujarat.

ONDAS DE ORAÇÃO

Outro relato do avivamento do Mukti diz:

> É o maravilhoso espírito de oração que tem sido mais evidente. Ondas de oração passam sobre os cultos como trovões rolando, e só se ouvem poucas vozes, para então surgir novamente, aumentando em intensidade; noutras ocasiões, continua por horas a fio.
>
> Nessas horas, geralmente algumas pessoas confessam seus pecados, muitas vezes chorando amargamente, o que é doloroso de ouvir. Parece tão grande o conflito que elas parecem estar quase fora de si. Lembra as narrativas dos Evangelhos, quando nosso Senhor expulsava os maus espíritos; na verdade, maus espíritos estão sendo expulsos. No começo, há muita coisa que não podemos entender, mas crescemos por sua graça na obra e aprendemos a discernir entre o falso e o verdadeiro por meio de sinais externos, como também pelo ensino interno do Espírito. Satanás falsifica tudo que o Senhor faz e está trabalhando muito para impedir e estragar a obra de Deus, porém ele é um inimigo já vencido!"[2]

No começo, Ramabai não quis que se contasse a história do avivamento, temendo que a publicidade viesse a impedir a obra do Espírito. Porém, o Espírito Santo a convenceu de que ela precisava espalhar a notícia para encorajamento e bênção de outras pessoas. Duas semanas depois, Ramabai levou consigo sua banda de ajudadoras cheias do Espírito para iniciar uma série de reuniões na região de Pune, a fim de alcançar cristãos indianos. Mensagens diárias foram ouvidas por indianos, europeus e soldados britânicos, incluindo cristãos e não cristãos. Ramabai exaltava a cruz de Cristo. Os maiores resultados visíveis dessas reuniões apareceram entre os alunos dos orfanatos e das escolas em Pune que receberam permissão para assistir. Órfãos da fome tinham sido abrigados nessas instituições, e o Espírito Santo operou poderosamente em seu meio.

As bandas de oração de Ramabai foram então enviadas a outros lugares, para ministrar aos órfãos da fome. Elas visitavam escolas e postos missionários de diversas denominações, e em muitos lugares houve um profundo avivamento. No próprio Mukti despendia-se diariamente um período especial de

164 FOGO DO AVIVAMENTO

estudo bíblico. Quem visitava o Mukti dizia que nunca haviam estado em um lugar onde se dedicava tanto tempo ao estudo bíblico e à oração.

Cerca de setecentas residentes do Mukti sentiram o chamado para continuar testemunhando e, assim, dedicaram-se à oração e ao estudo da Palavra de Deus. Essas mulheres e moças começaram a visitar os vilarejos das redondezas, onde cantavam, liam a Bíblia e oravam com os habitantes. Todo dia, um grupo de sessenta pessoas saía, e elas se revezavam. Cada voluntária tinha oportunidade de evangelizar a cada doze dias. O dia começava com uma longa reunião de oração. As que não saíam naquele dia continuavam orando especialmente por aquelas que saíam.

Vieram missionários de todas as partes da Índia para ver pessoalmente o avivamento e ouvir a respeito de sua ocorrência. Muitos foram tremendamente avivados com a experiência e testemunhavam ter recebido um novo "batismo de fogo". Cristãos indianos também vinham ao Mukti em busca de nova bênção.

Um conhecido missionário de outra região da Índia trabalhava com "os Irmãos" havia dezesseis anos. Depois de passar dezessete dias no Mukti observando, escreveu:

> Havia uma fome, verdadeiramente dolorida, por uma participação nesta visitação de Deus; vergonha, amarga vergonha pela ignorância, depois de tantos anos de vida cristã, a respeito do que significava essa obra de oração, prevalecer em oração, ficar inundado pela oração, como aqui era visto em tantas meras crianças; então havia um senso de maravilhamento, cheio de louvores, com as sublimes maravilhas da graça.
>
> Meninas pequeninas ficavam absortas por horas, arrebatadas pelo amor e louvor a Jesus; jovens cristãos consideravam raro privilégio gastar tantas horas seguidas em orações intercessoras por pessoas que jamais viram ou conheceram [...]. Em determinado culto, passamos juntos dezessete horas; no dia seguinte, mais de quinze horas se passaram antes que a reunião terminasse com grande alegria, com cânticos de louvor que as vozes roucas conseguissem entoar. A obra continua. Agora passaram-se onze meses desde o início dessa bênção; no entanto, enquanto estávamos no Mukti, víamos diariamente almas buscando e encontrando, saindo tão plena e definitivamente abençoadas que era quase impossível de suportar, enchendo a boca de riso e a vida de alegria.
>
> Estamos transbordando de louvor por Deus nos haver permitido ouvir tais sons na Índia — almas em agonia, chorando amargamente, com comoventes pedidos, buscando o Senhor. Os corações transbordam de alegria em Jesus, abandonados ao luxo de agradá-lo,

sentados no chão ou ajoelhados, alheios a tudo mais que acontece ao redor, com mãos postas e rosto voltado para cima, brilhando de amor, Ao mesmo tempo cercadas e isoladas da multidão, com *ele,* trocando as mais santas confidências de afeição. Isto é adoração, o culto que o Pai procura, e é uma das visões mais lindas que se pode conceber fora do céu. Quando algumas centenas são arrebatadas e só podem cantar "Aleluia! Aleluia ao Cordeiro" até não mais poder, com certeza Deus está com os seus, e o seu coração se refrigera.[3]

O dr. Nicol MacNicol, estudioso biógrafo de Ramabai, relata que aqueles que pareciam receber tanta bênção emocional na época do avivamento continuavam a ter uma firme vida piedosa mesmo vinte anos mais tarde.

CAPÍTULO TRINTA
A ORAÇÃO TRANSFORMA O CENTRO E O NORTE DA ÍNDIA

Em agosto de 1905, por meio das bandas de oração das meninas do Mukti, o fogo do avivamento varreu o centro da Índia até a Missão da Igreja Metodista Livre de Yeotmal. A missão fechou suas escolas para orar por avivamento. Em seguida, o fogo do avivamento saltou para as igrejas metodistas de Bombaim e, então, para igrejas e escolas de outras denominações. Em seguida, o avivamento atingiu a parte central da Índia, chegando à Missão Inglesa dos Amigos [quacres] em Hoshangabad. Houve confissão de pecados e restituição. Em janeiro de 1906, a bênção estendeu-se para outros centros quacres da região.

Na área de Maharati, em Khudawandpur, as notícias do avivamento do Mukti impactaram o orfanato de meninos. Quando um menino cego se converteu, muitos do orfanato debocharam. Um missionário ali passou a noite inteira em oração. De manhã, ele entregou a mensagem em língua marathi, pregando sobre Isaías 28.14: *Ó zombadores* [...] *ouvi a palavra do SENHOR.* Profunda convicção da parte do Espírito Santo veio sobre os ouvintes, e, durante cinco ou seis dias, missionários e indianos humilharam-se perante Deus em profundo arrependimento. Veio então o avivamento, que se estendeu aos orfanatos vizinhos de Bhaisdehi e Chikalda.

Grupos de moças do Mukti viajavam de lugar em lugar, atravessando Maharashtra. Continuaram orando por várias semanas, e logo outras pessoas se uniram a elas, e as portas do avivamento se abriram. Reinava um espírito de confissão, e durante toda uma semana cristãos e não cristãos igualmente confessaram seus pecados e receberam nova vitória em Cristo. Todos cantavam cânticos de santa alegria e começaram um renovado alcance aos não cristãos a seu redor.

As bandas de oração do Mukti continuavam a visitar as vilas e cidades por todo o centro da Índia. De um lugar a outro, veio fogo do avivamento, com extraordinária convicção do pecado, confissão, restituição, reconciliação, restauração, oração e um novo impetuoso evangelismo por parte dos crentes.

A ORAÇÃO TRANSFORMA O CENTRO E O NORTE DA ÍNDIA   167

A Sociedade Missionária da Igreja Anglicana em Aurangabad pediu a visita de uma banda de oração do Mukti. A igreja local foi avivada, assim como foram renovados cinquenta pregadores reunidos provenientes de onze igrejas. Uma moça de Bombaim estava visitando Aurangabad e levou as chamas do avivamento consigo para a sua escola.

Em 1906, o avivamento chegou no trabalho da Aliança Cristã e Missionária em Gujarat. Certo domingo, Deus começou o avivamento durante uma reunião de oração. Meninos órfãos, renovados pelo Espírito, dirigiam reuniões de oração espontâneas até a meia-noite. Havia dias e noites de oração, arrependimento, confissão e restituição, e uma onda de evangelismo surgiu, espalhando-se por todos os vilarejos ao redor durante alguns meses.

UM HOMEM DE ORAÇÃO

Desde o momento em que o rev. John Hyde ficara cheio do Espírito, pouco depois de chegar à Índia em 1892, ele começou a dar ênfase especial à oração em sua vida. A região do Punjab, onde Hyde trabalhava, era praticamente estéril quanto a conversões. Imediatamente, Hyde começou a orar por avivamento. Mas demorou doze anos antes que ele visse resposta a suas orações. Hyde continuou depositando a oração no banco do céu. Em 1896, sentiu que Deus havia concedido seu pedido de "ser verdadeiro Israel, lutando com Deus, um príncipe que prevaleceu".[1]

A missão presbiteriana reunia-se para orar todos os sábados, pedindo o derramar do Espírito Santo sobre eles. Antes de 1899, Hyde já começara a passar noites inteiras em oração. Ele sentia fortemente que a oração era a única esperança para resultados na Índia. Onde quer que falasse, expressava seu profundo desejo de comunicar a necessidade de todos os envolvidos no trabalho missionário estarem cheios do poder do Espírito Santo.

Em abril de 1904, Hyde e vários outros missionários fundaram a União de Oração do Punjab, cujo propósito era orar por avivamento e colheita na região do Punjab e toda a Índia. A cada membro dessa União de Oração solicitou-se que respondesse às seguintes perguntas:

1. Você ora por despertamento em sua vida, na vida de seus colegas de trabalho e na igreja?

2. Você anseia por maior poder do Espírito Santo em sua vida e em seu trabalho e está convicto de que não pode continuar sem esse poder?

3. Você orará pedindo para não se envergonhar de Jesus?

4. Você crê que a oração é o maior meio de obtenção desse despertamento espiritual?

168   FOGO DO AVIVAMENTO

5. Você separará meia hora por dia logo após o meio-dia, quanto possível for, para orar por esse despertamento? Está disposto a orar até que o avivamento venha?[2]

A CONVENÇÃO DE SIALKOT

Fez-se uma convocação geral por toda a Índia para que os obreiros cristãos se reunissem no final de agosto de 1904 em Sialkot, na região do Punjab, no centro da Missão Presbiteriana Unida. Um mês antes do início da convenção, John Hyde, R. M'Cheyne Paterson e George Turner passaram dias e noites em oração. Na convenção, havia duas salas de oração, uma para as mulheres e outra para os homens. Uma vez iniciada a convenção, essas salas jamais ficavam vazias. Muitos indianos também se reuniram nas salas de oração, alguns passando noites inteiras em intercessão.

Cada vez que Hyde participava de uma convenção de Sialkot, quase não dormia, passando boa parte do seu tempo na sala de oração. Na primeira convenção, começou um espírito de avivamento, e houve humilde confissão de pecados, acerto de contas com Deus e com o próximo e nova liberdade em Cristo Jesus. Na convenção de 1908, John passava noite e dia na sala de oração. Foi o seu monte da transfiguração.

Começou o avivamento. Os missionários, que até aquele momento, tinham sido "bons", passaram a ser *poderosos*. Com frequência, Hyde jejuava até a exaustão total de sua força física. Deus colocou nele o fardo para orar em favor de um mundo fustigado e preso pelo pecado no coração das pessoas.

Frequentemente, tanto nessa convenção quanto em outras posteriores, Hyde e Paterson, após orar a noite toda, passavam o dia jejuando. Em determinado culto, John Hyde ficou de pé diante do povo e disse três palavras em urdu e em inglês: "Ó Pai celeste". Uma grande maré de bênção inundou o culto. Os corações foram aquecidos, foi feita confissão aberta das derrotas e pecados, e muitas pessoas obtiveram vitórias.

Deus mandou avivamento a uma escola presbiteriana para moças onde Mary Campbell ministrava. O Espírito Santo trouxe verdadeiro arrependimento e confissão de pecados. Depois, o espírito de avivamento tocou o seminário teológico. Depois da Convenção de Sialkot, chegaram visitantes a Ludhiana, e Deus concedeu ali avivamento na escola masculina.

Até 1906, havia 1.300 pessoas presentes na Convenção de Sialkot, incluindo setenta missionários. Noite e dia fazia-se intercessão. Deus começou a enviar o avivamento a outros distritos da Missão Presbiteriana Americana. Entre novembro de 1905 e novembro de 1906, as áreas de Fatehpur e Fatehgarh relataram muitas profissões de fé e pessoas recebendo o Espírito Santo.

ECOS DE SIALKOT

Os toques das bênçãos do avivamento foram relatados no acampamento da Igreja da Escócia em Kathala, no Punjab. As descrições falam de um Movimento do Povo no Punjab, com 1.500 interessados se manifestando; um despertar em Jammu, na Caxemira, um avivamento em Dehra Dun, em Landour, e em Almora, no sopé da cordilheira do Himalaia.

Em outubro de 1905, depois de dois anos de muita oração, veio avivamento à congregação da Sociedade Missionária da Igreja em Meerut, na região densamente povoada no norte de Uttar Pradesh. Em fevereiro de 1906, o avivamento começou na Escola Metodista para Moças em Moradabad. As meninas de uma escola oravam pelos meninos de outra escola, e muitos meninos se converteram enquanto ainda estavam deitados em sua cama nos dormitórios. O bispo Warne, da Igreja Metodista, relatou que duzentos jovens assumiram o compromisso de ingressar no ministério cristão.

Uma igreja metodista híndi em Allahabad estava em deploráveis condições espirituais. Pediram oração a alguns dos grupos de oração. De repente, numa reunião de oração de meio de semana, veio sobre todos os presentes uma profunda convicção do pecado. O pastor indiano não conseguia terminar o culto. Anunciou cultos especiais, e estes continuaram por várias semanas. A igreja foi completamente transformada: antigos problemas foram resolvidos, inimigos se reconciliaram, e o evangelismo se estendeu. Na conferência distrital seguinte, o avivamento espalhou-se para outras congregações metodistas e postos missionários.

Walker de Tinnevelly dirigiu reuniões em Agra em 1906, obtendo bênçãos tremendas. Em Calcutá, o rev. D. H. Lee reuniu um grupo para um dia de jejum e oração em 9 de fevereiro de 1906, e cinco dias depois veio o avivamento. A casa ficou repleta de gente orando, chorando e confessando seus pecados. Houve muitas conversões maravilhosas. Alguns rapazes de Bengala formaram um grupo evangelístico que viajava pelos vilarejos.

Veio o avivamento à Sociedade Missionária da Igreja no distrito de Nuddea, em Bengala, e em Santal, na mesma região. Um missionário relatou que em Mihijam, Jamtara e Karmatur houve um avivamento que suplantou tudo o que já vira em dezoito anos de serviço missionário. A Sociedade Missionária de Londres relatou muitos avivamentos em Bengala, incluindo as cidades de Calcutá e Moorshidabad.

Conquanto os missionários estivessem grandemente envolvidos no avivamento em todo o norte da Índia, os líderes quase sempre eram o próprio povo indiano. Seguindo cada avivamento, havia grandes Movimentos do Povo nas igrejas. Os presbiterianos batizaram onze mil pessoas em quatro anos. Em Fatehgarh, no ano de 1904, havia 1.200 cristãos e, em 1909, seis mil. O número de cristãos no Punjab quadruplicou, de 37.695 para 163.994. Durante a década do avivamento na Índia, a população cristã aumentou 69,9%, dezesseis vezes mais do que o aumento que houve na comunidade hindu.

Trezentas pessoas participaram da primeira Convenção de Sialkot; na segunda convenção, a assistência foi de mais de 1.300 pessoas, além de setenta missionários. As convenções de Sialkot continuaram sendo realizadas anualmente durante muitas décadas. Aqui e acolá, os ecos do avivamento foram ouvidos em lugares distantes do norte da Índia. O avivamento atingiu Jammu, na Caxemira, Dehra Dun, Almora, Mussoorie, Meerut, Lucknow, Moradabad e Allahabad. O número de evangelistas e obreiros indianos dobrou entre 1900 e 1905, e dobrou novamente entre 1905 e 1910.

CAPÍTULO TRINTA E UM
UM ANO DE BÊNÇÃO NO SUL DA ÍNDIA

Quando as notícias do avivamento no norte da Índia chegavam ao estado de Tamilnad em 1905, muitos na grande cidade de Madras e por todo o estado começaram a orar por um derramar do Espírito Santo. Uma conferência missionária fez um chamado de oração e declarou que o avivamento já havia começado. O pastor indiano da Igreja Anglicana de Sião em Madras relatou: "Estou passando por nova experiência espiritual, que não posso explicar em palavras. Tenho medo da ideia de falar a respeito das grandes e maravilhosas coisas que o Espírito de Deus está começando a fazer como aquilo que conhecemos como *o avivamento*".[1] As reuniões eram realizadas todas as noites e manhãs no Salão Memorial. O mesmo derramar do Espírito foi sentido em vários lugares de Madras.

Em Coimbatore, os missionários da Igreja dos Irmãos tiveram sua conferência anual, assistida por pessoas de várias partes da Índia. No "partir do pão" do domingo pela manhã, o Espírito Santo veio sobre várias pessoas "em grande poder, fazendo que chorassem de dor pelos pecados da igreja".[2] Deus deu um espírito de humilhação e confissão. Erros foram corrigidos, comportamentos questionáveis foram abandonados, e irmãos afastados foram reconciliados. O culto durou até 4 horas da tarde. Naquela noite, muitos pecadores foram convencidos dos pecados. Os crentes reuniram-se, continuando a se humilhar diante de Deus e confessando seus pecados. O culto de comunhão foi realizado até as 3 da manhã do dia seguinte. Todos se regozijaram com renovado senso do perdão de Deus.

Handley Bird, conhecido missionário dos irmãos, escreveu: "Deus veio a Coimbatore, e estamos como quem sonha. Nossa boca está literalmente cheia de risos, a língua cheia de cânticos".[3] Às vezes, a agonia de alma e o choro dos quebrantados eram mais do que algumas pessoas podiam suportar. O louvor por libertação e surpreendentes pedidos de oração aconteciam ao mesmo tempo. Bird lembrou de Esdras 3.13: *... não se podiam distinguir as vozes do júbilo das vozes do choro do povo, pois os gritos do povo eram muito fortes e o som se ouvia de longe.*[4] Uma reunião assim não era acontecimento comum entre os Irmãos. Mas no avivamento de 1905 Deus operou poderosamente.

O avivamento em outro posto missionário dos irmãos foi relatado por Florence Bird.

> Uma moça (Rupli) estava em transe, totalmente inconsciente, e o Senhor falava por meio dela na primeira pessoa, por exemplo: "Como eu salvei a minha filha Rupli, também salvarei você". O uso da Palavra foi maravilhoso, maravilhoso. Citava-se uma passagem após outra, lia-se capítulo após capítulo. Foram confissões, choro, cânticos de vitória, clamores, intercessão a Deus por outras pessoas [...]. Era terrível testemunhar esse sofrimento em oração.[5]

Em Madurai, o dr. John P. Jones, missionário de outra denominação, disse que eles nunca esperavam que os indianos experimentassem convicção espiritual tão profunda quanto acontecia em outros países. "Esta onda de avivamento abriu nossos olhos para nosso erro nessa questão, pois em nenhum outro povo testemunhamos cenas de maior agonia e desespero por profunda convicção do que na Índia". Jones disse que em Pasumalai as reuniões duravam horas, e os cristãos choravam sob profunda convicção do pecado, seguidos de bênçãos inauditas "por aqueles que entraram na plenitude da vida cristã".[6] Praticamente todos os estudantes do seminário teológico tiveram a experiência renovadora.

A Sociedade Missionária de Londres relatou de Nagercoil que os jovens que antes tinham sido terror e desgraça estavam agora completamente transformados, vivendo uma vida santa. O avivamento chegou à Missão Luterana Dinamarquesa. A Missão Reformada, dirigida pelo renomado dr. Ida Scudder, também reportou avivamento com "grande quebrantamento e convicção do pecado e as manifestações do Espírito que usualmente os acompanhavam".[7] Os metodistas wesleyanos reportaram avivamento em Chitoor, que resultou em paixão por ler a Bíblia e orar. O avivamento chegou à igreja tâmil nos campos de ouro de Kolar.

Amy Carmichael, junto com muitas outras pessoas, estava orando, desejosa de nova visitação do Espírito Santo sobre toda a Índia, como a que acontecera em Gales e nos montes de Khasia. Em 22 de outubro de 1906, "Jesus veio a Dohnavur". No fim do culto matutino, Amy foi compelida a parar de falar, vencida pela presença de Deus. Era impossível até mesmo orar. Uma das crianças mais velhas da escola de meninos tentou orar, mas caiu em pranto, como também as demais crianças. Choraram amargamente, orando pedindo perdão. Essa tristeza então se espalhou entre as mulheres.

"Foi tão surpreendente, tão terrível", escreveu Amy Carmichael. "Não posso usar outra palavra, pois os detalhes me fogem. Logo a metade superior da igreja estava de rosto em terra, clamando a Deus, cada menino e menina, homem e mulher, sem dar atenção às outras pessoas à sua volta. O som era de ondas ou vento forte nas árvores. Não se ouvia nenhuma voz específica. Jamais eu tinha ouvido falar disso entre o povo tâmil. É claro que sabíamos que ao norte isso acontecera, mas nosso povo tâmil é tão impassível e nada emotivo. Nunca ouvi que algo assim pudesse ocorrer."

Não cristãos acorreram à igreja para olhar pelas portas e janelas, mas nada fazia o povo parar de orar. A oração continuou com apenas curto intervalo em mais de quatro horas. Disse Amy: "Passaram as horas como se fossem minutos". Por duas semanas, "a vida nos foi proporcionada como fora aos apóstolos quando se entregaram à oração e ao ministério da Palavra. Todo o resto teve de ficar de fora".

Meses mais tarde, Amy Carmichael relatou que quase todas as crianças realmente tinham se convertido "de todo o coração" e que a maioria dos obreiros fora totalmente avivada. Desviados foram restaurados. Houve conversões notáveis na vila, e os crentes "foram despertados para andar em novidade de vida". Ela acrescentou: "Por todas essas coisas, louvamos a Deus [...]. Vimos o bastante para nos dar fome de ver mais".[8]

De Tamilnad, vieram relatos de mais oração, confissão contínua dos pecados, restituição e vidas transformadas, seguidas por profundo fardo de alma pela salvação de amigos e vizinhos. De Dohnavur e outros lugares bem ao sul, chegaram relatos de reuniões de oração lotadas, muito choro e confissão de pecado e muitas conversões.

CONVERSÕES NO ESTADO DE KERALA

Um capitão do Exército de Salvação conduziu um convertido tâmil a nova vida cristã vitoriosa. Esse novo convertido, V. D. David, ficou conhecido como Tamil David. Em 1892, ele e um missionário, L. M. Wardsworth, foram convidados a dirigir reuniões em Kerala central. Deus mandou grande avivamento com "as manifestações adicionais usuais de confissão de pecados, grande quebrantamento e choro e testemunho público de fé em Cristo".[9] Dez mil pessoas se converteram a Cristo em três meses. No maior culto, 25 mil pessoas reuniram-se em Maramon em 1895, ocasião em que foi fundada a Convenção de Maramon.

Em 1900, Titus Mar Thoma, da Igreja de Mar Thoma [Igreja de São Tomé], convidou o rev. Thomas Walker de Tinnevelly para evangelizar em Kerala. O ministério de Walker provocou grande sede espiritual e expectativa pelo avivamento. Quando a notícia do avivamento de Gales chegou a Trivandrum, manifestou-se profundo interesse, e crentes tornaram-se "obcecados" por orar em favor de um derramamento do Espírito. Em 23 de julho de 1905, em Kottayan, proclamou-se um dia especial de intercessão por avivamento em todo o mundo, e durante quatro meses realizaram-se diariamente reuniões de

174 FOGO DO AVIVAMENTO

oração por avivamento em toda a Índia. Em Kunnankulam, um anglicano de Malayali relatou a respeito dos avivamentos no País de Gales. Dali em diante, reuniões diárias de oração foram realizadas naquela cidade, com intensidade crescente. Em Cochin, os anglicanos realizavam reuniões diárias de oração. Muitas pessoas, de todas as denominações, incluindo anglicanos, congregacionais e cristãos de São Tomé, estavam famintos e esperavam pelo avivamento.

De fato, o avivamento já havia começado em Trivandrum, sob a ministração de três dias do Exército de Salvação. Trezentas pessoas manifestaram interesse nesses três dias, e Deus vivificou espiritualmente as igrejas locais. As bênçãos espalharam-se para congregações rurais, e centenas de pessoas foram acrescentadas às igrejas.

A Sociedade Missionária da Igreja chamou o avivamento de "surpreendente obra espiritual".[10] Isso levou milhares de pessoas a se tornarem membros ao longo de aproximadamente dois anos. A Igreja Mar Thoma [Igreja de São Tomé] dobrou no período de dez anos. Uma paróquia anglicana após outra reportava crescente poder espiritual. Punchamannil Mammen, convertido do avivamento sob Tamil David, foi chamado por Deus. Mammen começou a realizar reuniões caracterizadas por profunda convicção do pecado, choro, arrependimento e confissão. O povo acorria de outras cidades, e o avivamento estendeu-se para Alleppey, Niranam, Kattunilam e Venmoney.

No ano seguinte, Mammen pregou em muitas cidades de Kerala e em igrejas de língua malayalam em Madras. Arrependimento autêntico manifestava-se de forma prática, com confissão do pecado, restituição imediata, união e amor. Animosidades pessoais acabaram. Disputas foram resolvidas. Contendas nas congregações deixaram de existir. Antigos inimigos agora oravam juntos, formando grupos de oração que viajavam para os vilarejos vizinhos. Havia novo interesse em testemunhar, oração, união entre os cristãos e frequência à igreja.

Quanto a 1906, Walker de Tinnevelly escreveu:

> O ano que findou tem sido, em sentido muito especial, um ano de graça para a Índia [...]. Congregação após congregação foi inclinada pelo poder do Espírito Santo com profunda convicção e confissão de pecados. Por vezes, a solenidade e o poder eram quase doloridos, e muitas vezes ficávamos na igreja até meia-noite. As pessoas de uma congregação "avivada" seguiam-nos até os vilarejos adjacentes para darem seu testemunho ali, e os testemunhos deles falavam mais alto do que a nossa pregação.[11]

O avivamento que se iniciara em Kerala em 1905 durou até o fim da década, e havia relatos maravilhosos de avivamento e evangelismo abençoado por toda a Kerala e Cochin.

O ESTADO DE KARNATAKA VEM AO SENHOR

Em primeiro de janeiro de 1905, a Sociedade Missionária de Londres promoveu uma reunião especial de oração em Bellary. Apresentou-se ali um relato sobre o avivamento de Gales, e imediatamente profunda e intensa convicção do pecado pairou sobre o povo, resultando em confissão, reconciliação e restituição.

O avivamento espalhou-se para o pensionato de meninas, e noite após noite ouviam-se orações e louvores à meia-noite. Moças sob forte convicção do pecado chamavam a monitora-chefe para orar com elas.

Grupos de oração do Mukti de Pandita Ramabai chegaram a Belgaum. Logo o avivamento começado no orfanato de meninas espalhou-se para as igrejas locais. As moças do Mukti foram também a Bangalore, onde Deus concedeu os mesmos fenômenos de avivamento de oração intensa, profunda convicção do pecado e confissão, seguidos de maravilhosas conversões. Foram relatados avivamentos nos garimpos de Kolar e de Tumkur. Missionários congregacionais reportaram a expulsão de demônios enquanto os membros de um grupo de oração oravam. Como resultado, os habitantes dos vilarejos ficaram impressionados com o Deus dos cristãos que tinha tanto poder e "corriam em bandos para instrução na fé".[12] Toda a atitude da vila foi mudada, resultando em um movimento de toda uma casta em direção a Cristo.

De 1905 em diante, os metodistas americanos regozijaram-se com os resultados de um Movimento do Povo entre as pessoas das castas inferiores. Quatro mil em 1905 passaram a quarenta mil em 1925. Havia Movimentos do Povo em Sholapur e Rachur, e os luteranos alemães da Missão de Basileia, perto de Bangalore, fizeram grande colheita. Muitos da Índia dravidiana (sul da Índia) compartilharam o despertamento de 1905 — telegus, tâmils, malayalis e kanareses. Esse despertamento de 1905 foi ainda mais forte no sul da Índia do que no norte.

TRINTA E DOIS

AVIVAMENTO NO ESTADO DE ANDHRA

As notícias sobre o avivamento nos montes de Khasia no nordeste da Índia encorajaram os batistas em Andhra Pradesh na costa sul da Índia a orar com maior afinco pelo avivamento. Em 1905, sob a pregação do evangelista S. E. Morrow, três vilarejos no distrito de Akidu, Andhra, experimentaram um aperitivo das bênçãos do avivamento. O Espírito Santo trouxe a muitos uma profunda convicção do pecado e a necessidade de confissão. Os habitantes dos vilarejos não conseguiam dormir e não tinham paz até que recebessem de Deus o perdão. Dez meses mais tarde, o pleno avivamento começou.

Num domingo, em 11 de agosto de 1906, Deus enviou avivamentos simultâneos a Akidu e Yellamanchili. Os cultos duravam cinco a dez horas e, às vezes, mais que isso. "Não há ordem de culto, nenhum líder, nenhum sermão em reunião alguma, exceto a ordem divina do Espírito conforme ele dirige. Nota-se que não existe instrumento humano nesta maravilhosa visitação. Nós, missionários, não temos participação, exceto em oração, e no começo nem isso fizemos em público".[1] No dia em que o avivamento começou nesses dois centros, o secretário da Junta Batista de Missões Estrangeiras e dois missionários batistas estavam orando com profundo sentimento de fardo e lágrimas em um cenáculo em Toronto, pedindo despertamento nessa parte do campo de Telegu.

TROVÃO DO CÉU

Certa noite, em Nellore, a igreja de Telegu concordou em orar toda noite até que viesse a bênção do avivamento. Em determinada tarde alguém estava orando quando "o Espírito desceu com poder", disse o dr. David Downie. "Houve um ruído como de trovão distante e, simultaneamente, um clamor saiu de toda a congregação. Alguns choravam, outros clamavam, todos confessavam seus pecados e imploravam a misericórdia do Senhor. A oração que prevalece continuou até tarde da noite."[2] Aconteceram os fenômenos típicos do avivamento. Algumas moças entraram em transe, inconscientes de qualquer coisa que acontecia ao seu redor, falando com uma pessoa que não se podia enxergar.

AVIVAMENTO NO ESTADO DE ANDHRA   177

Pensando que as moças necessitavam de descanso, o dr. Downie tentou terminar a reunião cantando a doxologia e dando a bênção apostólica, mas ninguém se mexeu. Uma moça levantou e disse: "Vamos orar". Eram 22 horas, e o culto estendeu-se para muito depois da meia-noite. Noutra noite, o dr. Boggs tentou encerrar o culto, com o mesmo resultado.

Assim começou o avivamento na igreja de Nellore e nos internatos, espalhando-se então para as igrejas dos vilarejos. Foi especialmente evidente a direção do Espírito Santo nas reuniões de oração e louvor. As escolas dominicais também mostravam verdadeiro avivamento. Depois que esse tempo de avivamento passou, a diretora da escola relatou que as moças cristãs não brigavam mais. Fez-se restituição por males causados e coisas roubadas, e pequenos tesouros valiosos, como joias, foram entregues a Deus como oferta voluntária para sua obra.

Em Ramapatnam, onde ficava o seminário, não foi relatado nenhum fenômeno incomum de avivamento. Em vez disso, houve calma e substancial obra da graça entre os estudantes do seminário, bem como os alunos do internato.

OS RELATOS TRAZEM AVIVAMENTO

James A. Baker, missionário por quarenta anos, reportou de Ongole que alguns folhetos de Telegu que descreviam o grande avivamento no País de Gales foram distribuídos, sem comentários, a alguns dos pregadores. Eles nunca haviam ouvido falar de tal avivamento e começaram a fazer perguntas a respeito. Não tinham orações conjuntas e não esperavam por nada incomum. De repente, numa tarde de domingo, durante o culto semanal em inglês dos alunos do ensino médio, todos que estavam ali sentiram a presença do Espírito de Deus.

Os missionários choravam. Onze rapazes da escola de ensino médio levantaram pedindo oração especial por eles. Isso provocou novo movimento de oração pelo derramamento do Espírito Santo. O culto de oração normal de quarta-feira tornou-se reunião de "nova vida". A cada quarta-feira, crescia a frequência, e a reunião ia até mais tarde, com orações mais intensas.

As reuniões trimestrais de abril em Ongole continham as palestras costumeiras, dissertações e discussões. Na segunda-feira pela manhã, enquanto se celebrava a ceia do Senhor,

> de repente, sem aviso, o ambiente geralmente estoico de nossa assembleia indiana foi quebrado como por um terremoto. Todos os presentes tremeram. Um de nossos obreiros mais calmos e retraídos levantou e, batendo no peito, clamava em voz alta em telegu: *Perishudatma! Perishudatma!* (Espírito Santo! Espírito Santo!). Muitos outros fizeram o mesmo. Pela primeira vez em Ongole, vislumbrou-se o Espírito Santo de Deus no ato de convencer seu povo do pecado.[3]

178 FOGO DO AVIVAMENTO

Era comum essas reuniões trimestrais durarem apenas quatro dias, mas os obreiros continuaram ali às próprias custas por mais duas semanas, tendo reuniões de dia e de noite. Foram feitas muitas confissões, velhas brigas foram resolvidas, e erros foram consertados. Várias escolas de Ongole começaram a ter reuniões até tarde da noite. O salão da capela era constantemente usado por grupos de oração dos estudantes. As crianças dos internatos começaram a guardar os grãos racionados para compartilhar no domingo com outras famintas. Quando os obreiros chegaram a suas casas, espalharam a notícia do avivamento por todas as vilas.

Nos meses quentes de abril e maio, havia avivamentos em progresso constante em diversos lugares. Em julho, uma grande multidão assistiu a duas reuniões no domingo e foi poderosamente tocada. Naquela noite, um missionário galês contou a história do avivamento no País de Gales falando em simples telegu. Quando ele se sentou, todas as cabeças estavam abaixadas em intensa quietude. Então, "de repente, irrompeu um espírito de confissão sobre toda a assembleia. Mil cristãos indianos estavam na igreja. O barulho foi tremendo. Não cristãos de diversas partes vieram correndo para dentro da igreja, querendo ver o que estava acontecendo, mas ninguém lhes deu atenção".

Toda a congregação chorava e lamentava. O Espírito Santo tomou o controle, e as pessoas abriam o coração e a consciência diante de Deus. "Não se podia ouvir uma voz a 3 metros de distância — todos pareciam viver em outro mundo."[4] Depois de uma hora, algumas pessoas se juntaram ao redor do órgão tentando cantar, mas ninguém notou. Depois de duas horas, alguém de voz forte começou a cantar um hino, e a congregação o acompanhou. Daquela hora em diante, reinou perfeita ordem em todas as reuniões.

As reuniões continuaram durante dias, e a cada dia mais rostos brilhavam com a paz. O avivamento durou um ano e meio a partir do momento em que os folhetos foram distribuídos. Foi batizado grande número de pessoas, vidas foram transformadas, e os crentes sentiam a responsabilidade de servir a Deus. Até mesmo a qualidade dos cânticos congregacionais mudou. Veio de Eluru a notícia do "derramamento do Espírito de Deus como nunca vi nesta ou em outra terra. O avivamento veio como fogo purificador e espírito revivificador".[5]

PODER QUE TRANFORMA VIDAS

No distrito de Kurnool, no interior da Índia, tifo, varíola e cólera se alastravam, e a fome varreu os vilarejos. Quando as condições pioraram ao máximo,

> de repente e sem esperar, como o ruído de um vento impetuoso, veio o avivamento. Uma reunião trimestral bastante comum foi transformada em avivamento que durou duas semanas. Sem nenhum líder, começou com grande volume de orações, ficando cada vez mais alto

AVIVAMENTO NO ESTADO DE ANDHRA

o som e clamor a Deus por misericórdia. Isso continuou durante o dia todo e até tarde da noite — queimando, purificando, vivificando e transformando vidas pelo poder de Deus.[6]

Foi o mais poderoso mover do Espírito Santo que Kornool conhecera. No avivamento verdadeiro, a falta de liderança humana não causa confusão, porque o Espírito Santo dirige tudo.

Seis anos mais tarde, em 1912, Deus enviou grande despertamento aos não cristãos, e mais de mil receberam Cristo como Salvador e foram batizados. O mesmo aconteceu em Secunderabad: primeiro avivamento e, em seguida, evangelismo, resultando em muitas conversões e novo zelo entre os cristãos.

Os avivamentos de Nellore e Ongole criaram grande movimento nas igrejas batistas dos Estados Unidos. Logo o avivamento chegou também aos batistas canadenses, começando pela escola feminina Kakanada, em 14 de agosto. Durante dias, lições, trabalho de casa, comida e descanso foram praticamente esquecidos enquanto Deus trabalhava no coração de alunas e professores. Depois começou uma série de reuniões que duraram horas a fio por sete semanas, na igreja e na escola. O Espírito Santo visitou a igreja com pujante poder.

Em Ramachandrapuram, as pessoas ficaram chocadas ao descobrir que professores e até mesmo pregadores estavam vivendo em pecado até o momento que o avivamento começou, enquanto outros viviam uma vida santa diante de Deus. Em Samalkot, veio avivamento ao seminário. Os relatos diziam que as palavras não conseguiriam contar todas as coisas maravilhosas que Deus fez. O fruto era permanente. Os professores até disseram que os alunos mudaram seus hábitos de estudo, e os exames escritos mostravam isso.

Um relato disse: "O Espírito nos inundou, e passamos três semanas gloriosas, cuja experiência vale por uma vida inteira".[7] Um professor foi tão espiritualmente convencido que ficou em pé de um salto e saiu correndo da igreja, mas caiu de rosto no chão a alguns metros da porta. Foi levado a uma confissão completa e purificação, e passou a orar e testemunhar.

O acampamento vizinho, o dos luteranos norte-americanos em Guntur, relatou que nessa década de avivamento a membresia batizada crescera de 18.964 para 40.198 pessoas, e no distrito de Godavery a membresia batizada aumentou de 11.938 para 16.953 naqueles cinco anos. Durante a época do avivamento, pessoas de castas superiores demonstraram renovado interesse por Cristo, e quase quinhentas foram batizadas só na localizada de Guntur. As congregações dos vilarejos aumentaram em 25%, e na área anglicana de Andhra o avivamento assumiu proporções de movimento em massa. No distrito Dornakal de Hyderabad, o bispo Azariah batizou três mil pessoas por ano durante trinta anos. Ele seguiu os métodos desenvolvidos anteriormente no avivamento de Tinnevelly.

CAPÍTULO TRINTA E TRÊS

PODEROSAS ONDAS DE AVIVAMENTO NO NORDESTE DA ÍNDIA

Na virada do século, muitos missionários presbiterianos galeses ministravam nas colinas de Assam, no nordeste da Índia. No começo de 1903, uma igreja da área tribal khasi em Mawphlang, Assam central, começou uma reunião de oração às segundas-feiras, buscando a plenitude do Espírito Santo em Khasia e por todo o mundo. Em 1904, essas reuniões intensificaram seu fervor.

Perto do final de 1904, os cristãos khasi ouviram dizer que o avivamento chegara às suas igrejas-mães em Gales. Esses relatos semana após semana trouxeram alegria e fome por avivamento em Assam. Os crentes não só oravam nos cultos na capela, como também tinham reuniões especiais de oração por avivamento nos lares. Jovens tomavam parte ativa, e mesmo meninas bastante novas levantavam-se para orar, muitas vezes profundamente emocionadas.

O avivamento chegou em Assam um ou dois meses antes do evento no Mukti de Ramabai, mas se espalhou mais devagar e não tocou tanto outras partes da Índia como acontecera com o avivamento no Mukti.

No começo de 1905, os cristãos khasi resolveram realizar reuniões de oração todas as noites até que Deus enviasse o avivamento. Muitas vezes era difícil terminar as reuniões às 22 horas. No primeiro domingo de março de 1906, a lição bíblica era sobre o batismo do Espírito Santo. Houve um senso incomum da presença do Espírito, com oração, choro e louvor.

Logo depois, na reunião do presbitério em Pariong, pediu-se a duas pessoas que orassem, mas outras também se levantaram e começaram a orar. Sobreveio um espírito de intercessão, e no domingo seguinte houve orações simultâneas, choro e louvor por toda a congregação. No terceiro culto de domingo à tarde, duas poderosas mensagens foram entregues por pregadores khasi. Quando o pastor estava prestes a dar a bênção, alguém do meio da congregação ficou em pé e orou fervorosamente: "Ó Deus, derrama teu Espírito sobre todos nós agora. Enquanto estás abençoando tanto o povo de Gales, não nos despeça vazios!"[1] Homens e mulheres clamavam a Deus, alguns pedindo misericórdia, e quase todos choravam. Alguns homens desmaiaram, e muitos começaram a cantar. Às 19 horas, tentaram terminar o culto para comer, mas a oração continuou durante a refeição. A capela ficou lotada, e as pessoas persistiam em orar noite adentro. Durante dezoito meses, o povo reunia-se diariamente na igreja, orando por avivamento.

Em 1906, o despertar do avivamento espalhou-se para o nordeste por meio dos centros de Assam para áreas de Nowgong, Golaghat, Sibsagor e norte de Lakhimpur. Os batistas também relataram obra poderosa do Espírito ao longo do vale de Brahmaputra. O dia 2 de dezembro de 1906 tinha sido separado como um dia nacional de oração pela Índia. Em Nowgong, o grupo de moços das 14 horas foi imediatamente seguido por outro grupo de oração, de moças e senhoras. Todos os jovens continuavam orando. Havia choro amargo, confissão de pecados, gemidos, pranto e orações sinceras até as 20 horas. As igrejas tiveram um concerto de oração conjunta em prol do avivamento e salvação dos perdidos. Por vários meses, a obra do Espírito estendeu-se do vale até os montes.

AVIVAMENTO ENTRE AS TRIBOS

Durante nove meses de 1907, o avivamento espalhou-se ao norte do Brahmaputra, até as áreas tribais. Quase todas as igrejas foram abençoadas e renovadas. Em seguida, o avivamento começou a se espalhar para o sul do rio. Uma conferência distrital estava sendo realizada em Golaghat. No sábado à noite, toda a congregação começou a chorar. Muitos estavam sofrendo por causa de seus pecados, e jovens e velhos clamaram a Deus por misericórdia. As reuniões no domingo começaram às 6 da manhã e continuaram até quase meia-noite.

Dali, o avivamento disseminou-se no sul e sudoeste, nos montes Naga. Realizaram-se então três vezes mais batismos entre os naga do que a média nos cinco anos anteriores. A tribo mizo, nas montanhas Lushai, um local distante, ouviu falar do avivamento entre os presbiterianos ao norte e os batistas ao sul. Uma comissão de dez pessoas — sete presbiterianos e três batistas — saiu para andar durante duas semanas pela selva das montanhas até a reunião khasi. Maravilhavam-se com a presença de Deus e o poder evidente na assembleia. Porém, nenhum deles conseguia entender a língua khasi. No final do culto, os mizos começaram a voltar para casa com grande tristeza.

Enquanto caminhavam, pararam perto do lugar onde os presbiterianos moravam. Os batistas tinham ainda mais quatro dias de caminhada até chegar em suas casas. Enquanto os dez cantavam "Deus vos guarde pelo seu poder", despedindo-se uns dos outros, o Espírito Santo foi derramado sobre eles. Outras pessoas chegaram de suas casas ali por perto e juntaram-se a eles. O avivamento espalhou-se em todas as direções.

Um missionário presbiteriano, rev. D. E. Jones, profetizou que um avivamento surgiria em uma grande vila de nome Phullen. Um professor foi enviado até essa vila para dar início ao movimento, mas, ao chegar lá após quatro dias de caminhada, ficou sabendo que o avivamento começara quatro dias antes, exatamente quando o rev. Jones estivera profetizando. Logo começou a perseguição na região de Phullen, e os cristãos sofreram muito. Alguns foram expulsos de suas casas à meia-noite, enxotados em direção da selva.

Em 1908, surgiu um movimento antiavivamento na região. As pessoas reuniam-se para cantar músicas com letras pagãs, e jovens de ambos os sexos dançavam, extasiados, reunindo-se em grandes banquetes. Em todas as vilas, havia demonstrações, e esse movimento antiavivamento espalhou-se como fogo. O paganismo dominou as montanhas Lushai até 1911-1912.

Na época de florescimento do bambu, uma horda de ratos invadiu a área. Apareceram quase da noite para o dia, devorando os alimentos e grãos nos campos e também o que já estava armazenado. Foi terrível o sofrimento. As pessoas foram forçadas a sobreviver comendo raízes que desencavavam nas montanhas, e os refugiados desciam em bandos para as campinas. Muitos morreram de fome. Os missionários cuidavam dos órfãos. Em Gales, ofertas foram levantadas e enviadas a Lushai. Os cristãos compartilhavam sua comida sem hesitação com os seus vizinhos pagãos. A angústia do povo e a caridade amorosa dos cristãos puseram fim ao "avivamento" pagão. O fogo do avivamento cristão irrompeu novamente em 1913 nas reuniões do presbitério.

Em 1919, avivamento ainda maior aconteceu simultaneamente em três lugares diferentes, alastrando-se até os limites mais orientais da Índia, no estado de Manipur, área onde proliferavam os caçadores de cabeças. Quatro mil pessoas converteram-se, mais do que o total anterior de cristãos. Por fim, esta região (de antigos caçadores de cabeças) tornou-se a área mais evangélica de toda a Índia. Dentro de meio século, o número total de cristãos aumentou nas áreas tribais de Assam, passando a 567.049. Escolas foram estabelecidas pelas igrejas por toda a região, e a maioria desses novos crentes aprendeu a ler e escrever.

AVIVAMENTO DAS CRIANÇAS KHASI

No movimento de avivamento dos khasi, Deus abençoou, avivou e usou de modo especial as crianças. Quando surgiu o avivamento nas igrejas, as crianças sentiam que deveriam ter reuniões especiais de oração para elas todos os dias. Um adulto relatou que, enquanto voltava de Cherra, podia ouvir o som de choro ao se aproximar da capela. Correu para dentro e encontrou todas as crianças banhadas em lágrimas. Dois jovens estavam com elas, e Deus operou de maneira maravilhosa em cada criança. Uma após outra fazia orações simples, demonstrando verdadeiro arrependimento de seus pecados.

Um dos meninos levantou-se e, com expressão aterrorizada, contou como na noite anterior vira o fogo do inferno e estava com tanto medo que correra para Jesus buscando refúgio. Parecia muito sincero — obviamente a experiência era real para ele. Outras crianças ficaram profundamente comovidas, e uma onda de oração cobriu todos.

Mesmo quando as reuniões acabavam, algumas das crianças não queriam voltar para casa. Pequeninos ficavam demorando. Voltavam para a capela e faziam orações simples, tendo só sua professora ou professor com eles. Em Shangpung, parecia que as crianças não conseguiam deixar a capela. Saindo algumas crianças, outras entravam, e os cultos demoravam horas, às vezes o dia inteiro e até tarde da noite. Algumas das crianças avivadas foram até o mercado e testemunhavam ao povo que tinha vindo comprar e vender as coisas. Deus as usou tão grandemente que uma imensa multidão de pessoas foi correndo à capela dos cristãos, onde foi realizado um culto poderoso.

Um relato de Jowai descreve reuniões de oração diárias feitas com as crianças durante mais de um mês. Na segunda-feira, 8 de maio, o culto das crianças começou às 2h30 da tarde. Um homem levantou-se, com lágrimas nos olhos, confessou seus pecados e pediu de Deus o perdão. Então, dois dos meninos oraram por ele. Esse homem declarou que nunca tinha imaginado o que seria a oração de uma criança até então.

Outro menino pequeno levantou e relatou que no dia anterior Deus lhe revelara seu pecado. Começou a descrever Cristo na cruz e como ele sofrera por nós. Algumas das crianças começaram a chorar alto, uma após outra, até que a capela se encheu do som de crianças pedindo que Deus as perdoasse, tivesse misericórdia e as salvasse. Os adultos, ouvindo o choro, vieram correndo de suas casas até a capela, que estava quase cheia. O menino que falava parecia não perceber o que estava acontecendo. Um homem derramou a alma diante de Deus. Vários começaram a cantar. Algumas crianças ainda choravam. Então as crianças começaram a cantar e acenar com seus hinários. A reunião só terminou às 19 horas, quando o povo se separou e voltou cada um para a sua casa, louvando a Deus pela manifestação da sua presença.

JOVENS EVANGELISTAS

Muitas das crianças desejavam ardentemente servir a Jesus. Visitavam os lares dos pagãos, faziam cultos nos mercados, andavam até lugares distantes, levando parentes mais velhos para acompanhá-los e ver o que Deus havia feito por elas. Os pagãos tratavam as crianças com respeito.

Durante o movimento de avivamento khasi, uma professora sentiu o fardo de orar por certa menina e continuou orando por ela dia após dia. Certa noite, a professora ficou acordada, pensando na menina e orando por ela, caiu no sono e sonhou com ela. No sonho, insistia em que ela entregasse o coração a Jesus. Dois dias depois, a professora falou com a menina sobre o sonho. Para surpresa sua, a menina disse que naquela noite ela sentira sua consciência convencê-la do seu pecado de descuido e desprezo pelas pessoas e entregara-se a Jesus. Agora queria pertencer a Cristo e trabalhar para ele.

Essa menina morava com sua mãe ali perto da escola, mas o seu pai era pastor em um lugar distante. A menina viajou dois dias para chegar até ele e disse-lhe que viera ficar uma ou duas semanas porque haveria avivamento naquele vilarejo. A igreja ali era um tanto fria, mas seu pai começou a ter reuniões todas as noites. Depois de duas semanas, ele disse à filha que era hora de voltar para sua mãe depois daquele culto. Ela levantou para cantar um solo na língua khasi e, enquanto cantava, o fogo do Espírito Santo desceu.

Grande obra de Deus foi feita naquele vilarejo.

No presbitério de Laityra, em fevereiro de 1906, o Espírito de Deus estava presente de forma especial. Foi grandioso o tempo de oração e louvor. Dada a grande multidão na segunda reunião, ela teve de ser realizada ao ar livre. Chovia e fazia muito frio, mas as pessoas não pareciam importar, por causa do senso da presença do Espírito Santo. Depois de muitos cânticos, uma menina foi até o palco. Disse ter se convertido recentemente e ter sido abençoada pelo avivamento.

A menina começou a falar com voz doce e terna, dizendo que, embora fosse fraca e ignorante, tinha de testemunhar o que Deus fizera por ela, pois não queria crucificar de novo Jesus por se calar. Relatou que fora pagã, adoradora de demônios, e que seus pais ameaçaram matá-la se ela se tornasse seguidora de Jesus Cristo. O seu pai era líder da religião pagã em seu vilarejo.

Ela explicou que Jesus lhe mostrara o inferno e o céu e dissera que ele a usaria para levar seus pais e muitos outros da vila ao Senhor. Ele cumpriu a sua palavra. Agora, os pais da menina, bem como 140 pessoas de sua vila, haviam recebido Jesus Cristo como Salvador. Deus faria o mesmo a qualquer pessoa que lhe obedecesse. A menina implorou ao povo, e a multidão ouviu a voz de Deus falando por meio dela.

No final do culto, todos cantaram "A Cristo coroai, Senhor de tudo". O laço de amor foi maravilhosamente manifesto por todo o presbitério. Eram cerca de duas mil pessoas em pé no campo aberto, e o rosto das pessoas ao cantar e dançar brilhava com alegria celestial. Muitas pessoas pareciam estar em transe, como se estivessem mirando o rosto de Jesus.

Em agosto de 1905, o presbitério de Shillong foi o primeiro a se reunir depois do avivamento. No domingo, das 10 horas da manhã até a meia-noite, houve três cultos com dois curtos intervalos de cerca de uma hora, de modo que pelo menos doze horas foram passadas em culto. Três sermões foram pregados, e o restante do tempo foi gasto em louvor e oração.

O fervor aumentava, chegando às vezes a um calor ardente, e dezenas de homens estavam quase fora de si, em êxtase espiritual. Jamais testemunhamos tantas cenas de pessoas dançando, e as pessoas que não dançavam balançavam os braços no ar, mantendo o ritmo, enquanto cantavam os magníficos hinos khasi, com as igualmente magníficas melodias galesas e inglesas. Centenas de pessoas na congregação eram jovens abaixo dos 30 anos.[2]

COROAI-O, SENHOR DE TUDO

Jesus Cristo nunca fora tão popular no nordeste da Índia quanto agora se tornava. Ser cristão significava alguma coisa. Temas de destaque nas orações do povo eram Jesus Cristo crucificado, o sangue da cruz como o meio de Deus nos purificar do pecado e assuntos semelhantes. Todos iam às reuniões com o intuito de não sair de lá vazios. Os cultos começavam logo que o povo chegava, e na verdade muitas pequenas reuniões de oração eram realizadas enquanto as pessoas iam pelo caminho. Desde o primeiro culto, na sexta-feira às 8 horas da manhã, a capela estava lotada, com centenas de pessoas olhando e escutando do lado de fora.

"Saudai o nome de Jesus" foi cantado muitas e muitas vezes, por pelo menos uma hora. Quase todos cantavam de olhos fechados, o corpo balançando ao ritmo da música, alguns em transe, outros saltando de alegria, desejosos de coroar Jesus, Senhor de tudo. No domingo pela manhã, houve reunião de cerca de oito mil pessoas ao ar livre, e foi visível o mover do Espírito de Deus sobre toda a congregação. Jamais esperavam a presença de tanta gente.

Um missionário de uma vila longínqua contou de um grande mercado que ficou deserto no horário mais cheio do dia. Todo comércio tinha chegado a um impasse, enquanto as pessoas se dirigiram em bandos ao culto ao ar livre, conduzido por um simples professor do vilarejo. Mulheres que vendiam bebidas alcoólicas voltaram a suas barracas para derramar suas bebidas no chão. Voltaram para suas casas e destruíram suas destilarias caseiras e à noite retornaram à escola para oferecer a si mesmas e suas famílias ao Senhor. Essas pessoas viviam em uma selva não civilizada, raramente vendo a luz do dia, carregadas de embriaguez e imoralidade, e agora tinham obtido a justiça que há em Jesus Cristo.

Durante seis anos, esse professor trabalhara nessa vila sem ver resultados espirituais. De repente, em um domingo de manhã, ao nascer do sol, o professor acordou com o som de cânticos na escola, e encontrou a sala de aulas cheia de homens, mulheres e crianças cantando com toda a força hinos que ele tentara ensinar-lhes durante meses a fio.

Agora o Espírito Santo operava com poder, e eles cantavam de todo o coração. Orações a Deus foram feitas, com clamor por perdão e louvor pelos pecados perdoados. O culto durou o dia todo e toda a noite seguinte, e a obra de Deus continuou. Em um lugar onde era mais difícil o ministério, o evangelho penetrou mais profundamente. O Espírito Santo operava com grande poder.

Um menino vindo desse vilarejo foi a uma escola distrital, e lá lhe perguntaram: "Quantos cultos vocês têm aos domingos?" Ele respondeu: "Só um, porque dura o dia inteiro".[3]

MILAGRES DO AVIVAMENTO

Um senhor idoso, salvo quase às portas da eternidade, queria gastar o resto de sua vida sobre a terra na casa de Deus. Sempre que se fazia qualquer referência à morte de Cristo, por palavras ou em cânticos, esse idoso exclamava: "Ah! Como eu o amo! Eu o amo!" e perguntava: "Ele sofreu tudo isso por mim?" Outro velho bêbado, considerado irrecuperável, foi salvo e maravilhosamente liberto pelo poder do Senhor.

A alguma distância, havia uma área que os missionários tentaram abrir para a obra cristã havia muitos anos, mas o oficial-chefe fazia grande oposição ao cristianismo. Muitas pessoas ali eram viciadas em ópio, e a missão parecia impossível. Mas, quando veio o avivamento, toda a região se abriu para o evangelho, e as vilas maiores começaram a implorar por professores. Foram respondidas as orações de muitos anos, e grande número de pessoas veio a Jesus.

Muitas curas milagrosas ocorreram. Uma pobre mulher que sofria de uma doença de pele dolorosa e repulsiva estava prestes a ser expulsa de sua vila. Foi à reunião de avivamento, ouviu sobre o único Deus verdadeiro que a amava, e confiou em Jesus. Um dia, em meio a um culto cheio de gente, ela se levantou e disse: "Deus me deu o remédio! Deus me deu o remédio, e ele me curará com esse remédio!" Passou as duas mãos sobre o corpo e, em pouco tempo, declarou: "Estou curada. Deus tirou minha doença. Ele ouviu a minha oração". E era verdade.

Um diácono veio de uma vila conhecida pelas bebedeiras e testificou sobre a transformação que acontecera em sua cidadezinha com o avivamento. Apenas dois homens na vila não eram cristãos ainda. Esse diácono disse que ele e sua esposa iriam orar por esses descrentes até que eles fossem salvos. Mais tarde, veio a notícia de que ambos foram salvos e estavam muito ativos na igreja. Igrejas vizinhas receberam o fogo do avivamento, e em todo lugar homens e mulheres foram acrescentados ao Senhor. Em certo distrito, em um ano mais de seiscentos membros foram acrescidos às pequenas igrejas das vilas, e no ano seguinte esperavam o dobro. Os cristãos viviam em nível espiritual tão mais alto que nos dois anos anteriores que os não cristãos desenvolveram tremendo respeito por eles.

ONDAS DE AVIVAMENTO EM KHASIA

Dezoito meses depois do avivamento no distrito de Khasia, o Espírito Santo ainda continuava agindo com poder. O evangelho estava sendo disseminado perto e longe, e vilas inteiras vinham a Cristo nos montes de Khasia, nos montes de Lushia, bem como na planície. As notícias do avivamento corriam por toda a Índia, e animavam os corações dos obreiros cristãos das áreas mais tenebrosas. As bênçãos do avivamento espalharam-se para muitas igrejas no país inteiro quando estas ficaram sabendo do avivamento khasi. Esse avivamento em Khasia parecia vir em grandes ondas sucessivas, como a maré que vinha do oceano. Sempre que os cristãos sentiam diminuir o poder, voltavam à oração, humilhando-se na presença de Deus, e a presença e o poder do Senhor eram renovados.

O resultado do avivamento de Assam foi que os crentes estavam, mais que antes, unidos em amor. Os cristãos cuidavam para não se endividar, e os que tinham dívidas eram rápidos em pagá-las. Havia grande desejo de estender o reino de Cristo. Homens, mulheres e crianças vinham, davam ajuda financeira, ofertas nunca antes vistas. Uma menininha de seis anos foi até uma de suas amigas e perguntou se ela lhe pagaria alguma coisa para dar um banho no cachorro. "Você gosta de cachorros?", a amiga perguntou. "Não, eu tenho até medo deles. Mas eu amo Jesus e quero fazer isso por ele."[4]

Os cristãos resolveram levantar uma oferta de dez mil rúpias para ser usada na obra de missões nacionais. Quando o povo ouviu falar dessa oferta de gratidão, ficou empolgado e disse: "Não importa se teremos pouco para comer por alguns dias. Passaremos com menos, com muita alegria. Só queremos ter algo para dar ao Senhor". Os pastores de vilarejos por toda parte ficaram maravilhados porque até as pessoas mais pobres traziam suas ofertas de gratidão. O alvo de dez mil rúpias foi ultrapassado em muito — conseguiram levantar vinte mil rúpias.

CAPÍTULO TRINTA E QUATRO

O PENTECOSTES PRESBITERIANO NA COREIA

A igreja presbiteriana na Coreia olha para a data de 6 e 7 de janeiro de 1907 como o início de um grande derramar do Espírito Santo. As igrejas da Coreia eram conhecidas pelo estudo da Palavra de Deus, alegria e poder na oração, generosidade em dar e zelo no testemunhar.

O dr. William Blair, líder e missionário presbiteriano naquela época, descreve a igreja com as seguintes palavras: "Muitos chegam à igreja crendo sinceramente em Jesus como Salvador. Estão ansiosos por fazer a sua vontade, mas, por estarem familiarizados com seu pecado, ele não lhes causava muita tristeza. Sentimos que toda a igreja, para tornar-se santa, tem necessidade de uma visão da santidade de Deus".[1]

Inúmeras vezes, o avivamento vem para dar poder ao povo de Deus quando os crentes reconhecem quão infinitamente santo é Deus em sua maravilhosa natureza e quão odioso é o pecado aos olhos dele. Quando as pessoas se humilham diante de Deus, e o arrependimento e a confissão são completos, ondas de avivamento começam a dominar uma igreja ou uma região.

PREPARO PARA O AVIVAMENTO

Os presbiterianos na Coreia havia muito enfatizavam o tempo de estudo bíblico em grupos. Cada igreja separava uma semana, uma vez por ano, deixando o trabalho secular e todas as outras atividades, para se reunir para o estudo intenso da Palavra de Deus. O estudo bíblico sem interrupções, repleto de oração, sempre renovou, abençoou e vivificou as igrejas locais. Até os dias atuais, toda igreja evangélica coreana é igreja que crê na Bíblia e a ama. Não havia apenas um extenso estudo bíblico uma vez por ano, como também realizavam-se muitas classes de estudo bíblico nos distritos e circuitos.

A cidade de Pyongyang, então capital da Coreia, promovia uma conferência geral de estudo bíblico durante dez dias, duas semanas a cada ano, com frequência de oitocentas a mil pessoas. Muitos viajavam de vinte a 160

O PENTECOSTES PRESBITERIANO NA COREIA

quilômetros para participar da conferência, às próprias custas. Cantavam por meia hora a cada manhã e, durante três horas, ouviam a exposição e o ensino da Palavra de Deus. Cada ano, havia um cântico novo que, depois de aprendido, era levado de volta às igrejas locais.

Um líder presbiteriano visitante no outono de 1906 relatou ter visto a bênção e o avivamento de Deus vindo à Índia depois do Grande Avivamento de Gales em 1904-1905. Muitos cristãos de Pyongyang tinham sede por ver Deus operando de maneira semelhante na Coreia. Durante semanas naquele inverno, os missionários reuniram-se toda noite para orar por um avivamento nas suas igrejas. Quando aquela classe geral anual teve início, no dia 2 de janeiro, tiveram de parar com os cultos de oração dos missionários a cada noite e então começaram a se reunir diariamente ao meio-dia, para todos que quisessem vir. Quando a classe geral começou, todos estavam em silêncio diante de Deus, ansiosos por orar um depois do outro.

Os cultos continuaram a semana toda. No sábado à noite, houve uma mensagem sobre a união do corpo de Cristo. Porém, os cultos no domingo pareciam sem vida e tão presos espiritualmente que muitos ficaram desanimados. Na segunda-feira de manhã, os missionários choravam e oravam, porque parecia que havia um bloqueio nos cultos.

Na segunda à noite, um novo espírito de expectativa veio sobre o grupo, e a presença de Deus se fez notar de modo muito precioso. Quando o líder coreano se levantou e fez um convite à oração, tantos começaram a orar que ele disse: "Se todos vocês querem orar assim, que todos orem!"

De repente, todas as 1.500 pessoas presentes começaram a orar audivelmente, não com gritos, mas em suspiros profundos, harmoniosos, comoventes, dirigidos a Deus. Então as orações passaram ao choro. Um depois do outro se levantou, confessou um ou mais pecado e, chorando, jogava-se ao chão em profunda convicção do seu pecado. Algum tempo depois dessa confissão, todos eles novamente passaram a orar em voz audível.

OS FRUTOS DO AVIVAMENTO

Havia um conflito sério entre dois dos líderes da igreja coreana, sr. Kang e sr. Kim. Na noite de segunda-feira, o sr. Kang confessou seu ódio e amargura para com o sr. Kim, mas o sr. Kim não correspondeu. Na terça-feira, o sr. Kim foi à frente e começou a confessar a animosidade que nutria contra o sr. Kang e um dos missionários.

Esse missionário levantou e exclamou: "Pai! Ó Pai!" Parecia que o céu se abrira. Mais tarde, o missionário relatou:

> Era como se o telhado fosse erguido do prédio e o Espírito de Deus tivesse descido do céu numa avalanche de poder sobre nós. Caí ao

lado de Kim, chorando e orando como nunca [...]. Algumas pessoas se lançavam estendidas ao chão; centenas ficaram em pé, braços erguidos em direção ao céu. Cada homem se esquecia dos outros. Cada um estava face a face com Deus. Ainda ouço o som terrível de centenas de homens implorando a Deus por vida, por misericórdia.[2]

Os missionários não ousaram interferir. Como dr. Andrew Murray numa ocasião semelhante na África do Sul, só podiam ficar observando e deixando Deus operar. O líder coreano começou a cantar um hino, e logo todos se acalmaram enquanto cantavam. Começaram então as confissões públicas, pois as pessoas viam a si mesmas sob a clara luz do juízo do trono de Deus.

O dr. Blair, que relatou esse poderoso movimento do Espírito, acrescentou: "Temos muitas teorias sobre a vantagem ou desvantagem da confissão pública dos pecados. Tive minha teoria, mas agora sei que, quando o Espírito de Deus vem sobre as almas culpadas, haverá confissão, e nenhum poder da terra poderá impedi-la".[3]

Quando a série de estudos bíblicos terminou na terça-feira à noite, os cristãos voltaram para suas casas e igrejas por todo o país, levando com eles o fogo do avivamento. Em quase todas as igrejas presbiterianas da Coreia acendeu-se o avivamento. Em Pyongyang, reuniões especiais continuaram por um mês, e até as aulas escolares foram deixadas por alguns dias enquanto as crianças oravam, se arrependiam e choravam diante de Deus.

Centenas de pessoas fizeram restituição, no que foi possível, pelos males causados por elas. Por toda a cidade, os homens iam de casa em casa pedindo perdão aos que eles haviam prejudicado e devolvendo dinheiro e propriedade tanto a cristãos quanto a budistas.

Ninguém que tivesse sido convencido pelo Espírito Santo conseguia descansar enquanto não tivesse confessado e feito restituição no que estava a seu alcance. Alguns tinham profunda convicção do pecado, mas, obstinadamente e envergonhados, recusavam-se a confessar. Caso após caso, esse pecado logo vinha ao conhecimento público, e a pessoa saía da igreja em desgraça, em alguns casos não voltando mais.

O Pentecostes coreano de 1907 preparou milhares de cristãos de uma ou outra forma para uma vivência vitoriosa, um ministério cristão triunfante e até alguns para um vitorioso martírio.

Até hoje, as igrejas evangélicas na Coreia têm muito em comum. Todas oram, jejuam, creem na Bíblia e a leem. Em uma de nossas igrejas ligadas à OMS (*Overseas Missionary Service*) na Coreia dos anos 1970, vi um folhetinho de letras pequenas inserido no boletim da igreja. Pedi que o traduzissem, e fiquei sabendo que a igreja era dividida em 24 grupos. Cada grupo mantinha um relatório semanal de diversas estatísticas, incluindo o número total de capítulos bíblicos lidos por cada membro, número de novos crentes ganhos para o Senhor por cada membro, a frequência nas diversas reuniões de oração e as ofertas que foram dadas.

UM IMPACTO DURADOURO

Já se passaram 87 anos, mas a Coreia ainda carrega o impacto do avivamento de 1907. Os cristãos coreanos são, em geral, profundamente consagrados. Em nosso trabalho, nossos líderes têm me contado que possuem documentação de mais de vinte mil membros gastando quarenta dias em jejum e oração. Ainda hoje, cerca de 1/3 dos membros frequentam a reunião de oração diária das 5 horas da manhã.

Agora a igreja coreana começa a enviar missionários por todo o mundo. Nossa igreja-irmã coreana uniu-se a nós para começar um seminário teológico em Moscou. Temos mais de cinquenta alunos. Essa igreja também financiou a construção dos prédios de várias centenas das congregações mais pobres em vilarejos da Índia. A cada seis meses, doze casais recém-formados do seminário recebem seis meses de treinamento missionário específico para então ser enviados a diversas partes do mundo. Ainda hoje, quando as igrejas oram, não obstante a denominação a que pertencem, elas clamam a Deus com uma só voz.

Quase todas as igrejas evangélicas da Coreia receberam bênçãos no avivamento de 1907. Em todo lugar, os fenômenos foram os mesmos: fome de Deus, convicção do pecado, profunda confissão e restituição e oração em voz alta pelo grupo todo, uma forma de oração completamente nova na Coreia. Dentro de cinco anos, houve crescimento total de quase oitenta mil crentes neste país — o dobro dos protestantes na China após os primeiros oitenta anos de trabalho missionário. O bispo C. M. Harris, da igreja metodista, disse que o efeito geral do movimento de avivamento foi completamente bom. Ele acredita que toda a igreja foi levantada a um plano espiritual mais alto, e havia pouco fanatismo em razão da cuidadosa instrução bíblica que houve desde o início.

Muitas pessoas olham para trás para o avivamento de 1907 na Coreia como o verdadeiro nascimento espiritual da igreja coreana, mas temos de nos lembrar que houve também toques de avivamento em 1895, 1903 e 1905. Em uma década após o avivamento de 1907, a quantidade de membros nas igrejas quadruplicou. Hoje em dia, a Coreia é o país mais evangelizado e mais cristão de todo o Oriente.

CAPÍTULO TRINTA E CINCO
GOFORTH E O AVIVAMENTO DO NORTE DA CHINA

Nos primeiros anos do século 20, Deus enviou um espírito de avivamento por toda a Manchúria e o nordeste e centro chinês. Talvez o homem que Deus usou mais extensivamente nessas horas de colheita de avivamento tenha sido Jonathan Goforth, missionário presbiteriano canadense. Ele foi para a China em 1887 e lá serviu até 1934. Durante o avivamento especial de aproximadamente dez anos, parecia que, aonde quer que Goforth fosse, Deus mandava avivamento e colheita contínua às igrejas e entre os não cristãos. Ele era de teologia conservadora, intensamente sincero em seu evangelismo, um homem que exemplificava 2Crônicas 7.14. Goforth ousava esperar para ter a experiência do avivamento.

UM AVIVALISTA REVOLUCIONÁRIO

Goforth escapou do trágico Levante dos Boxers na China em 1900, em que foram martirizados 189 missionários protestantes com os seus filhos, bem como vários milhares de cristãos chineses. Porém, retornou à China em 1901 e logo ficou insatisfeito com a colheita espiritual do seu trabalho. Quando ele chegara à China pela primeira vez, sentia que deveria haver um tempo de semeadura antes que pudesse vir a colheita. Mas agora Goforth começava a estudar as Escrituras, e foi grandemente encorajado pelas notícias sobre o avivamento de 1904 e 1905 no País de Gales.

Em 1905, Goforth recebeu um panfleto com excertos da autobiografia e sermões de avivamento de Finney. Seu coração ficou em chamas. Leu uma das declarações de Finney, que dizia que, como um fazendeiro não podia esperar por uma colheita nos campos se apenas orasse sem obedecer às leis da natureza, assim também os cristãos não deveriam esperar colheita espiritual sem obediência às leis de Deus quanto à semeadura. Goforth disse a si mesmo: "Se Finney estiver certo, vou descobrir quais são essas leis e obedecer a elas, custe o que custar". No começo de 1906, alguém emprestou-lhe uma cópia da autobiografia completa de Finney, e a vida espiritual de Goforth foi revolucionada. Alguns dias depois,

Goforth pregou uma mensagem em um salão alugado, e todos os ouvintes se levantaram e gritaram: "Queremos seguir Jesus, que morreu por nós".[1]

No outono de 1906, Goforth sentiu que a obra missionária estava demasiadamente fria e sem frutos em muitas áreas da China. Queria visitar essas regiões, procurando reanimar os cristãos. Mas Deus o lembrou da tensão que havia entre ele e outro missionário. Goforth achava que ele estava no direito, mas o Espírito Santo o convenceu claramente a ir procurar aquele homem e acertar-se com ele. Goforth protestou, dizendo que o outro missionário já o havia procurado em lágrimas, confessando sua culpa e pedindo perdão, mas Deus o lembrou de que o amor ainda não havia sido restaurado entre os dois. Goforth sentiu que Deus dizia que, se não fizesse restituição, ele não poderia esperar a bênção do Senhor sobre a viagem que planejava fazer.

No meio de um de seus sermões, Goforth prometeu ao Senhor que, tão logo terminasse o culto, iria até aquele irmão missionário e se reconciliaria com ele. De repente, toda a atmosfera do culto mudou, embora ninguém soubesse o que Goforth havia prometido a Deus em seu coração. Ao término do culto, uma pessoa após outra se levantava para orar, muitas chorando. Em vinte anos, eles não tinham visto tal quebrantamento diante de Deus. Depois disso, em todo lugar que Goforth parava em sua viagem, o Espírito Santo convencia as pessoas, e as desavenças eram consertadas mediante restituição. Em cada lugar, pessoas eram quebrantadas e choravam ao confessar seus pecados. No ano seguinte, houve um crescimento fenomenal nos centros missionários aos quais o avivamento chegara.

A COREIA DÁ O EXEMPLO

Poucos meses depois, no começo de 1907, Goforth foi convidado a acompanhar o secretário de missões estrangeiras de sua denominação à Coreia. Tinham a intenção de visitar a obra e ver a região do avivamento.

Em Pyongyang, Goforth soube que tanto os missionários metodistas quanto os presbiterianos tinham ouvido falar dos grandes avivamentos no nordeste da Índia e em Gales. Os missionários de Pyongyang decidiram orar diariamente até que a bênçao do avivamento fosse derramada sobre eles. Depois de cinco meses de espera em Deus, um poderoso avivamento chegou a Pyongyang.

Goforth foi profundamente tocado ao visitar a Coreia pouco depois desse poderoso avivamento. Milhares de homens e mulheres coreanos estavam incendiados pelo fogo do Espírito Santo. Os cultos transbordavam de gente, e o povo ia por todos os lados testemunhando, procurando ganhar outros para Jesus. Até mesmo meninos pequenos corriam para as pessoas na rua e pediam que aceitassem Jesus como Salvador. Todos levavam sua Bíblia na mão.

Um espírito de oração prevalecente precedera esse derramar do Espírito de Deus em Pyongyang, e isso impressionou Goforth. Estava mais cônscio da

194   FOGO DO AVIVAMENTO

presença de Deus nas reuniões de oração coreana do que estivera em qualquer período de toda a sua vida e ministério. Viu que milhares de vidas tinham sido transformadas pelo fogo santo de Deus.

Goforth viajou de volta para casa na província de Honan, na China. Sempre que parava na Manchúria e no norte da China, compartilhava a história do avivamento na Coreia, e em todos os lugares os missionários e os chineses foram profundamente acometidos por uma fome por avivamento semelhante. Imploravam que Goforth voltasse para reuniões especiais.

Em Kikungshan, enquanto Goforth falava sobre o avivamento na Coreia, Deus tocou de tal maneira as pessoas que, depois da bênção apostólica, ninguém se mexeu por seis minutos. Aos poucos, as pessoas começaram a chorar. Os missionários procuravam uns aos outros, confessando suas faltas e pedindo perdão.

Uma conferência missionária estava marcada para a semana seguinte, mas resolveram cancelar a pauta planejada e apenas buscar a face de Deus em oração. A fome por avivamento doía em cada coração. Quando os missionários se despediram para voltar a seus postos em cidades por toda a China, prometeram parar o que quer que estivessem fazendo todos os dias às 16 horas, para orar pelo avivamento.

O AVIVAMENTO CHEGA À MANCHÚRIA

Em fevereiro de 1908, Goforth fez a longa viagem até Mukden, capital da Manchúria. Ele concordara em ir até lá na condição de que as pessoas se preparassem para as reuniões por meio de orações conjuntas. Mas, ao chegar, Goforth descobriu que não houvera reuniões de oração e que o missionário local não simpatizava com essas reuniões. Enquanto isso, cerca de três mil cristãos avivados de Pyongyang, Coreia, estavam orando especialmente por essa reunião de Mukden. Apesar da situação desapontadora na Manchúria, Deus ouviu a oração persistente dos santos da Coreia.

No segundo dia dos cultos com Goforth, veio sobre o povo um espírito de arrependimento e confissão. No quarto dia, houve muita confissão mútua e perdão. Na reunião final, veio grande fardo sobre o pastor chinês, bem como sobre o povo, enquanto oravam por muitos que haviam pecado, se desviado e se afastado durante e depois do Levante dos Boxers. Toda a assembleia estava em pé, unida, intercedendo, como uma mãe que implora por um filho rebelde. Naquele ano, centenas de pessoas desviadas voltaram para Deus. Muitos confessaram que, antes dessa data, não acreditavam que pudessem ser salvos.

Goforth foi então a Liaoyang. Este avivamento deu início a um movimento que se espalhou por toda a região ao redor. Grupos avivados de crentes iam de vila em vila. Os não cristãos diziam: "O Deus dos cristãos chegou. Se você não quer ir pelo mesmo caminho, afaste-se deles!"[2]

Quando Goforth deu início às reuniões em Kwangning, disseram-lhe que não esperasse orações do povo em voz alta. Os homens só oravam quando eram chamados pelo nome, e as mulheres jamais oravam audivelmente. Ao final da primeira reunião, Goforth disse: "Por favor, não vamos ter esse tipo ordinário de oração. Se houver orações [...] que têm sido usadas há anos, deixe-as de lado. Não temos tempo para isso. Mas, se o Espírito de Deus o mover de maneira que você simplesmente tenha de falar o que está no seu coração, não hesite. Temos tempo para essa espécie de oração".[3] Imediatamente, oito homens e mulheres se levantaram um após o outro e oraram. Mais tarde naquele dia, em outro culto, vinte pessoas seguiram, uma depois da outra, em oração.

No dia seguinte, até os meninos e as meninas da escola estavam dirigindo orações. As pessoas comentaram que jamais tinham visto tanta oração. Mal podiam esperar para levar sua confissão e seus pedidos a Deus. Nos primeiros três dias, nenhum dos pastores, evangelistas ou líderes da igreja estava orando. Mas, no quarto dia, Deus assumiu, com tremendo poder.

O povo de Kwangning, presbiteriano que era, tinha o costume de sempre ficar em pé para orar. Mas agora mais da metade da congregação caiu de joelhos e começou a clamar a Deus. Dentro em pouco, todos estavam ajoelhados. Um presbítero pediu perdão a outro presbítero. Logo um pastor estava em pé, confessando a Deus o pecado de adultério e de aceitar propina. Ele usava um casaco de pele que lhe havia sido dado como suborno e o tirou, jogando-o longe. Enquanto continuava a orar, um fogo celeste caiu sobre o auditório. Até mesmo as crianças começaram a clamar a Deus por misericórdia, e o culto continuou por seis horas.

Pessoas não cristãs ouviram falar dos estranhos acontecimentos, e muitas foram à reunião. O Espírito Santo caiu com poder e convicção sobre eles, que caíram de joelhos e começaram a se arrepender e orar para que Jesus os perdoasse.

Um líder leigo de grande projeção não pôde estar no culto daquela noite, mas o Espírito Santo o tocou, estando ele em sua casa. Veio muita dor sobre ele, pois todos os seus pecados estavam diante dele, a ponto de achar que iria morrer. Ele ditou uma confissão de como roubara materiais de construção da igreja. Instruiu o filho a ler sua confissão diante de toda a igreja no dia seguinte, mas ao acordar na outra manhã ele estava suficientemente bem a ponto de poder ir pessoalmente à igreja e confessar diante de todos.

NENHUM PECADO GRANDE DEMAIS

Grupos de cristãos avivados começaram a viajar pela região circunvizinha, e, aonde quer que iam, Deus enviava a bênção do avivamento. Nas reuniões de Goforth em Chinchow, um pastor vindo de outro lugar estava profundamente envergonhado por seu temperamento violento. Ele e sua esposa não ousavam mais viver no mesmo cômodo. O pastor confessou e acertou as coisas, e logo o avivamento irrompeu sobre a igreja antes impedida, que sofrera tanto escândalo com o pastor briguento e sua mulher.

As reuniões em Chinchow corriam há uma semana quando chegou um missionário de nome Phillips. Este homem tinha um profundo preconceito contra o avivamento e demonstrações de emoção. Logo que o dr. Phillips entrou no prédio da igreja, foi tomado pela reverência da presença do Senhor. Os cânticos eram vibrantes, uma pessoa após outra começava a orar em silêncio. Logo a igreja inteira estava unida em intercessão, com tanto choro que o chão ficou molhado de lágrimas. "O próprio ar parecia elétrico", reportou Phillips.

Um após o outro, homens em lágrimas faziam confissões agonizantes, não de pecados chocantes, mas do estado pecaminoso de seus corações. «Nunca vivi nada mais quebrantador», Phillips relatou,[4] ao ver as pessoas desnudando suas almas diante de seus semelhantes. Hora após hora, a oração continuava. Um forte lavrador, uma mulher tímida, um menino de escola oravam, cada um com profunda sinceridade e arrependimento. Depois de cada confissão, todo o grupo se unia em oração por quem que tinha confessado.

AVIVAMENTO TRAZ PERDÃO

Sete anos antes, os cristãos de Shinminfu tinham visto o martírio de 54 membros de sua igreja, no Levante dos Boxers de 1900. Os cristãos haviam preparado uma lista de 250 pessoas que participaram do massacre e esperavam conseguir se vingar um dia. Quando as reuniões de Goforth começaram, muitos dos cristãos não conseguiram dormir por vários dias. Goforth tentou terminar uma sessão, mas o povo pediu que continuasse o culto.

Um evangelista veio à frente confessando pecados, aparentemente com muita sinceridade. Goforth disse-lhe que fosse em paz e que Deus, conforme 1João 1.9, o perdoava. O homem exclamou: "Mas eu ainda não confessei o maior pecado de todos!" O coração do homem ainda não se inclinara a perdoá-lo pelo assassinato do pai sete anos antes. Naquele instante, Goforth disse: "Então Deus não pode perdoar você".[5] O evangelista chorou, mas ele não conseguia se perdoar.

Então um menino levantou-se e contou como queria crescer para se vingar daquele que matara o seu pai. Contou que também não conseguira dormir nem se alimentar nos últimos dias. O rapazinho pediu oração. Outro menino contou como os boxers mataram seu pai, sua mãe e um irmão mais velho. Um após outro, nove meninos se levantaram, contaram histórias terríveis e pediram oração para receber a graça de perdoar. O culto continuou por horas. No dia seguinte, a lista dos que tinham matado os cristãos foi trazida. Todos da lista foram publicamente perdoados *in absentia,* e a lista foi rasgada em pedacinhos.

Dizia-se que, do ponto de vista espiritual, a igreja de Newchwang era a mais desesperançosa de todo o distrito. Um dos missionários estivera ali alguns dias antes para conduzir reuniões de oração para preparar a visita de Goforth. Quando Goforth chegou a Newchwang, ouviu falar de um cristão que em 1900 negara a Cristo para escapar do martírio, mas que agora tinha sido tremendamente convencido pelo Espírito e fora restaurado. Um empreiteiro cristão confessara ter enganado uma empresa, lesando-a em 200 dólares, e declarou que pagaria naquele mesmo dia.

Na manhã seguinte, Goforth começou o primeiro culto. Quando subiu ao púlpito, abaixou a cabeça em oração silenciosa. Quando abriu os olhos, todos no prédio tinham sido tremendamente convencidos pelo Espírito, até mesmo as crianças, e começaram a chorar. Uma a uma, as pessoas confessavam seus pecados. Deus enviou poderoso avivamento antes mesmo de a mensagem ser pregada, um hino ser cantado ou uma oração em voz alta ser enunciada. As orações dos irmãos de outras igrejas haviam liberado grande poder sobre Newchwang.

No outono de 1908, Goforth foi à igreja de Taiyuan, em Shansi. Shansi foi chamada de "província dos mártires" da China, porque em 1900 cem missionários e muitos, muitos irmãos chineses, até mesmo crianças, foram decapitados. Um estudioso pagão chinês disse que todos, até mesmo as mulheres e crianças, morreram com um sorriso no rosto.

Durante alguns anos, os que professavam ser cristãos em Shansi haviam se desviado tanto que eram conhecidos por suas brigas, violência contra suas mulheres, desonra aos pais e trapaça para com os vizinhos. Quando veio o avivamento, as vidas foram transformadas, e o povo confessou publicamente seus pecados, indo de casa em casa para pedir perdão e fazer restituição. Centenas pediram perdão publicamente a suas esposas. Os não cristãos frequentemente diziam que "um novo Jesus" chegara a Taiyuan.[6]

O TEMPO DE DEUS

Goforth só podia passar um dia em Hsichow, onde a igreja estava dividida, e os cristãos davam mau exemplo. Uma importante professora da escola da missão, conhecida por seu temperamento explosivo, ficou cega de repente em um acesso de raiva. O líder da contenda da igreja era conhecido por sua embriaguez e ira. Em um dia poderoso de avivamento, ambos os desviados se converteram, foram salvos e libertos. Muitas outras vidas foram transformadas. O sr. Kuo, líder da igreja, disse que, quando a convicção do seu pecado o tomou, sentiu uma queimação terrível e achava que, se não confessasse, ele se queimaria vivo.

Quando Goforth chegou a Chuwuhsien, passou quatro dias com os líderes de 26 postos missionários de três províncias. Começou descrevendo o avivamento na Manchúria. As pessoas começaram imediatamente a chorar, e todo o período de quatro dias foi marcado por quebrantamento e confissão contínuos.

A cada momento, mesmo tarde da noite, as pessoas oravam em seus quartos e em grupos pequenos.

Em Chuwu, o avivamento veio mais devagar. Depois que Goforth realizou os cultos, o diretor do colégio de rapazes começou a se levantar para orar muito antes de amanhecer. Com o nascer do sol, muitos dos rapazes se uniram a ele. Depois de vinte dias, o Espírito Santo foi derramado. As contendas cessaram, e confissão e restituição provaram quão profundamente Deus operara. O colégio das moças estava de férias, mas, quando elas retornaram e souberam da notícia, insistiram em um dia de jejum e oração. De repente, o Espírito Santo veio sobre todo o grupo, e as moças ficaram de joelhos durante horas, pedindo a Deus perdão por seus pecados.

CAPÍTULO TRINTA E SEIS

A GRANDE COLHEITA CHINESA

Na primavera de 1908 o avivamento chegou ao posto do próprio Goforth em Chengteh. Os cristãos reuniram-se, vindos das áreas vizinhas. As escolas dos meninos e das meninas fecharam para que todos pudessem assistir aos cultos, e no hospital permitia-se que tantos quantos possíveis da equipe hospitalar também participassem. De forma repentina e intensa, Deus começou a operar. Quando a diretora da escola feminina levantou-se e confessou seus pecados, o Espírito de Deus moveu-se com poder entre as moças. No quinto dia, o diretor da escola masculina foi profundamente humilhado e quebrantado diante do Senhor. Ao cair a noite, o fogo de avivamento varria também toda a escola.

Algumas pessoas foram tão abençoadas que se dirigiram rapidamente a suas vilas e trouxeram de volta parentes e amigos. Outros contrataram mensageiros que foram até suas cidades trazer o seu povo. Tantos oravam e confessavam que os cultos demoravam horas a fio. Em diversas ocasiões, o povo estava tão quebrantado diante de Deus que o dr. Goforth não conseguia trazer sua mensagem. Novos grupos de cristãos chegavam constantemente, vindos de lugares distantes, ansiosos por compartilhar das bênçãos de Deus.

As reuniões tinham sido planejadas para durar oito dias, mas o Espírito operava com tanto poder que elas duraram mais tempo. Algumas pessoas tentavam fugir de Deus, mas a pressão do Espírito sobre sua alma era tão forte que acabavam retornando, arrependidas.

Grandes ondas de oração passavam sobre a congregação quando alguém pedia oração por uma igreja em especial ou pelos parentes não salvos. Dezenas de pessoas irrompiam em fervorosa intercessão. As pessoas de fora eram atraídas irresistivelmente aos cultos, tocadas, e depois regozijavam em Cristo, pois encontraram nele a salvação. Os missionários, junto com os líderes chineses de Chengteh, formaram grupos de avivamento e levaram a bênção para longe e para perto.

ENFRENTANDO OPOSIÇÃO

Em certa ocasião, Goforth foi severamente provado quando os cultos não obtiveram nenhuma resposta e ficara difícil pregar. Mas ele ficou firme na promessa de Deus em Jeremias 23.29: *Não é a minha palavra como fogo, diz o Senhor, e como martelo que esmaga a rocha?* De repente, o Espírito Santo movia-se sobre as pessoas, e tantas desejavam orar e confessar que o culto durava horas. Chineses não cristãos começaram a ir em bandos para os cultos. Um cristão estava caminhando para casa quando noventa pessoas não cristãs o cercaram e pediram que ele explicasse "esse Jesus e o seu caminho de salvação". Feiticeiras converteram-se, levando consigo com todas as suas famílias. Viciados inveterados em ópio foram salvos e tornaram-se testemunhas poderosas de Cristo.

Na província próxima de Honan, na cidade de Kaifeng, os cultos pareciam estagnar, até que as pessoas se entregaram a Deus e confessaram seus pecados. Em Kwangchow, as reuniões foram atrapalhadas por duas pessoas endemoninhadas: uma, mulher de um evangelista famoso, e outra, pagã. Os demônios foram expulsos em nome de Jesus, e então a bênção de Deus veio sobre a multidão. Nos oito dias de reuniões houve grande bênção, e dentro de quatro anos os cristãos de Kwangchow aumentaram de dois mil para oito mil pessoas.

Doze dias de reuniões foram realizados em Sinyangchou. A partir do sexto dia, o Espírito operou intensamente entre as moças da escola. Mas os rapazes, na maioria provenientes de famílias não cristãs, estavam resolvidos a não se comover. Vários deles planejaram atacar e matar Goforth. Na tarde do décimo dia, os rapazes tinham voltado a seu dormitório, quando de repente o Espírito Santo os tomou com poder irresistível. Estudantes e professores ficaram aflitos por causa de seus pecados, implorando que alguém orasse por eles. Na manhã do undécimo dia, muitos rapazes deram testemunho de vitória e agarraram-se a Goforth como se ele fosse o seu pai.

Em Chihli, alguns dos principais missionários e professores começaram a confessar sua ira, falta de amor, egoísmo e indignidade. Embora estivessem em pé quando oravam, caíram de joelhos, um depois do outro, humilhados perante o Senhor. Dentro de poucos minutos, centenas de pessoas estavam ajoelhadas, e de repente, "como uma ventania varrendo um campo de grãos [...] todo homem, toda mulher e toda criança foram ao chão da igreja, clamando por misericórdia".[1] A chave para o avivamento em Chihli parecia estar em renomado médico, homem brilhante, conhecido por sua piedade, mas que ocasionalmente demonstrava grande impaciência. Quando este médico se humilhou em confissão pública, o avivamento em Chihli veio com toda a força.

Goforth atendeu a convites dos metodistas em Pequim e dos presbiterianos americanos na província de Hopeh. Em Pequim, muitos estudantes universitários estavam decididos a não se desgraçar com confissão e humilhação. Dada a sua relutância, o posto missionário metodista experimentou apenas pequenas bênçãos.

Foi essa a experiência de Goforth em muitos lugares seguidos. Em quase todo centro cristão havia casos de tensão, contendas ou divisões, e esses problemas impediam o avivamento. Quando os envolvidos se recusavam a se submeter ao Senhor e confessar seus pecados, o avivamento demorava para chegar. Mas quando os pecadores se humilhavam diante do Senhor, arrependidos, o avivamento se espalhava rapidamente por toda a comunidade, muitas vezes até mesmo entre os pagãos que os cercavam.

O AVIVAMENTO VARRE AS ESCOLAS

Quando Goforth teve de ir para a Inglaterra, pediu ao dr. Pike, missionário metodista que já tinha sido grandemente usado no avivamento, para continuar as reuniões. No décimo segundo dia das reuniões do dr. Pike, os pregadores e evangelistas se quebrantaram perante o Senhor e começaram a confessar. De repente, o Espírito veio como uma avalanche sobre os estudantes universitários. Durante dias, foi impossível realizar aulas regulares. Reuniões de oração improvisadas seguiam em uma sala de aula após outra. As reuniões começavam às 5 horas da manhã e muitas vezes continuavam até as 10 da noite. Com a chegada das férias, 150 estudantes universitários viajaram em duplas por toda a região em volta, evangelizando e realizando cultos.

Em Chowtsun, os missionários estavam enfrentando atitudes rebeldes entre os estudantes do sexo masculino. Eles tinham quebrado todos os móveis da escola e queimado um boneco que representava o diretor da escola. Quando Goforth falou, os rapazes ficaram sentados em uma galeria do coral atrás dele, indisciplinados e agindo com desrespeito. Por quatro dias, nenhum rapaz abriu a boca para cantar, e a obstinação era evidente no rosto. Goforth confiou que Deus trataria com eles.

Quando Goforth entrou na sala de culto no quinto dia, todos os meninos estavam em lágrimas e todos cantaram com ânimo. Começando a hora de oração, um rapaz após outro correu para a frente confessando seus pecados, incluindo beber, participar de jogatinas e ir a prostíbulos. Alguns caíram ao chão, tão intensa era sua agonia espiritual em oração. Toda oração, confissão, todo testemunho revelava a obra do Espírito Santo.

Na próxima cidade onde Goforth pregou, quinhentos a seiscentos estudantes compareceram, além dos membros regulares da igreja. No primeiro dia, o Espírito convenceu poderosamente muitos membros da igreja, começando uma obra profunda que se espalhou então entre as moças estudantes. Os rapazes, especialmente os que treinavam para ser professores, permaneciam impassíveis, lendo seus livros enquanto Goforth pregava.

FOGO DO AVIVAMENTO

No sétimo dia, um estudante foi à plataforma com uma pilha de livros, que jogou ao chão com desprezo, dizendo: "Estes livros são do diabo!" Os estudantes haviam comprado os livros na cidade e, enquanto Goforth pregava, ficavam lendo essas estórias imorais. O rapaz confessou que tinha sido levado à impureza sexual por meio deles. Confessaram, um rapaz após outro. Confissão e oração continuaram durante cinco horas e meia, até os missionários convencerem Goforth a sair e descansar. A manhã inteira do oitavo dia foi uma torrente de confissão tal que Goforth não conseguiu pregar.

Em Chefoo, os líderes chineses da igreja avisaram antes às pessoas que não confessassem publicamente os pecados. No quarto dia das reuniões, quando diversas mulheres foram convencidas pelo Espírito Santo, dois diáconos foram até elas e disseram: "Lembrem do que combinamos". Na quinta manhã, quando Goforth começou a falar, um presbítero foi à frente dizendo que não aguentava mais o peso —simplesmente tinha de confessar. Passou a confessar mentira, furto e adultério. Goforth tentou novamente pregar, mas mais uma vez foi interrompido por confissões e teve de parar. Por vários dias, o Espírito agiu com fogo e poder de avivamento. Havia tantas pessoas, que a multidão não cabia na grande tenda preparada para os cultos.

Muitas das reuniões de avivamento de Goforth não somente se caracterizavam por confissão, como também por curas. Na província de Shantung, no primeiro culto do sexto dia, o Espírito Santo passou sobre os ouvintes com tamanho poder que muitas pessoas foram curadas de suas doenças físicas. Não se fizera nenhuma menção de cura, mas muitos tiveram essa experiência maravilhosa. A mesma obra de cura inesperada aconteceu também em um culto em outra província.

MAIS OBSTÁCULOS VENCIDOS

Quando Goforth se aproximava do próximo lugar em que estavam programados cultos especiais, uma delegação de missionários e líderes da igreja foi a seu encontro. Estes procuravam desanimá-lo: "Não espere que o Espírito Santo o use aqui como fez na Manchúria", disseram. Goforth respondeu: "O Espírito Santo sempre está pronto. Depende de vocês estarem prontos". No segundo dia, um evangelista estava preparando 27 pessoas para serem batizadas e descobriu que não poderia continuar. Sentiu não ser digno porque ele mesmo não estava cheio do Espírito.

Na tarde do sexto dia, houve tremendo espírito de oração, e essa oração foi se apagando. Caiu um silêncio santo sobre o povo, e por algum tempo ninguém disse uma palavra. De repente, um evangelista exclamou: "Ó Senhor, tu vieste!" Outros começaram a clamar com as mesmas palavras, e durante uma hora oraram, confessaram e cantaram ao mesmo tempo. Goforth disse que parecia a mais perfeita ordem. Tentou impetrar a bênção e despedir as pessoas, mas elas não deram atenção.

Uma hora e meia depois, o Espírito movia-se com grande poder, mais do que Goforth conhecera antes. Até meninos pequenos choravam ao orar por seus pais não salvos. Moços do colegial foram poderosamente tocados. Ninguém sabia que eles haviam formado um clube secreto de incrédulos e já eram infiéis. Mas ardeu um fogo espiritual entre eles e, um após outro, vieram à frente, orando com sofrimento e pedindo perdão. O culto continuou, e, às 3 horas da manhã do dia seguinte, homens, mulheres e crianças encheram a igreja, oraram e louvaram até o nascer do sol. Era o meio do inverno, não havia aquecimento no prédio, mas ninguém parecia notar. Quanta luz e alegria havia no rosto de todos! Quando o último culto começou às 10 horas da manhã, nem um homem, mulher ou criança permanecia não convertido.

Em algumas regiões, o diabo parecia lançar toda espécie de obstáculo possível para impedir os cultos. O diretor de uma grande escola era presbítero de uma das igrejas. Alguns anos antes, ele negara a Cristo para salvar a própria vida. Quando a igreja quis discipliná-lo, ele mudou de denominação e continuou sem arrependimento. Tentou impedir que os estudantes atendessem ao chamado de Deus. Outro homem, pastor da igreja batista local, conclamou uma reunião especial para atacar o ponto de vista doutrinário do presbiteriano Goforth. Um dos missionários da própria igreja batista retrucou que o impedimento não estava na visão de Goforth sobre o batismo, mas nos pecados que eles mesmos não confessavam. Os missionários e pastores tomaram partido, e os membros chineses também se dividiram entre um ou outro lado.

Goforth pregou sobre "Tende fé em Deus". O diretor da escola masculina foi até a plataforma tentar fomentar um sentimento contra os estrangeiros. Os rapazes do ensino médio ficaram ao lado desse diretor. No final do sétimo dia, parecia que as reuniões tinham sido um fracasso, e um missionário chegou a Goforth chorando. Goforth disse: "Por que está falando assim?" Ele disse ao missionário que tivesse fé em Deus, que Deus não permitiria que o seu santo nome fosse envergonhado.

Naquela noite, muitos dos estudantes do ensino médio não conseguiram dormir. Na manhã do oitavo dia, o Espírito de Deus irrompeu sobre eles, e os estudantes vieram em grupo para confessar seu erro. Em seguida, o diretor veio e confessou o seu pecado. Dentro de três anos, mais de três mil novos crentes foram acrescentados ao Senhor nesta comunidade.

Para uma campanha cooperativa especial em Nanking, no começo da primavera de 1909, construiu-se um grande pavilhão, com lugar para 1.400 pessoas, porque em nenhuma das igrejas caberiam mais que seiscentas pessoas. O pavilhão era feito de esteiras, que vazavam muito debaixo de chuva. Choveu muito até o dia da campanha começar, e, depois do término das reuniões, choveu de

204   FOGO DO AVIVAMENTO

forma ininterrupta por mais dois dias. Mas nenhuma gota caiu sobre o pavilhão durante os nove dias da campanha.

No terceiro dia da campanha de Nanking, veio avivamento sobre a escola de meninas da missão adventista. No quarto dia, as meninas da escola dos quacres receberam o Espírito, e no quinto dia foi a vez das estudantes presbiterianas. Então o Espírito Santo começou a agir sobre os rapazes do Colégio da União que se opunham fortemente. Chegado o sétimo dia da campanha, os rapazes estavam se entregando a Deus. Na oitava noite, a escola metodista para moças experimentou grande convencimento do Espírito. E no dia final o culto durou seis horas. Líderes e missionários de muitas denominações fizeram humildes confissões.

No final de seu relato autobiográfico sobre o avivamento na China, *Pelo meu Espírito*, Jonathan Goforth assevera:

> Desejamos declarar enfaticamente nossa convicção de que o avivamento de Deus pode acontecer quando o desejarmos e onde o desejarmos [...]. A leitura da Palavra de Deus torna inconcebível a nós que o Espírito Santo queira impedir, mesmo por um dia, a sua obra. Temos certeza de que, quando há falta da plenitude de Deus, será sempre por causa da falta de fé e obediência do homem. Se hoje Deus Espírito Santo não estiver glorificando Jesus Cristo no mundo como no dia de Pentecostes, somos nós os culpados.[2]

Goforth passa então a perguntar: "Estamos dispostos a pagar o preço do avivamento do Espírito Santo?" Ele delineia aquilo que considera fatores indispensáveis no preparo do caminho do Senhor para o avivamento: 1) oração, 2) movimento de retorno à Bíblia e 3) exaltação de Jesus Cristo como Rei dos reis e Senhor dos senhores.

O velho missionário presbiteriano e guerreiro de oração, homem de inabalável fé na Palavra de Deus, conclui seu livro com estas palavras: "Irmãos, o Espírito de Deus ainda está conosco. O Pentecostes está a nosso alcance. Se o avivamento está sendo impedido, é porque algum ídolo permanece no trono; porque insistimos ainda em depender de esquemas humanos; porque ainda nos recusamos a enfrentar a verdade imutável de que 'não é por força, mas pelo meu Espírito.'"[3]

CAPÍTULO TRINTA E SETE

FOGOS DE AVIVAMENTO NA ÁFRICA

Durante a década de avivamento no começo do século 20, numerosas áreas na África receberam bênçãos de avivamento. Muitos lugares foram influenciados pelos relatos sobre o avivamento no País de Gales. Um evangelista metodista fez campanhas missionárias entre diversas tribos bantos e nas principais cidades da África do Sul. Ocorreram muitas conversões e restaurações do paganismo. No Transkei, Deus enviou poderosa convicção do pecado. Houve muitas confissões — até de assassinato — e restituições.

Pela providência divina, Rees Howells e sua esposa, que experimentaram o avivamento em Gales, foram chamados à África do Sul pela Missão Geral Sul-Africana. Partiram em 1915, e, ao chegar, Howells começou a pregar sobre avivamento. Dentro de seis semanas, o Espírito Santo começou a se mover entre os cristãos. Doze missionários oravam juntos. Cantavam: "Senhor, envia teu avivamento, a começar em mim".[1] Deus assegurou a Howells que o avivamento estava a caminho. Três dias depois, começou.

No culto de domingo à noite, uma jovem africana que tinha jejuado e orado durante três dias, começou a orar e chorar durante o culto. Em cinco minutos, toda a congregação estava ajoelhada, chorando e orando. O Espírito Santo caiu sobre eles. Naquela noite, o som de oração foi ouvido em todas as vilas. Durante seis dias, o Espírito convenceu as pessoas do pecado, e nos cultos de oração as pessoas se levantavam continuamente para confessá-los. Todos os que se aproximavam estavam tomados pelo Espírito Santo. Por quinze meses, havia dois cultos de avivamento por dia. Centenas de pessoas vieram a Cristo.

Os Howells receberam um convite para visitar o posto missionário de outra organização, a 65 quilômetros de distância. Na primeira reunião, às 9 horas da manhã, o prédio estava lotado. Alguns visitantes que vieram de Rusitu testemunharam que Deus lhes dera avivamento. Em poucos minutos, as multidões começaram a clamar pela misericórdia de Deus, confessando os seus pecados. A reunião foi até 1 hora da tarde e recomeçou uma hora depois. Professores, evangelistas, estudantes e membros da igreja continuaram a orar, cantar e confessar até o pôr do sol. Uma pessoa chegou a confessar até um assassinato brutal. Quando Deus lhe assegurou do perdão completo, ele começou a clamar: "Obrigado, Senhor Jesus!" Cerca de cem pessoas foram libertadas e receberam vitórias naquele dia. No dia seguinte, muitas outras encontraram o perdão e a salvação de Deus. Até domingo, mais de duzentas pessoas tinham sido gloriosamente salvas. O poder de Deus estava tão visivelmente presente que negros e brancos oravam, choravam, confessavam e testemunhavam juntos, sem se importar com as diferenças raciais.

REES HOWELLS TORNA-SE AVIVALISTA

Após quinze meses, o diretor da missão na Cidade do Cabo pediu que cada missionário orasse por avivamento toda manhã entre as 7 e 7h30. Certa manhã, quando Rees Howells reivindicava a promessa de Deus em Malaquias 3.10, Deus deu-lhe uma visão do Espírito Santo vindo sobre todos os postos missionários. Por um dia inteiro, Howells ficou tão cheio do Espírito que caminhou pela montanha cantando louvores a Deus.

Um mês depois, o diretor da missão convocou uma conferência missionária. Ele escreveu ao casal Howells pedindo que trouxessem roupas para seis meses. Quarenta e três missionários estiveram presentes. Howells achava que, por ser recém-chegado ao campo, não deveria desempenhar papel de liderança na conferência, mas a missão insistiu, pedindo que Howells falasse no primeiro dia. Depois disso, a missão pediu que ele falasse todos os dias. Por três semanas, a conferência desenvolvia-se como um avivamento. Em algumas ocasiões, os cultos noturnos estendiam-se até cedo da manhã seguinte. Os missionários estavam tão cheios de alegria que cantavam até quando andavam de bonde. No encerramento, os missionários pediram por unanimidade que os Howells visitassem cada um de seus postos. Eles voltaram a seus postos missionários para orar e preparar o caminho do Senhor. Por dois anos, os Howells viajaram de posto em posto pela região hoje conhecida como Suazilândia, Pondoland, Botsuana, Transkei e KwaZulu, viajando cerca de dezoito mil quilômetros.

No primeiro posto, no terceiro dia das reuniões, o Espírito Santo desceu, "varrendo todo o lugar". Dois diáconos africanos faziam objeção à confissão de pecados. Howells insistiu com eles que orassem. Depois que Jephthah, um destes diáconos obstinados, orou por três dias, o Espírito desceu nas primeiras horas da manhã. Jephthah, como Saulo de Tarso, ficou imediatamente cego, mas cheio de alegria. Sua mãe foi de casa em casa chamando as pessoas para um culto. Às 3 horas da tarde, encheram a igreja. Jephthah foi conduzido à igreja. Confessou os pecados que havia cometido, e muitas pessoas se converteram. Três dias depois, Deus restaurou a visão de Jephthah.

Durante os três meses seguintes, os Howells levaram Jephthah com eles por onde iam. Sempre que Jephthah dava testemunho, "era como uma salva permanente de tiros de revólver, enquanto um depois de outro caía sob forte convencimento da parte do Espírito".[2] Em cada lugar, muitas pessoas foram salvas.

Em seguida, os Howells foram a Bethany, residência da rainha da Suazilândia. No primeiro dia, os Howells permaneceram durante treze horas na capela, o tempo todo ministrando a pessoas que buscavam o Senhor. No terceiro dia, o poder do Senhor veio sobre eles. A rainha da Suazilândia mandou chamar Howells, perguntando-lhes por que o seu povo estava indo atrás do Deus dele. Howells disse-lhe que era porque encontraram o Deus verdadeiro e receberam o perdão dos pecados e o dom da vida eterna. Ele pregou à rainha, e ela ficou muito tocada quando soube que eles haviam deixado o filho único na Grã-Bretanha para ministrar na África. Permitiu que Howells tivesse um encontro privado com os seus chefes, explicando que ele não deveria olhar para ela, mas falar como se estivesse apenas falando com eles. Deus ungiu poderosamente Howells, e, quando ele pediu uma resposta, cinquenta pessoas ficaram em pé, incluindo a filha da rainha. Antes de terminarem os três dias, 105 pessoas haviam aceitado Jesus.

Em um dos postos em Pondoland, Howells pregou na Sexta-feira Santa sobre a crucificação. Quando chegou às palavras "Fora com ele. Crucifica-o!", o povo estava profundamente convencido pelo Espírito Santo. A congregação inteira correu para a frente e caiu de joelhos para se acertar com Deus.

Em determinado lugar em KwaZulu, um evangelista estava preocupado com sua incapacidade de ganhar almas. Foi para o mato e clamou a noite toda a Deus. No dia seguinte, ficou cheio do Espírito Santo, e a unção de Deus veio com tanto poder que em pouco tempo o seu pequeno posto missionário se tornou maior que o principal posto da região.

Em cada um dos 25 postos, Deus cumpriu a promessa, mandando o avivamento. Ele prometera dez mil almas a Rees Howells e cumpriu esta promessa.

Em Johannesburgo, Howells conduziu, durante 21 dias, grandes reuniões de avivamento em uma das maiores igrejas, que todas as noites estava superlotada. Falava por meio de três intérpretes, para que pessoas de diferentes tribos pudessem entender. A cada noite, centenas foram à frente para receber Cristo como Salvador.

INWOOD NO MALÁUI

O rev. Charles Inwood, líder no movimento de Keswick, visitou o Maláui. Durante meses, os missionários haviam insistido com os cristãos que orassem, e cerca de cem reuniões de oração eram realizadas regularmente. Quando o rev. Inwood começou seu trabalho ali, houve pouca resposta de início. Então, no sábado pela manhã, um senhor começou a chorar em profusão. Depois de um tempo de oração silenciosa, um presbítero após outro começou a confessar seus pecados diante de todas as pessoas. Às vezes, dois ou três oravam juntos em voz calma. De repente, o espírito de intercessão veio sobre eles como um forte vento. Duas mil e quinhentas pessoas estavam orando audivelmente ao mesmo tempo. Ninguém parecia ter consciência dos outros ao redor. Para controlar a reunião, um missionário começou um hino, com pouco efeito. Por fim, a oração terminou; as pessoas cantaram um hino de confissão e a congregação foi dispensada em silêncio total, com o pedido de que continuassem orando em casa.

Na reunião seguinte, as mulheres reuniram-se separadamente, e os homens encontraram-se na grande igreja. Em ambas as reuniões, jorravam torrentes de oração, e todos no auditório oraram simultaneamente. No domingo, sete mil estavam presentes. Milhares de pessoas pagãs ouviram o relato do avivamento e vieram ver o que acontecia.

Inwood ia de convenção em convenção, sempre com os mesmos poderosos resultados. As dívidas foram pagas, disputas saradas, brigas substituídas por bondade fraterna, a oração tornou-se algo deleitoso, candidatos ofereciam-se para servir ao Senhor, e muitos incrédulos chegaram à fé cristã. Todos estavam convencidos de que não existe no mundo poder mais irresistível que o poder do Espírito Santo.

O AVIVAMENTO ESPALHA-SE POR TODA A ÁFRICA

Logo ficou evidente que o Espírito atuava na Zâmbia. Nas províncias orientais entre os reformados holandeses, centenas vieram a Cristo. No Congo, o avivamento chegou ao posto Luebo em maio de 1902, com a conversão a Cristo de centenas de pessoas. Até 1906, havia nove mil membros, e duas mil pessoas em preparação para se tornarem membros, e 2.180 pessoas foram acrescentadas à igreja naquele ano. Em Kifwa, 648 pessoas foram batizadas em 1906, e mais 1.800 estavam sendo preparadas para o batismo. Nos sábados à noite, reuniões de oração repletas de pessoas preparavam os cultos frutíferos do domingo.

De 1906 em diante, o avivamento começou a transformar o sul de Camarões. Até 1909, Camarões reportou avivamento contínuo e vários milhares de interessados. Em Uganda, os cultos da igreja anglicana tinham frequência de milhares de pessoas. Houve muitas conversões, e o impacto foi sentido em todo o leste da África. Na Nigéria, um despertamento espiritual no delta do rio Níger trouxe fortíssima convicção do pecado entre um povo que mal sabia o que era pecado. Dentro de uma década, a membresia cresceu de mil para quase 21 mil pessoas.

Na Costa do Marfim e na Costa do Ouro, William Wade Harris, liberiano, ganhou milhares para Cristo, e os metodistas alcançaram a frequência de mais de dez mil em seus cultos. O despertamento continuou ali por pelo menos dez anos.

FOGOS DE AVIVAMENTO NA ÁFRICA 209

Na parte superior do Egito, o avivamento chegou a Nachaileh, cidade de vinte mil habitantes. Criminosos, ladrões e beberrões converteram-se, e, em cada casa, pelo menos uma pessoa veio a Jesus. Na Argélia, multidões de duas mil pessoas enchiam os cultos a cada noite para ouvir um evangelista francês. A década de 1900 foi conhecida como o período de maior progresso do evangelho que a África já viu.

MADAGASCAR RENASCEU

Na ilha de Madagascar, a família de um cristão nominal, que fora feiticeiro, adoeceu. Um dia, o homem, de nome Rainisoalambo, ouviu uma voz dizendo: "Ore por eles, para que sejam curados". Ele orou, e toda a sua família foi curada. Rainisoalambo deixou o álcool, tornou-se novamente fiel à sua esposa, começou a estudar as Escrituras e frequentar os cultos da igreja. Em 1894, como resultado de sua visão, tornou-se cristão testemunha. Teve apenas atividades limitadas até 1899. Aos poucos, a história da conversão de Rainisoalambo atraiu outras pessoas à sua casa, e muitas se converteram. Rainisoalambo tornou-se seu professor. Ganhou outro feiticeiro para o Senhor depois que suas orações lhe trouxeram a cura. Os dois passaram a evangelizar de vila em vila. Reconheciam a atuação dos espíritos maus e expulsaram demônios em nome do Senhor Jesus.

Os que foram convertidos por meio de Rainisoalambo ficaram conhecidos como discípulos do Senhor. Visitavam os lares das pessoas e foram a todas as casas de uma vila. Pregavam nas igrejas, onde quer que pudessem, em cada distrito. A Bíblia era sua única autoridade. Sempre trabalhavam em equipes, sem receber apoio financeiro de ninguém. Pregavam sobre o pecado, o inferno, a cruz e o amor fraterno. Seu ministério envolvia a cura pela imposição de mãos e a expulsão de demônios. Um despertamento autóctone começou a espalhar-se. Esses discípulos do Senhor alcançaram todas as partes da ilha de Madagascar. Quando Rainisoalambo morreu, o progresso dos discípulos do Senhor começou a diminuir. Mas então havia começado o avivamento em Gales. Os discípulos do Senhor mantiveram forte impacto sobre os cristãos de Madagascar.

Em 1905, um segundo avivamento em Madagascar começou em uma pequena vila. Os cristãos ouviram falar sobre o avivamento de Gales e o avivamento entre povoados noruegueses, onde missionários galeses tinham evangelizado oitenta anos antes. Quando o povo do vilarejo começou a orar, as contendas foram sanadas, perdão foi mutuamente oferecido, e os empecilhos, retirados. Veio então um profundo senso da presença de Deus na reunião de oração. Na semana seguinte, 83 pessoas da vila professaram publicamente sua fé em Cristo. O movimento começou a se espalhar por todo Madagascar. Os corações estavam buscando, e o resultado foi a confissão de pecados, arrependimento

210 FOGO DO AVIVAMENTO

sincero e conversões, com vidas transformadas. Converteu-se número incomum de feiticeiros e curandeiros, antes endurecidos pelo paganismo, e estes jogaram fora seus amuletos e sua parafernália, professando publicamente sua fé em Jesus.

Nesse segundo avivamento, Deus usou grandemente duas mulheres: uma senhora galesa chamada sra. Rowlands e uma senhora malagasi de nome Ravelonjnahary. Ambas tinham profundo amor pelas pessoas e desejo ardente de ajudar os necessitados. Deus usou de maneira especial Ravelonjnahary para curar muitos enfermos. Ela registrava cuidadosamente todo visitante e orava e aconselhava pessoalmente cada um. Algumas pessoas tinham de esperar até quinze dias para vir até ela. Enquanto esperavam, cada dia elas iam aos cultos na igreja do vilarejo. Frequentemente eram curadas em meio aos cultos na igreja. Ravelonjnahary exortava o povo a ter total fé em Deus, e grandes bênçãos foram derramadas sobre os cultos. Aconteceu um despertamento geral; muitos convertidos foram usados na exortação e profecia. Os missionários oravam com zelo e dedicação renovados.

Trinta intercessores reuniram-se em uma igreja de vilarejo a 1 hora da tarde e oraram até as 4 horas da manhã seguinte pela salvação de um feiticeiro que se tornara seu inimigo ferrenho. Às 4 horas da manhã, sentiram que Deus havia respondido às suas orações. Foram à casa desse feiticeiro e pregaram Jesus. Ele escutou calmamente, removeu seus amuletos e feitiços, e recebeu Jesus Cristo como Salvador. Então esse ex-feiticeiro ficou gravemente enfermo; ele e outros cristãos acreditavam que isso vinha de Satanás. Mas oraram, e logo ele foi liberto.

O despertamento Malagasi continuou a avançar em 1908, caracterizado por muita oração, cultos de consagração, fervor espiritual e comovente confissão de pecados. Parecia que essa confissão espontânea de pecados era impulsionada pelo fato de que muitas pessoas tiveram visões sobre o sofrimento de Cristo. Os novos convertidos rapidamente faziam restituição aos que tinham sido prejudicados por seus pecados. As mulheres foram especialmente usadas por Deus ao falar, orar, visitar os perdidos e ganhar almas. Madagascar experimentou resultados semelhantes aos de Gales.

Inimigos de outras tribos vieram, pedindo que alguém fosse evangelizar as suas aldeias. Grandes multidões assistiam aos cultos, e muitos pediram para ser batizados. Em um vilarejo após o outro, o chefe da vila e os novos crentes queimavam os altares de madeira, seus amuletos e ídolos. Em 1898, havia 41.134 membros de igrejas protestantes e 86.406 adeptos. Até 1908, como resultado do avivamento, havia 66.264 membros de igrejas, com mais 281.188 adeptos ainda não membros. O despertamento no Madagascar foi realmente um movimento do povo.

CAPÍTULO TRINTA E OITO
O AVIVAMENTO DE SHANTUNG

Em 1932, Deus enviou um dos maiores avivamentos do século 20 à província de Shantung, no norte da China. Ele começou na Missão do Norte da China da Igreja Batista do Sul, pelo ministério da srta. Marie Monsen, missionária norueguesa da Igreja Evangélica Luterana, que era refugiada em Chefoo. O avivamento espalhou-se especificamente por meio da obra dos batistas do sul dos Estados Unidos, mas alcançou também numerosas outras sociedades missionárias, indo para outras províncias do norte da China.

O avivamento de Shantung nasceu nos grupos de oração, alguns começados em 1925. A srta. Monsen escreveu: "Visitar os diversos postos dessa missão foi uma maravilhosa experiência. Em cada lugar, sentíamos que tudo fora preparado por oração definida, de fé e incessante. Foi maravilhosamente honesto, e havia união entre os missionários nesta obra".[1]

Em Honan, os missionários batistas do Sul dos Estados Unidos oraram durante muitos anos por avivamento em sua província. Começando em 1929, todo dia havia duas reuniões de oração pelo avivamento, uma entre os missionários e uma entre os chineses. Então, durante cinco meses os dois grupos se reuniram, orando duas vezes ao dia, e finalmente Deus enviou o avivamento.

O avivamento de Shantung foi relatado com mais detalhes pelo dr. C. L. Culpepper, respeitado líder missionário da Junta de Missões Estrangeiras dos Batistas do Sul. Esse avivamento foi caracterizado por convicção do pecado, confissão, experiência clara de novo nascimento e ênfase em uma experiência definitiva de plenitude de seu Espírito. Como todos os avivamentos, havia abundante oração, até mesmo reuniões de oração por noites inteiras, enquanto as pessoas demonstravam fome pela poderosa obra de Deus e a experiência da plenitude do seu Espírito. Não era um movimento pentecostal, pois não enfatizava nenhum dom específico do Espírito.

Os métodos da srta. Monsen eram bem simples. Ela dava o seu testemunho e fazia a todos duas perguntas pessoais: "Você já nasceu de novo?" e "Você está cheio do Espírito?" Muitos missionários da missão batista do Sul haviam frequentado uma conferência em Peitaiho em 1929, onde o missionário presbiteriano canadense dr. Jonathan Goforth pregara. Goforth fora grandemente usado por Deus nos avivamentos do norte da China em 1908-1909. A fome espiritual do povo chinês aumentara.

Quando a srta. Monsen encontrou o dr. Culpepper, suas primeiras palavras foram: "Dr. Culpepper, o senhor está cheio do Espírito Santo?" Quando ele gaguejou uma resposta indefinida, ela contou como "quinze anos antes ela havia orado e recebido a promessa do Espírito Santo conforme relatado em Gálatas 3.14".[2]

No dia seguinte, uns vinte missionários e amigos se reuniram para orar pela grave condição dos olhos da sra. Culpepper. Depois de duas horas de oração sincera, o dr. Culpepper ungiu a sua esposa e orou por seus olhos. De repente, "foi como se Deus tivesse entrado na sala. Todos oraram audivelmente. Sentimos que o céu descera até nós". Enquanto estavam orando, dois cozinheiros chineses conhecidos por seu ódio mútuo entraram. Ficaram tomados pelo poder convencedor do Espírito. Confessaram o ódio que sentiam um contra o outro, e foram gloriosamente salvos. De repente, alguém disse à sra. Culpepper: "E os seus olhos, como estão?" Ela fora completamente curada.[3] Isso foi o prelúdio do avivamento de Shantung.

O despertamento começou em 1927 com uma reunião preparatória. A srta. Monsen foi de igreja em igreja, de posto missionário em posto missionário, perguntando a todos — pastores, evangelistas, leigos, chineses e missionários estrangeiros: "Você nasceu de novo?" Ela falava com grande seriedade sobre o pecado, necessidade do novo nascimento, reconciliação e restituição, vida espiritual mais profunda e oração por avivamento na China. Sempre dava o seu testemunho pessoal e depois fazia a mesma pergunta a todos: "Você já nasceu de novo?"

Não havia sensacionalismo nas reuniões com a srta. Monsen. Ela falava com voz calma. Algumas pessoas sentiam-se insultadas e ficavam iradas, mas ninguém podia fugir das suas perguntas. Muitos, até missionários, perceberam que jamais tinham nascido de novo ou que nunca foram cheios do Espírito. Alguns mentiram a ela, mas ficaram tão convictos de seu pecado que se humilharam diante de Deus e foram claramente convertidos.

Um jovem obreiro chinês insistia que era salvo, mas não conseguia enganar o Espírito Santo. Certa noite, no pátio de sua casa, o Espírito Santo o derrubou, e levaram-no dali, duro, azul e frio. As pessoas ajoelharam-se à sua volta e oraram. O missionário instou-o a confessar seus pecados. Tão logo esse jovem conseguiu abrir a boca, confessou, e instantaneamente ficou completamente são, transbordando de alegria.

UM MISSIONÁRIO REVIVE

Em 1932 chegou verdadeiro avivamento. Os relatos missionários eram empolgantes. Todos os membros do corpo docente da Faculdade Teológica Batista

O AVIVAMENTO DE SHANTUNG   213

do Norte da China estavam plenos do Espírito. Muitos da equipe do hospital em Hwanghsien foram salvos, e outros ficaram cheios do Espírito. Em Tsinan, a quantidade de pessoas salvas naquele ano foi maior do que em qualquer ano anterior. Quase todos os pregadores, professores, mulheres da Bíblia e missionários "tiveram experiência de vida mais profunda, e cada um começou a obter vitória e poder autênticos em sua vida".[4] Outro relato dizia: "A pura alegria e o enlevo dessa nova comunhão maravilhosa e íntima a que fomos conduzidos com o próprio Redentor glorificado vão além do poder da expressão".[5] Verdadeiramente, o avivamento havia chegado.

O avivamento espalhou-se. De Pingtu, um missionário escreveu: "Nossa estimativa é que três mil pessoas foram salvas neste ano. Houve cerca de novecentos batismos, e outros aguardam. Os 'Atos do Espírito Santo' estão sendo repetidos de forma surpreendente aqui em nosso meio".[6] O avivamento começou a se espalhar por toda a Shantung.

O dr. Culpepper foi até Pingtu para ver pessoalmente o lugar onde o Senhor havia operado com tanto poder. Ele viu a vida transformada de pessoas avivadas, os muitos novos convertidos e como Deus estava operando. Voltou a Hwanghsien, um grande centro batista, e deu seu relatório. O pessoal do centro providenciou reuniões especiais com um evangelista vindo de fora.

Na segunda-feira de manhã, começaram as reuniões especiais de oração em prol dos cultos de avivamento. Eram realizadas às 5 e às 10 da manhã, às 2 horas da tarde e no começo da noite. O Espírito Santo aplicou Romanos 2.17-24, e o dr. Culpepper ficou profundamente convicto. Passou boa parte da noite em oração. Na manhã seguinte, ele confessou diante de uns quarenta missionários e obreiros chineses quanto era indigno, espiritualmente impotente, de coração carente. Logo os outros começaram a cair de joelhos. Um missionário e um líder chinês confessaram que odiavam um ao outro.

As confissões e orações continuaram todo aquele dia e noite e também no o dia seguinte, com muitos ainda orando durante a noite posterior. Outras pessoas chegaram, tocadas pelo Espírito, e confessavam seu pecado. A reunião de oração continuou sem cessar de segunda a quinta-feira. A essa altura, centenas estavam presentes. Na noite de sexta-feira, quase todas as duzentas pessoas estavam avivadas; por muitas horas cantavam e davam louvores a Deus.

Culpepper e dois pregadores chineses combinaram de se encontrar no sábado para orar pela plenitude do Espírito. Culpepper havia hesitado e estava temeroso de fazer uma entrega completa, mas Deus aplicou Lucas 11.9-13 a seu coração. Ele confiou na promessa de Deus enquanto entregava tudo. O Espírito Santo inundou sua alma, e durante meia hora ele esteve "completamente enlevado" por Jesus. "Palavras humanas e a mente do homem não conseguem entender ou explicar o que ouvi e vi. Essa experiência é como se tivesse acontecido ontem. O Senhor era mais real para mim do que qualquer pessoa

214   FOGO DO AVIVAMENTO

humana. Tomou completo controle de minha alma — e me encheu com seu amor divino, sua pureza, compaixão e poder."[7]

Parecia a Culpepper que seu coração se arrebentava de amor e compaixão pelo próximo: por sua esposa e filhos, colegas na obra e pelos não salvos. Pela primeira vez, experimentava o Espírito Santo intercedendo poderosamente por seu intermédio (Rm 8.26,27).

DEZ DIAS DE AVIVAMENTO

Domingo foi um dia glorioso. Culpepper nunca experimentara oração e comunhão tão grandes no culto matutino. Naquela noite, quinze pessoas foram à casa dos Culpeppers para mais oração, e as quinze foram cheias do Espírito.

Na segunda-feira, os estudantes voltaram de suas casas. O avivamento irrompeu no colégio das moças, no colégio masculino, no seminário e no hospital. Começaram a realizar cultos na grande capela, com lugar para 1.500 pessoas, e os jovens das duas escolas entraram enfileirados, enchendo-a duas vezes por dia. Em todo culto, dúzias de pessoas iam à frente para orar. Enchiam as fileiras da frente e os corredores, ajoelhando, orando, confessando seus pecados e chorando diante de Deus.

Os cultos de avivamento duraram dez dias. Todas as seiscentas alunas professaram a salvação, e novecentos dos mil estudantes masculinos fizeram o mesmo. Numerosos estudantes haviam formado uma sociedade comunista secreta, mas, quando o seu líder ficou em pé para desafiar o dr. Culpepper, o Espírito Santo o derrubou ao chão, para debaixo de um banco. Esse estudante confessou, mas recusou-se a se arrepender e saiu da escola. Dentro de uma semana, morreu. Outros membros da sociedade comunista confessaram seu ódio por Deus e pelos missionários, mas apenas metade deles foi salva. Os outros saíram da escola.

O avivamento espalhou-se para toda igreja e capela batistas do município. De vinte a trinta pessoas eram batizadas todo mês. Em seguida, o avivamento espalhou-se para os municípios vizinhos. Cinco centros de avivamento surgiram, e o avivamento atravessou a província de Shantung e depois as províncias de Honan, Manchúria e Anhoei. Por fim, alcançou outras denominações.

Repetidamente, o avivamento se espalhava ou recebia novo ímpeto quando as pessoas ficavam cheias do Espírito Santo. Talvez o resultado mais destacado do avivamento de Shantung foi o fato de que o testemunho ficou espontâneo e cheio do poder do Espírito.

DE DENTRO PARA FORA

Enquanto equipes-chave de evangelismo iam de cidade em cidade por toda a província, primeiro eles ajudavam os cristãos a buscar relacionamentos certos e a plenitude do Espírito. Aqueles que ficavam cheios do Espírito eram conduzidos a buscar os perdidos. Nas palavras de um membro da equipe: "É fácil ganhar os perdidos quando o Espírito de Cristo tem canais livres e claros pelos quais operar".[8]

Muitos exemplos desse período revelam Deus trabalhando. Em uma escola missionária em que quase todos os estudantes vinham de lares pagãos, dois professores ficaram cheios do Espírito. Logo, todos os alunos se converteram, e os professores viajavam de casa em casa fazendo evangelização. Viram muita gente se converter.

O avivamento alcançou os três hospitais batistas existentes. Diversas enfermeiras foram salvas e cheias do Espírito. Diariamente, os doentes eram salvos. Duas mulheres ficaram cheias do Espírito e voltaram a pé até suas casas em outra vila a mais de 16 quilômetros de distância. Testemunharam na sua igreja de origem, e logo as pessoas estavam confessando seus pecados e "buscando a plenitude do Espírito Santo. Depois de receberem, eles, por sua vez, começaram a contar a história a outros, e o avivamento espalhou-se como fogo por toda a região".[9]

Estudantes e professores cheios do Espírito usavam os sábados e domingos para testemunhar por toda parte. Davam-se relatos nas reuniões diárias de oração. "Um dos fatores mais destacados do avivamento é o testemunho pessoal. As pessoas iam por todos os lados, dando testemunho."[10] Outro resultado maravilhoso do avivamento era o renovado interesse no estudo bíblico. As livrarias viam seus estoques de Bíblias esgotar-se rapidamente. Havia aulas bíblicas de curto prazo, reunindo as classes toda noite. Antes do avivamento, a matrícula de alunos no seminário tinha diminuído para quatro pessoas. Agora, aumentara para 150.

Dentro de poucos meses, a frequência às igrejas foi enormemente multiplicada. Muitas igrejas começaram a disciplinar os membros quando os padrões bíblicos não eram cumpridos, algo que até então não acontecia.

AVIVAMENTO TRAZ MUDANÇAS

Outro importante resultado do avivamento foi o novo espírito de oração. As pessoas amavam orar. Frequentemente, as reuniões de oração duravam de duas a três horas. "Essas orações não eram compridas e monótonas, mas fervorosas, às vezes com lágrimas, sempre como se quem orava estivesse conversando com o Pai com a confiança de que Deus escutava. Era lindo ouvi-los orar uns pelos outros [...]. Não havia propaganda barata da oração pelos enfermos; em fé simples, como de crianças, essas pessoas oravam pelos enfermos, e muitos foram curados."[11]

O arrependimento e a confissão de pecado, e não a cura, eram as ênfases do ensino da igreja. Mas Deus realizou algumas curas incomuns. Um homem que se arrastava como um verme porque suas pernas eram grudadas foi curado instantaneamente, e tornou-se pregador do evangelho. Um senhor idoso que estava morrendo de tuberculose, já tendo seu caixão e mortalha preparados, de repente pulou e disse: "Estou bem". Ele vendeu o caixão e iniciou um fundo para a construção da igreja. Por meio dessas curas, Deus abriu novas portas para o evangelho.

Em outra vila, uma mulher moribunda já estava com suas vestimentas de sepultamento quando um novo convertido veio e orou por ela. Essa senhora foi instantaneamente curada. O novo convertido testemunhou para ela e então mandou chamar um missionário. Toda a sua família e grande número de pessoas de seu vilarejo foram salvos. Umas vinte pessoas na vila tiveram a plenitude do Espírito.

Em Pingtu, um médico formado por um renomado hospital missionário havia aderido a um partido político anticristão e jurou publicamente que rejeitava a religião estrangeira. Ele comentou que, se dois de seus pacientes paralíticos fossem curados, ele creria em Cristo. Pois dois de seus pacientes, um que estava paralizado havia dezoito anos, e o outro, há 28 anos, foram instantaneamente curados. O médico começou a tremer de medo e pelo convencimento do Espírito Santo. Arrependeu-se e foi salvo. Imediatamente, passou a fazer evangelismo pessoal entre os membros do partido político anticristão.

Outro resultado do avivamento foi o constante cantar. Muitas pessoas puseram músicas em versículos das Escrituras. Idosos analfabetos memorizavam esses cânticos e cantavam com lágrimas de alegria no rosto. O dr. Culpepper disse que muitas velhinhas que mal conseguiam cantar uma simples melodia ficaram cheias do Espírito e começavam a cantar quase como anjos.

Um maravilhoso espírito de adoração pairou sobre os cultos. Às vezes, toda a congregação abaixava a cabeça em adoração silenciosa. Então, de repente, pessoas oravam em voz alta e louvavam a Deus por até uma hora. Mesmo sem sermão, no momento em que se fazia o convite para vir à frente aceitar Cristo, muitos eram salvos. Mesmo os cultos de batismo eram tão marcados pela presença de Deus que levavam a novas conversões.

Nesse avivamento, muitos foram chamados ao ministério. Um moço cético e zombador foi salvo de forma maravilhosa. No culto de encerramento da série de reuniões, ele ficou cheio do Espírito Santo. Alguns dias depois, havia lido a Bíblia toda. Deus deu a esse ex-cético grande compaixão pelos perdidos. Aonde ele ia, o poder de Deus estava com ele, e assim conduziu muitos a Cristo.

O dr. Culpepper viajou por toda a província de Shantung, visitando povoados e fazendas, e aonde ia encontrava evidências de avivamento. As igrejas estavam lotadas e às vezes tinham de ser ampliadas para acomodar multidões de até mil pessoas. Antigos hábitos e costumes pagãos foram mudados, e as pessoas testificavam da purificação dos seus pecados. Os cristãos tinham renovado zelo por ganhar almas.

Em anos anteriores, tinha sido difícil conseguir o interesse e a atenção das pessoas descrentes. Agora, o Espírito Santo operava convencendo com tanto poder que os não cristãos vinham por iniciativa própria em busca da salvação. Deus deu aos cristãos nova união, e eles confessavam abertamente seus pecados, orando uns pelos outros. Até mesmo os missionários confessaram seus pecados escondidos. Os problemas pessoais e raciais entre missionários e chineses foram dissipados. Milhares de pessoas abandonaram seus ídolos. Os cristãos encontraram renovada alegria em dar, e muitos entregaram os dízimos que estavam em atraso. O avivamento espalhou-se para os círculos universitários, e muitos estudantes do ensino superior foram salvos.

O avivamento em Shantung foi um maravilhoso exemplo de como Deus manda a colheita entre os não cristãos depois que os cristãos são avivados. O avivamento de Shantung durou uns cinco anos. Centenas de igrejas foram renovadas, e milhares de pessoas foram salvas.

CAPÍTULO TRINTA E NOVE

O AVIVAMENTO NO LESTE DA ÁFRICA

A partir de 1930, ocorreu no leste da África um avivamento de cinquenta anos, caracterizado pela plantação de igrejas e colheita de novos frutos, principalmente nos países do leste africano: Ruanda, Burundi e Uganda. O avivamento teve início na Sociedade Missionária da Igreja (*Church Missionary Society* — CMS), uma das mais de trinta organizações missionárias anglicanas. A CMS era teologicamente conservadora, especialmente durante o tempo do avivamento, e foi fortemente influenciada pela ênfase do movimento de Keswick no novo nascimento, plenitude do Espírito Santo e vida de vitória espiritual.

FOME DE AVIVAMENTO EM RUANDA

A missão ruandesa da Sociedade Missionária da Igreja foi fundada em 1920. Os missionários e membros logo sentiram a necessidade de avivamento. Foram grandemente ajudados e abençoados pela leitura do livro *Como viver a vida vitoriosa,* escrito por um cristão desconhecido. Depois de cinco anos, já havia 150 igrejas em vilarejos e uma grande igreja central com lugar para duas mil pessoas sentadas. Porém, a igreja logo passou a sofrer quando membros se envolveram em bebedeiras, vícios sexuais, feitiçarias e outros pecados. Em 1927, conclamou-se uma semana de oração e humilhação diante de Deus no campo missionário e por mantenedores da terra-mãe. Procuravam "um maravilhoso derramamento do Espírito Santo [...] que em sua inundação alcance as regiões mais longínquas de Ruanda nos dias que virão".[1] O resultado imediato foi um aumento de frequência nos cultos, que passaram a ter até mil participantes. As pessoas tinham de ficar em pé do lado de fora porque o edifício em que a igreja se reunia era pequeno demais.

Em 1929, o dr. Joe Church, um dos líderes missionários, sentia-se deprimido, cansado, no fim de suas forças. Durante meses, ele lutava para entender as mortes aparentemente infindáveis decorrentes da fome e sua incapacidade de suprir todas as necessidades. Ansiava por um companheiro que também tivesse anseio pela plenitude do Espírito Santo e uma vida de vitória. Deus deu-lhe um jovem africano "sob medida", Simeon Nsibambi, funcionário do governo, que concordava de coração e alma com Church. Ao orarem juntos, Deus deu a Church a sua "porção no poder de Pentecostes".[2] De agosto de 1931 em diante, começou uma série de eventos de avivamento que prepararam o caminho do Senhor e aprofundaram a obra renovadora do Espírito. Deus preparou líderes locais em Gahini, africanos piedosos, tanto entre os trabalhadores braçais quanto entre os da equipe especializada. A oposição, os problemas e a perseguição aumentaram — Satanás percebeu que Deus estava operando.

Mesmo antes de terminar a construção da grande igreja em Gahini, os membros reuniram-se ali para seu primeiro culto de confirmação. Na terça-feira, começaram reuniões duas vezes ao dia para estudo bíblico e oração, especialmente quanto aos assuntos de consagração e do Espírito Santo. Pelo menos mil pessoas assistiam. As reuniões de oração matutinas chegavam a começar às 4 horas. Em novembro, surgiu grande entusiasmo quando chegaram os primeiros Novos Testamentos em sua língua. No Natal, mais de duas mil pessoas lotaram a nova igreja, sobrando pessoas do lado de fora.

OS ABAKA

De 1931 em diante, o Espírito Santo avivou e inflamou homens e mulheres em toda parte de Ruanda. Muitos foram profundamente convencidos do pecado e humilharam-se com verdadeiro arrependimento, confessaram seus pecados, pediram perdão às pessoas que tinham prejudicado e fizeram restituição. Procuraram e receberam perdão e purificação, e viviam em vitória sobre pecados passados. Os que nasceram de novo começaram a ser chamados de "abaka" (os inflamados). "Eram homens marcados, com a alegria brilhando em seu rosto, e, aonde quer que fossem, tinham um testemunho."[3]

Pequenas equipes de crentes avivados começaram a dar testemunho de um lugar a outro. Um aldeão idoso e seu amigo viajaram oitocentos quilômetros, testemunhando e aprendendo sobre as necessidades de diversos lugares que visitaram, a fim de orar melhor por eles.

O líder da escola de treinamento evangelístico sentiu o fardo da falta de interesse de seus alunos. Tirou uma semana de licença para orar, jejuar e estudar a Palavra, pedindo a Deus nova concessão do Espírito Santo. Logo ele ficou radiante pela presença do Senhor.

Deus levantou William Nagenda, poderoso líder do avivamento entre africanos e europeus por todas as igrejas de Ruanda, Uganda, Quênia e Sudão.

Em outubro de 1933, uma delegação de dois homens vindos de Keswick, Inglaterra, fez sua primeira convenção em Keswick, no campo de Kabalé. Durante a convenção, o Espírito operou de modo profundo entre os missionários, que perceberam que não eram de fato uma missão de oração. Começaram a ter reuniões trimestrais de oração e comunhão. Deus levou-os a lidar com as tensões entre clero e leigos.

220   FOGO DO AVIVAMENTO

Numa segunda convenção de avivamento naquele ano, Deus rompeu as barreiras durante a última sessão de oração, e prevaleceu profunda convicção do pecado, com um espírito de confissão, durante duas horas e meia. Algumas das esposas dos colegas de trabalho foram também transformadas pelo avivamento. A oposição católica romana, apoiada por alguns representantes belgas, aumentou.

De 1933 em diante, conferências de ensino bíblico eram realizadas a cada ano. Logo os cristãos mais maduros organizavam-se em equipes evangelísticas. Vários integrantes da equipe hospitalar que eram salvos construíram pequenas barracas cobertas de sapé ou salas separadas em suas casas para orar e passar mais tempo a sós com Deus. Quando um missionário sugeriu uma reunião de oração diária para a equipe hospitalar, às 5 horas da manhã, eles sorriram e disseram que suas orações diárias já começavam antes disso. Na manhã seguinte, os funcionários do hospital estavam na varanda deste missionário às 4 horas e oraram durante duas horas. Um dia depois do Natal, em uma reunião de oração "ordinária", de repente Deus deu profunda convicção do pecado. Por duas horas e meia, as pessoas foram quebrantadas, confessando seus pecados e orando sinceramente.

Deus convenceu os missionários de que sua reserva britânica e a falta de intimidade uns com os outros, com os africanos e até mesmo com as próprias famílias eram pecaminosas. Muitos, tanto africanos quanto missionários, sentiram nova liberdade no evangelismo pessoal e coletivo e novo interesse pelos perdidos.

Em 1935, missionários anglicanos, batistas dinamarqueses, quacres americanos, metodistas livres e da Igreja do Nazareno formaram a Aliança Protestante de Ruanda-Burundi.

DE RUANDA A UGANDA

O bispo africano da igreja de Uganda desejava avivamento em sua faculdade teológica em Muono. Pediu que dois missionários, Joe Church e Lawrence Barham, os visitassem com uma equipe de Ruanda. Joe Church enviou um pedido de oração em forma de folheto. Pela primeira vez na história da missão, Deus usou a sua mensagem para levantar grande volume de orações. Enquanto as orações subiam, todo o movimento de avivamento avançou. A oração intensificou-se durante vários meses. Em junho de 1936, realizou-se uma convenção, e o Espírito Santo operou poderosamente.

Simultaneamente, aconteceu o avivamento em Gahini, Ruanda, em 24 de junho de 1936. Aparentemente, o Espírito Santo, com sua mão invisível, juntou a equipe hospitalar, homens do vilarejo próximo e outros num salão do hospital. Eles oraram e cantaram, e alguns foram abatidos sob tremenda convicção do seu pecado. O avivamento varreu a escola feminina, e manifestações semelhantes ocorreram em cinco postos missionários diferentes da missão. Em toda parte, operava o misterioso poder do Espírito Santo. Cinquenta estudantes da faculdade teológica foram avivados. Cânticos e orações de avivamento prevaleceram em cada lugar, enquanto se faziam confissões e reconciliações.

Nos feriados que seguiam, os setenta evangelistas em treinamento estavam tão ardorosos que viajaram em equipes de avivamento, de dois em dois, às próprias custas. Nos dois ou três anos seguintes, essas equipes de avivamento saíram de Ruanda para Uganda, Quênia, Tanganica, Sudão e Congo.

O avivamento no leste da África enfatizava continuamente a cruz e o poder do sangue de Jesus. Os africanos avivados tinham medo do nominalismo da igreja entre os que não estavam avivados. Com ousadia, denunciavam o pecado e a hipocrisia tanto de africanos quanto de missionários. Frequentemente, quem era repreendido quebrantava-se e confessava seus pecados, embora houvesse alguns que se opusessem a qualquer humilhação pública.

Até 1942, a Missão Africana de Ruanda tinha vinte mil convertidos, com outras adesões perfazendo o total de cinquenta mil. As setecentas congregações nos vilarejos tiveram 2.210 batismos no ano anterior, e contavam com 1.400 obreiros treinados, cinco dos quais ordenados.

CONVENÇÕES CAUSAM IMPACTO SOBRE A IGREJA

Durante a guerra, Deus usou as convenções interdenominacionais ano após ano para levar refrigério e avivamento. A maior delas, de 1945, teve a frequência de quinze a vinte mil pessoas. O tema da conferência foi "Jesus satisfaz". Deus interveio de maneira surpreendente. Uma missão após outra recebeu a plenitude do Espírito, e todas celebravam sua unidade mais profunda com lágrimas de alegria.

Esses milhares não eram fruto de algum movimento em massa, mas foram atraídos a Cristo pela vida vitoriosa de crentes radiantes e espiritualmente famintos. A ênfase quádrupla da conferência foi 1) vitória sobre o pecado, 2) confissão e arrependimento, 3) comunhão com os crentes, 4) senhorio de Jesus Cristo.

A obra principal do Espírito nesse tempo foi de manutenção e aprofundamento da vida nas igrejas. Uma séria escassez de alimentos deu oportunidade aos cristãos de demonstrar o amor de maneira prática. Mesmo em meio à fome, os cultos de louvor continuavam com muito entusiasmo noite após noite, para surpresa dos descrentes. A miséria e o desespero estavam por toda parte, mas os cristãos estavam cheios de alegria. Havia um fluxo constante de novos convertidos, muitos bastante notáveis. Os padrões de honestidade e moralidade eram cumpridos em toda parte, a vida do lar e da família foi transformada, e a santidade em termos práticos era demonstrada em tudo. Havia ênfase constante na cruz de Cristo e no Espírito Santo.

Em 1952, realizaram-se grandes convenções no leste da África, em Kako, Uganda, com a presença de cem europeus e oitocentos africanos. Nunca tantas tribos tinham estado presentes em uma convenção. Deus concedeu bênçãos de avivamento. Enquanto isso, Deus usava a mensagem do leste da África.

Esperava-se uma guerra espiritual, e havia muitos que criticavam o movimento, que continuava ano após ano. Alguns achavam exagerados os cânticos e danças do avivamento, que continuavam até tarde da noite. Mas essa era a forma africana de expressar alegria. Alguns objetavam à ênfase constante no pecado e no arrependimento. Na missão de Ruanda, havia fome, vinda de Deus, por maior santidade, para ser como Cristo. Os cristãos de lá viam o avivamento como arrependimento, indo diariamente a Jesus com coração quebrantado e contrito.

Algumas pessoas criticavam o povo avivado por agir com superioridade e exclusivismo. Porém, o avivamento era uma espécie de revolta contra a baixa espiritualidade. O povo avivado não queria fazer concessões na questão de obediência aos mandamentos de Deus para sua igreja. A relutância em cooperar com cristãos que não apoiavam o avivamento às vezes passava dos limites, mas o desejo de manter a espiritualidade da comunhão da igreja é compreensível e louvável.

Essas tendências não causaram tanta crítica e questionamento na jovem igreja de Ruanda quanto causaram na igreja mais antiga de Uganda, que já tinha estrutura e liderança da igreja muitos anos antes de começar o avivamento. Alguns amigos da Igreja Anglicana acharam que precisariam enviar alguém para "controlar" o povo avivado, mas isso poderia facilmente transformar-se em entristecimento e impedimento da obra do Espírito. Era necessário que uma liderança se levantasse de dentro do movimento avivado, a fim de dirigi-lo. Alguém de fora não poderia compreender plenamente nem liderar com sabedoria.

FOGO, COMUNHÃO E A CRUZ

Olhando em retrospectiva a obra do Espírito nos primeiros 25 anos da Sociedade Missionária da Igreja em Uganda, o dr. Stanley Smith, parte integrante do movimento de renovação, resumiu-a com as seguintes três palavras: fogo, comunhão e cruz.

A promessa de Deus é: *Ele vos batizará com o Espírito Santo e com fogo* (Mt 3.11). O avivamento mostrou que a necessidade vital da igreja é o fogo do Espírito. Com o passar dos anos, o povo avivado ficou conhecido como "os abaka" (os inflamados). Graças a Deus, o fogo de avivamento continuou queimando nos corações ano após ano.

União na comunhão é essencial para o avivamento enviado por Deus. A comunhão contínua e santa era o segredo da continuidade do avivamento no leste da África. Esse avivamento foi caracterizado por 1) reuniões de comunhão realizadas regularmente em prol do avivamento, 2) transparência e sinceridade — havia liberdade sem a compulsão de confessar as faltas e falhas nas reuniões de comunhão, 3) honestidade — os cristãos tomavam a iniciativa na repreensão e na reconciliação.

O avivamento no leste da África começou na igreja anglicana e espalhou--se grandemente nessa igreja. Não se estimulava a separação da igreja anglicana; os cristãos africanos procuravam um relacionamento mais forte com todos os evangélicos. Os 25 anos de avivamento ajudaram a produzir na igreja anglicana 25.105 membros batizados, 7.362 membros comungantes e 1.089 igrejas em vilas.

Para algumas pessoas no leste da África, tomar a cruz de Cristo significava perseguição e martírio. Enquanto se espalhava a história do avivamento de Ruanda e tanto missionários quanto líderes africanos deste país contavam a história do avivamento, a obra espalhava-se cada vez mais, sendo realizadas convenções em Uganda e no Quênia. O alvo era continuar andando com Jesus 1) em santa obediência, 2) em submissão diária à cruz, 3) em transparência diária e 4) em vitória diária. Foram os homens e mulheres da comunidade avivada que salvaram a igreja durante a perseguição e o martírio da Revolta dos Mau-Mau no Quênia de 1953.

Nos anos 1960, outros crentes morreram heroicamente em Ruanda e Burundi por esconderem ou salvarem membros de uma tribo rival. Nos anos 1970, quando o governante muçulmano Idi Amin Dada matou centenas de milhares de cristãos, novamente foram os cristãos avivados que suportaram a prova. Seu lema era "Vivemos hoje e amanhã passamos". O bispo Bates declara:

> Durante este período, o arcebispo Luwum, de Kampala, Uganda, foi assassinado. Quatro mil pessoas passaram, sem se intimidar, em frente dos guardas de Idi Amin para ir ao funeral de Luwum em 20 de fevereiro de 1977, onde cantaram o cântico dos mártires que foi primeiramente cantado em Uganda em 1885. Luwum e milhares dos que assistiram a seu funeral foram resultado do avivamento do leste da África, e os membros de sua comunidade faziam parte de um movimento espiritual profundo dentro da estrutura da Igreja Anglicana, onde frequentemente tinham altos cargos de liderança.[4]

UM IMPACTO CADA VEZ MAIS AMPLO

O bispo Gerald E. Bates, da Igreja Metodista Livre, que passou 27 anos no leste da África, diz que o movimento de avivamento "revolucionou a orientação espiritual de missões e denominações inteiras, levando a salvação a centenas de milhares e deixando um selo indelével sobre o caráter do cristianismo do meio da África".[5] Em 1988, o bispo Gates, relatou que em algumas áreas o reavivamento tinha praticamente desaparecido, mas que em outros ainda havia "um pouco do amor e da autenticidade que vêm à superfície em momentos de renovação espiritual ou de grande estresse".[6]

Nesse meio-tempo, Deus usou a mensagem do avivamento do leste da África para trazer fome e portas abertas para o desafio de avivamento na Suíça (1947), Grã-Bretanha (1949), França (1949), Moldávia (1951), Angola (1952) e Índia (1952). No próprio leste da África, o modelo de 1952 a 1972 passou a ser de missões menores e reuniões semanais por toda parte. Os membros das equipes visitaram os Estados Unidos em 1952, e França, Alemanha e Suíça em 1953. Outros membros da equipe levaram a mensagem de avivamento para a Etiópia, o Paquistão, a Austrália, o Extremo Oriente e o Brasil.

Em alguns aspectos, o mover do Espírito no avivamento do leste da África é diferente de outros movimentos avivados relatados nos capítulos anteriores. Em avivamentos anteriores, o derramar do Espírito chegou a certa área em um período de tempo limitado e, durante esse curto período, trouxe muitos a Cristo por uma profunda consciência da presença de Deus, pujante convicção do pecado e transformação instantânea de vidas. Frequentemente, o impacto sobre a comunidade e a área geográfica trouxe profundas bênçãos e transformações morais. Em sua maior parte, esses avivamentos ocorriam entre pessoas de uma civilização nominalmente cristã que tinham longo contato anterior com o cristianismo.

No leste da África, o movimento de avivamento veio primeiro a grupos cristãos, a saber, igrejas e instituições educacionais e médicas fundadas por missões cristãs. Em seguida, Deus usou os cristãos reavivados para conduzir novas pessoas a Cristo e sua igreja. O Espírito moveu das "ilhas" de pessoas que eram pelo menos nominalmente cristãs para áreas anteriormente não evangelizadas.

O avivamento do leste da África continuou por muitos anos, com acontecimentos de grande destaque aqui e acolá, bênçãos espirituais em convenções, cultos de ordenação ou outras conferências missionárias da igreja. De tempos em tempos, havia novos derramamentos do Espírito. Frequentemente, essas ocasiões eram intercaladas com períodos mais longos em que os cristãos procuravam viver e servir de modo renovado, buscando vida piedosa e relacionamentos transparentes, constantemente prontos a pedir perdão, confessar o pecado e as falhas, e buscando preservar a unidade do Espírito.

A santa influência dessas ênfases e desses ensinos de avivamento tiveram impacto crescente sobre o trabalho missionário anglicano e o ministério de outros grupos eclesiásticos, em especial na África. Durante parte dos anos 1950, um líder missionário e um líder africano compartilhavam os relatos e as bênçãos do avivamento no leste da África em igrejas, convenções e ajuntamentos seletos da Europa, Ásia e América. Sem dúvida, Deus usou o avivamento do leste da África para contribuir para a colheita e o crescimento da igreja conforme hoje é conhecido em toda a África.

CAPÍTULO QUARENTA

O AVIVAMENTO NAS ILHAS HÉBRIDAS

Lewis and Harris, a maior ilha das Hébridas exteriores, é situada na costa noroeste da Escócia. Lewis é a parte norte da ilha. Desde 1828, Deus, em sua misericórdia, visitava Lewis de tempos em tempos com avivamento. Três denominações presbiterianas tinham igrejas na ilha.

Bom número de cristãos orava para que Deus lhes enviasse novamente avivamento. Em certo vilarejo, um pastor sentiu Deus confirmar a sua promessa de que haveria grande colheita na sua congregação. Em um sonho, a sua esposa viu a igreja cheia de pessoas sedentas por Deus e, no púlpito, um pastor desconhecido.

PREPARAI O CAMINHO

Em 1949, o rev. James Murray MacKay era pastor da paróquia do vilarejo de Barvas. Durante meses, ele e os líderes de sua igreja oraram por um derramamento do Espírito. Duas irmãs idosas viviam em uma pequena casa: Peggy Smith, cega, de 84 anos, e a sua irmã, Christine, curvada pela artrite, com 82 anos de idade. Elas não podiam participar dos cultos, mas oraram em casa durante meses, pedindo que Deus mandasse o avivamento a Barvas.

Oravam nominalmente pelas pessoas de cada casa ao longo das ruas do seu vilarejo. Amavam sua igreja e respeitavam seu pastor, mas ansiavam por nova visitação de Deus. Deus lhes deu a promessa: *Porque derramarei água sobre o sedento e torrentes sobre a terra seca* (Is 44.3). As irmãs Smith oravam por isso noite e dia.

Do outro lado de Barvas, desconhecendo o fardo de oração das irmãs, sete jovens reuniam-se num estábulo três noites por semana para orar por avivamento. Eles fizeram um pacto com Deus conforme Isaías 62.6,7 de que "não lhe dariam descanso" enquanto ele não enviasse o avivamento: *Coloquei vigias sobre os teus muros, que não se calarão nem de dia nem de noite; ó vós, que invocais o SENHOR, não descanseis, e não lhe deis descanso até que ele estabeleça Jerusalém e a ponha por objeto de louvor na terra*. Mês após mês, eles prevaleciam em oração.

226   FOGO DO AVIVAMENTO

Certa noite, um jovem diácono tomou sua Bíblia e leu Salmo 24.3-5 para os outros rapazes que estavam de joelhos: *Quem subirá ao monte do Senhor, ou quem poderá permanecer no seu santo lugar? Aquele que é limpo de mãos e puro de coração* [...]. *Esse receberá uma bênção do Senhor.* O diácono disse aos outros: "Irmãos, não é um disparate esperar assim, noite após noite, se nós mesmos não estivermos bem com Deus?" Levantando as mãos para o céu, exclamou: "Ah, Deus! Estão limpas minhas mãos? É puro o meu coração?" Caiu instantaneamente ao chão, prostrado. Uma maravilhosa consciência da presença de Deus encheu o estábulo. Deus enviou "uma corrente de poder sobrenatural sobre a sua vida".[1] O sangue derramado de Jesus Cristo purificou a vida deles (1Jo 1.7). Naquela noite, sentiram-se sondados pela santidade de Deus e viram em sua vida coisas que jamais suspeitaram.

Naquela mesma manhã, Deus deu uma visão a uma das irmãs Smith. Peggy viu as igrejas lotadas de gente, incluindo muitos jovens, e centenas de pessoas vindo ao reino. Viu o Cordeiro no meio do trono com as chaves do céu em sua mão (Ap 5.6; Mt 16.19). Peggy Smith mandou dizer ao rev. MacKay que Deus lhe mostrara que enviaria um poderoso avivamento. Pediu que ele chamasse os presbíteros e diáconos da igreja para tempos especiais de espera pelo avivamento de Deus.

O pastor e os líderes da igreja oraram repetidamente durante vários meses, e o rev. MacKay sentiu que deveria planejar uma missão na paróquia para o inverno. A questão era: a quem chamar para pregar? Em setembro, ele foi à Convenção de Strathpeffer e pediu que o pregador, dr. Tom Fitch, indicasse alguém que fosse até as Hébridas para cultos de avivamento. O dr. Fitch disse que em Edimburgo havia um pregador que falava gaélico, o rev. Duncan Campbell, que estava livre para dirigir missões.

Quando Campbell chegou, o rev. MacKay e dois de seus presbíteros foram ao seu encontro no cais. Campbell parecia tão pálido depois da viagem turbulenta que um dos presbíteros indagou se era ele quem iria pregar. Um presbítero perguntou-lhe: "Sr. Campbell, o senhor está andando com Deus?" Duncan Campbell percebeu que esses homens estavam vivendo em alto nível espiritual. Ao andar pela rua do vilarejo no dia seguinte, sentiu que Deus estava pairando sobre o lugar, já operando ali.

TOMADO PELO ESPÍRITO

Naquela noite, Campbell pregou sobre "as virgens sábias" e, na noite seguinte, sobre "as virgens néscias". O segundo culto terminou com intenso silêncio. Deus estava falando aos corações. No final, Campbell despediu a multidão, e o prédio ficou vazio. Mas de repente a porta da igreja se abriu, e um presbítero fez sinal para o dr. Campbell vir até a porta. Toda a congregação estava de pé, ali fora, tão tomada pelo Espírito Santo que não queria ir embora. Outras pessoas que não tinham participado do culto foram atraídas pelo poder irresistível do Espírito Santo para sair de suas casas. Muitos rostos mostravam profunda angústia.

Campbell chamou todos de volta à igreja. Era tão forte a presença de Deus que as pessoas não salvas começaram a gemer em agonia e a orar. Mesmo os crentes sentiram o peso de seus pecados. De repente, um grito cortou o ar. Um dos guerreiros do grupo de jovens de oração ficou de tal forma agoniado que passou a derramar sua alma, pedindo avivamento. Ele caiu ao chão em transe. Homens fortes imploraram a misericórdia divina, e uma pessoa após outra recebeu a segurança da salvação; alguns louvavam a Deus, e outros gritavam de alegria. Uma mãe estava de pé abraçada a seu filho, agradecendo a Deus enquanto as lágrimas rolavam por sua face. Orações de muitos anos receberam resposta ali.

As notícias sobre o avivamento espalharam-se rapidamente pela ilha. Na noite seguinte, vários ônibus chegaram de diversos lugares, cheios de homens e mulheres ansiosos por ouvir e ver o que Deus estava fazendo. Por alguns dias, o trabalho na região foi deixado de lado para as pessoas orarem por si mesmas, por amigos e vizinhos. As pessoas oravam e encontravam Deus em suas casas, estábulos, barracões de tear, à beira das estradas e perto de pilhas de turfa. O fogo do avivamento espalhou-se para outras vilas, e outras igrejas chamavam pelo pastor.

SATURADOS DE DEUS

Toda a região parecia estar saturada de Deus. Onde quer que estivessem as pessoas — em casa, nos campos, na estrada —, ficavam maravilhosamente cônscias da presença de Deus. Os visitantes da ilha notaram e comentaram. Um homem não salvo foi até a casa do pastor pedir oração. O rev. MacKay disse-lhe que não o tinha visto no culto. Ele respondeu: "Não estive na igreja, mas este avivamento está no ar. Não posso mais fugir do Espírito".[2]

Um homem de outra vila fugia de Deus há muitos anos. Quando a sua irmã lhe contou o que estava acontecendo em Barvas, ele ficou assustado e até orou a Deus: "Mantenha esse homem Campbell longe da minha cidade". Quando Duncan Campbell passou algumas noites nesta vila, o homem recusou-se a ir ao culto. Mas acabou cedendo e foi. Em sua mensagem, Campbell descrevia pessoas que fizeram o voto de servir a Deus quando correram perigo no mar, mas não o cumpriram. Esse homem havia experimentado algo semelhante, e ficou tremendamente zangado. Achava que a sua irmã tivesse contado a Campbell a respeito de quando ele estivera em um barco atingido por um torpedo na guerra. Estava resolvido a vingar-se de sua irmã. Mas Deus o tomou com grande convicção, e no dia seguinte Campbell o visitou em sua casa e ali orou com ele.

Naquela noite, o homem sentiu o peso insuportável da convicção do seu pecado e, no final do culto, correu, empurrando as pessoas, para chegar à frente do lugar onde iriam orar. Ele clamou: "Estou perdido! Estou perdido! Não há nada, senão o inferno para mim!" Duncan Campbell disse-lhe que era melhor ele orar por si mesmo, pedindo a misericórdia de Deus. Ele, então, caiu de joelhos e começou a orar. Quase imediatamente, recebeu a segurança do perdão de seus pecados. Parecia ver no chão "as correntes e travas do pecado que me prendiam". Cristo libertou-o. "Mais tarde, ao se encontrar com um presbítero na estrada, um círculo de luz parecia envolvê-los, e, quando ele olhou para cima à procura do lugar de onde vinha a luz, contemplou o rosto do seu Salvador."[3]

"Você já resolveu seus negócios com Deus hoje?", era como as pessoas frequentemente se saudavam na rua. Parecia que os cristãos eram levados pelo Espírito a lares onde as pessoas estavam orando. Uma mulher estava ordenhando a vaca quando sentiu que deveria ir imediatamente exortar uma vizinha. Um motorista de ônibus sentiu tanto incômodo que parou o ônibus e pediu que os passageiros se arrependessem, tendo a certeza de que alguém estava ouvindo o último chamado de Deus para a salvação e que não voltaria ao lar com eles. O aviso passou sem ser atendido, e, antes da viagem de volta, um jovem que estivera no ônibus foi morto em circunstâncias trágicas.

ÁGUA EM TERRA SECA

Campbell estava iniciando reuniões em uma igreja em outra parte da ilha. O pastor estava no campo quando Campbell de repente saiu correndo de dentro do gabinete pastoral, exclamando: "Está chegando! Está chegando! Já atravessamos e estamos às portas!" Naquela mesma noite, o avivamento veio, e a presença de Deus estava por toda parte. As pessoas eram atraídas à igreja. Mesmo as pessoas que antes não chegavam perto agora estavam convictas.

Campbell foi até a vila de Arnol, mas muitas pessoas ali permaneciam desinteressadas. Conclamou por uma noite de oração no lar de um presbítero. Lá pela meia-noite, Campbell virou para um ferreiro que estava ali e disse: "John, sinto que chegou a hora de você orar". De boina na mão, John levantou-se para orar e, no meio da oração, fez uma pausa, ergueu a mão direita para ao céu e disse: "Ó Deus, prometeste derramar água sobre aquele que tiver sede, e mananciais sobre a terra seca, e isso não está acontecendo". Parou mais uma vez e então continuou: "Se sei algo sobre meu o coração, estou diante de ti como vaso vazio com sede de ti e por uma manifestação do teu poder". Mais uma vez, ele fez uma pausa e, depois de um momento tenso de silêncio, clamou: "Ó Deus, a tua honra está em jogo. Eu te desafio a cumprir teu pacto e fazer aquilo que prometeste".[4]

Naquele momento, a casa tremeu, as louças sacudiam na prateleira, e onda sobre onda de poder veio sobre o prédio. Algumas pessoas pensaram que tinha

O AVIVAMENTO NAS ILHAS HÉBRIDAS

sido um terremoto, mas Duncan Campbell lembrou-se de Atos 4.31. Quando Campbell pronunciou a bênção e todos saíram da casa, as pessoas sentiram como se toda a comunidade estava viva, dada a presença de Deus. Um rio de bênção fluiu, trazendo salvação a muitos lares nas noites seguintes.

Certa noite, o culto só terminou entre 1 e 2 horas da madrugada. As pessoas estavam começando a se dispersar quando chegou um mensageiro contando que o avivamento surgira em outra igreja a quilômetros de distância. O rev. Campbell, o pastor e umas duzentas pessoas começaram a atravessar o campo, tomando um atalho em direção à outra igreja. De repente, o céu ficou cheio do canto de vozes angelicais. Todos ouviram e caíram de joelhos no campo. Alguns foram salvos enquanto estavam ajoelhados ali mesmo. Foram então para o outro culto.

Um rapaz de quinze anos, de nome Donald, converteu-se de forma maravilhosa e tornou-se destacado ajudante no avivamento. Certo dia, Campbell foi visitar a casa de Donald e encontrou-o no estábulo, ajoelhado, com uma Bíblia aberta diante dele. Calmamente, Donald disse: "Dê-me licença por alguns minutos. Estou em audiência com o rei". Certa noite, em um culto, esse jovem levantou-se, fechou as mãos em oração e balbuciou uma única palavra: "Pai".[5] Todos se derreteram imediatamente em lágrimas pela presença de Deus, que invadiu a casa. Esse rapaz extraordinário desempenhou um papel importante no avivamento de Berneray.

AVIVAMENTO DE BERNERAY

Em abril de 1952, uma segunda onda de avivamento chegou à pequena ilha de Berneray. Na segunda-feira da Páscoa, Duncan Campbell tinha acabado de dar uma palestra na Quinta Convenção Missionária que estava sendo realizada na igreja presbiteriana da rua Hamilton, em Bangor, Irlanda do Norte. Campbell sentia que Deus o chamava para Berneray, e, assim, partiu imediatamente.

Campbell disse-me: "Preste atenção. Eu jamais me encontrara com alguém de Berneray, nunca recebera uma carta de Berneray, nem conhecia ninguém ali". Quando chegaram à costa da ilha, os barqueiros tiraram as malas de Campbell do barco e começaram a voltar em direção a Harris. Campbell teve de subir um penhasco íngreme e, quando chegou em cima, percebeu que estava em um campo. Ele viu um jovem rapaz arando o campo.

Com esforço, Campbell levou suas duas malas pesadas até onde estava o jovem e perguntou se ele poderia conduzi-lo até a casa do pastor. O rapaz respondeu que eles não tinham um pastor. "E vocês têm presbíteros?" "Ah, sim", disse ele. Duncan Campbell disse: "Vá até o presbítero mais próximo e diga que Duncan Campbell chegou. Se ele perguntar qual Campbell, diga-lhe que é o pastor que esteve em Lewis". Duncan estava tão cansado que sentou em cima das pesadas malas.

Depois de algum tempo, ele viu o rapaz atravessar o campo correndo em sua direção. O jovem disse: "Aqui, deixe que eu leve as suas malas. O presbítero mandou dizer que o culto será hoje à noite às 21 horas". Quando Duncan encontrou o presbítero, perguntou como é que ele sabia que ele viria. O presbítero disse que três dias antes estivera em seu estábulo, orando durante boa parte do dia. Ao orar, teve a forte impressão de que Deus estava enviando Duncan Campbell até ali e orou: "Senhor, eu não sei onde ele está, mas tu sabes, e todas as coisas são possíveis para ti! Envia-o à nossa ilha". Esse fazendeiro tinha tanta certeza de que Deus levaria Campbell até lá em três dias que mandou anunciar por toda a ilha que haveria um culto às 9 horas da noite da quinta-feira.[6]

Nos primeiros cultos, parecia não haver resposta. Campbell estava cansado, mas o presbítero insistia que Deus estava para mandar o avivamento. Certa noite, ao findar o culto, Duncan Campbell despediu a congregação e ficou para trás depois que todos saíram da igreja. De repente, o presbítero veio e o chamou à porta, dizendo: "Sr. Campbell, veja só o que está acontecendo! Ele veio! Ele veio!"[7] O Espírito Santo havia tomado de tal forma o povo que descia a viela em direção à estrada principal que a multidão parou. Ninguém conseguia mais se mexer. Começaram a suspirar e gemer com o peso do pecado. Campbell chamou-os de volta ao salão de cultos, e começou um poderoso mover do Espírito.

Quando Campbell deparou com resistência espiritual, mandou que algumas pessoas viessem de Barvas para ajudar em oração. Donald, o rapaz de quinze anos, estava entre eles e levava sobre si profundo fardo pelas almas. Certa noite, sentindo dificuldade na pregação, Campbell parou e pediu que Donald dirigisse uma oração. O jovem levantou-se, fez referência ao capítulo 4 de Apocalipse, texto que ele havia lido naquela manhã, e orou: "Ó Deus, parece que estou olhando pela porta aberta. Vejo o Cordeiro no meio do trono, tendo as chaves da morte e do inferno em seu cinto". Ele começou a chorar convulsivamente.

Levantando os olhos, Donald exclamou: "Ó Deus, há ali poder! Deixa sair!" Imediatamente, foi como se um furacão varresse o prédio. "As comportas do céu se abriram. A igreja parecia um campo de batalha. De um lado, muitos estavam prostrados sobre o banco, chorando e pranteando; do outro lado, alguns jogavam os braços ao ar em posição rígida. Deus viera."[8] Por toda a ilha, houve imediatamente nova liberdade e renovado senso da operação da presença de Deus.

Os cultos continuavam de dia e de noite. Durante um período de 24 horas, Campbell pregou oito vezes: cinco vezes em igrejas cheias, duas vezes em um campo aberto e uma vez na praia. Às vezes, quando Campbell saía de uma igreja para ir a outra, deixava centenas de pessoas chorando pela misericórdia de Deus. Ao sair de outra igreja, os presbíteros mandaram um jovem chamá-lo a um campo, onde trezentas a quinhentas pessoas estavam esperando por ele. Alguns estavam prostrados no chão, implorando a Deus misericórdia. Quatro moças adolescentes ficaram em volta de um pecador sob forte convicção, oraram com ele e disseram-lhe que o Deus que lhes dera a salvação na noite anterior agora podia salvá-lo também.

Duncan Campbell pregou aos recém-convertidos, para que fizessem a entrega total de sua vida, recebendo a plenitude do Espírito. Ele disse: "Creio que foi porque o povo de Lewis aprendeu essa verdade que hoje podemos dizer que não conhecemos praticamente nenhum caso de alguém que tenha se desviado depois daquele momento gracioso de anos atrás. É por eles haver entrado na plenitude. Por causa disso, um rio de homens e mulheres foi para o serviço cristão em tempo integral".[9]

Em dezembro de 1957, a terceira onda de avivamento chegou às Hébridas, dessa vez na ilha de Uist do Norte. Uist nunca havia conhecido avivamento. Deus começou a operar soberanamente no vilarejo de Lochmaddy. Quando a notícia do que acontecia em Lochmaddy se espalhou, o avivamento chegou a uma paróquia vizinha. Os cultos ficavam lotados; noite após noite, as almas buscavam Deus. As pessoas andavam quilômetros por estradas e campos até onde os cultos eram realizados.

A GRAÇA DE DEUS NA FACULDADE BÍBLICA

Um depois do outro, em cada lugar visitado por Campbell a presença de Deus o acompanhava de modo extraordinário. Parece que Deus lhe dera uma dose singular do sobrenatural, demonstrada não tanto por obras poderosas e estranhas, mas na consciência da presença de Jesus, da glória do Senhor e da proximidade que as pessoas tinham do mundo celestial. Porém, assim como Charles Finney, Duncan Campbell não dedicou toda a sua vida ao ministério de avivamento. Ele também se envolveu no trabalho na faculdade bíblica.

Após problemas de saúde recorrentes exigirem que o rev. Campbell diminuísse o ritmo de seu ministério itinerante, ele foi convidado em 1958 a ser diretor da Faculdade Bíblica da Missão de Fé em Edimburgo. A família da escola dedicava as manhãs de sexta-feira à oração e espera no Senhor. Campbell continuava entregando mensagens ardentes, e os alunos tremiam quando ele ensinava a Palavra de Deus. "Havia algo sagrado quanto ao modo de ele proferir o nome de Deus, e muitas vezes a atmosfera do céu enchia a sala quando ele dizia, com reverência e ternura: 'Jesus'. Sentíamos estar pisando em terra santa".[10]

Em março de 1960, durante uma dessas reuniões de oração de sexta-feira, Deus visitou a faculdade com graça especial. Um estudante disse: "Parecia que, se eu levantasse a cabeça, veria Deus".[11] Onda sobre onda do poder do Espírito veio sobre o grupo. Muitos experimentaram uma limpeza interior e receberam poder para o serviço cristão mais efetivo.

Em duas ocasiões anteriores no ministério de Campbell, Deus, em sua maravilhosa graça, havia permitido que as pessoas ouvissem música celestial. Uma vez, durante o avivamento em Lewis, nas horas da madrugada, quando um grupo andava por uma clareira, "os céus pareciam se encher de louvor angelical, até que outro pastor presente exclamou com alegria: 'Isso é o céu! Isso é o céu!'".[12]

Campbell não procurava tais manifestações, mas apreciava quando Deus se aproximava de maneira tão maravilhosa. Às vezes ele questionava as emoções excessivas. Deveria ter se aposentado em 1963, mas concordou em permanecer por mais três anos até que um sucessor fosse designado.

ALÉM DA ESCÓCIA

Em uma convenção em 1964, em Lisburn, na Irlanda do Norte, o diretor do evento, em um momento em que estava sozinho, de repente sentiu a sala cheia do brilho da presença do Senhor. Ficou tão impactado pelo senso de ser indigno que saiu de lá. Parecia haver um santo resplendor até mesmo sobre as plantas e flores. Este diretor, vencido pela emoção, voltou para dentro da casa. Justamente naquele momento, Duncan Campbell chegou, o rosto brilhando, pois estivera orando. O dia todo a presença de Deus estava por perto, e naquela noite Campbell pregou sua mensagem final. Quando a bênção foi dada, Deus tomou a direção do culto. A organista tentou tocar, mas suas mãos ficaram sem força para tocar o teclado. A congregação, em silêncio, estava tomada pelo senso de santa admiração, e durante meia hora ninguém se mexeu. As pessoas então começaram a orar e chorar. Várias disseram ouvir sons do céu.

Depois do segundo culto em Aberdare, País de Gales, a oração continuou o dia todo até as 3 horas da madrugada seguinte. As pessoas tiraram licença do trabalho para orar. Naquela noite em especial, após Duncan Campbell ter pregado por uma hora, seis jovens sentados juntos viram, de repente, a glória de Deus vindo sobre Campbell. Eles caíram ao chão, chorando. A congregação foi tomada por oração, e um após o outro começou a se arrepender confessando os pecados e consertando as coisas entre si e Deus.

Deus mandou a Duncan Campbell um fardo para orar pelo Canadá. Em junho de 1969, pregou em uma pequena igreja batista de Saskatoon, Saskatchewan. O pastor estivera orando há três anos para que Deus enviasse Duncan Campbell. Numa noite em que Campbell pregava, ele profetizou que Deus enviaria o avivamento ao Canadá e que começaria naquela igreja. Isso aconteceu dois anos mais tarde. Logo antes do avivamento começar, Campbell estava em seu quarto em Edimburgo, e ficou tremendamente comovido a interceder durante duas horas por um avivamento no Canadá. Sentia que Deus lhe assegurava que ele estava operando.

Embora de corpo fraco, Duncan não desejava se aposentar. Suas últimas palavras em seu último sermão foram: "Continue na luta, mas certifique-se de estar lutando no amor de Jesus".[13] Tocados por isso, os estudantes se reuniram para uma reunião especial de oração e pediram que ele ficasse com eles. Ele orou com eles por algum tempo, mas se sentiu exausto e foi para a cama. Às 2 horas da manhã, teve um ataque cardíaco. Em 28 de março de 1972, esse avivalista entrou no céu.

CAPÍTULO QUARENTA E UM

FOGO DO AVIVAMENTO NOS *CAMPI*

No decorrer dos últimos duzentos anos, de tempos em tempos Deus concedeu avivamento do Espírito Santo nos *campi* de escolas, faculdades bíblicas e seminários teológicos em diversas partes do mundo, especialmente nos Estados Unidos. Entre os mais conhecidos estão a Faculdade Asbury, em Wilmore, Kentucky, e a Faculdade de Wheaton, em Wheaton, Illinois. Dúzias de outras instituições, grandes e pequenas, também foram visitadas por movimentos de avivamento do Espírito.

Assim como o fogo do avivamento tem se alastrado de igreja em igreja e de nação em nação, em um movimento mundial do Espírito Santo, também o fogo do avivamento nos *campi* têm saltado de escola em escola, numa chama santa de bênçãos.

UM FENÔMENO NORTE-AMERICANO?

Porque os avivamentos eram mais frequentes e conspícuos nos *campi* norte-americanos do que em outras partes do mundo? Para começar, as primeiras faculdades dos Estados Unidos não faziam parte de grandes universidades, mas eram instituições de ensino superior fundadas principalmente para a educação teológica. Isso valia para Harvard, William and Mary, Yale, Princeton, Universidade de Colúmbia, Rutgers, Dartmouth, Universidade Brown e outras. Na Grã-Bretanha, os movimentos de avivamento começavam mais em sociedades voluntárias, tais como o Clube Santo de Wesley, em Oxford.

Segundo, os avivamentos costumavam chegar em escolas onde todos os estudantes eram obrigados a frequentar os cultos na capela. Em muitas faculdades, os estudantes tiveram a iniciativa da intercessão que preparou o caminho do Senhor para o avivamento.

No tempo da Revolução Americana, uma maré de ceticismo vindo da França e da Europa destruiu a ênfase cristã, e alta porcentagem dos estudantes universitários tornou-se ateia. As faculdades tornaram-se antros de profanidade, jogatina, falta de temperança, confusão e licenciosidade. Em determinado ano, somente dois estudantes diziam ter religião. As faculdades eram chamadas de "sementeiras de infidelidade".[1]

O primeiro avivamento nas faculdades americanas aconteceu na Virgínia, na Faculdade Hampden-Sydney, em 1787. Estudantes que oravam formaram uma pequena sociedade, e quase a metade do corpo de alunos foi salva durante o avivamento que se seguiu. Grupos semelhantes noutras faculdades foram usados por Deus para preparar o caminho do despertamento espiritual. Começaram pequenos grupos de duas ou três pessoas que se reuniam em particular para oração. Em 1802, 1/3 dos estudantes de Yale professou ter recebido Cristo, e em diversas outras faculdades vinte, 25 e até cinquenta alunos professaram receber a salvação.

Até meados dos anos 1800, no entanto, a vida espiritual estava em declínio na sociedade em geral e nas universidades. Muitos estudantes cristãos se envolveram no movimento antiescravagista. Em muitas faculdades cessou a frequência compulsória à capela, e o principal despertamento espiritual depois disso nas universidades seculares ocorria nos pequenos grupos cristãos liderados por estudantes.

AVIVAMENTO DE 1858-1859 NOS *CAMPI*

No poderoso mover do Espírito Santo no avivamento das Reuniões Conjuntas de Oração em 1858-1859, de um a dois milhões de novas pessoas receberam a Cristo e se uniram às igrejas. Quase todas as faculdades denominacionais foram tocadas por esse movimento do Espírito. Reuniões de oração nas faculdades conduziam a arrependimento, confissão e restituição. Em 1857, Deus enviou o avivamento à Faculdade Oberlin, em Ohio, por meio de Charles G. Finney. Vinte ou mais *campi* experimentaram o avivamento em 1858. Muitas universidades estaduais foram impactadas por esse avivamento, com a conversão de muitos estudantes. O dr. J. Edwin Orr estima que cerca de cinco mil estudantes assumiram compromisso com Cristo naquele ano.

Em 1858, Deus enviou o avivamento à Faculdade Williams, e na Faculdade Amherst quase todos os alunos foram salvos. O mais poderoso avivamento desde 1821 chegou a Yale. Quase metade dos alunos testemunhou ter recebido Cristo como Salvador. Houve efeitos do avivamento experimentados na Faculdade de Dartmouth, na Universidade de Colúmbia e a na Faculdade da Cidade de Nova Iorque.

No estado da Geórgia, o avivamento de 1858-1859 chegou à Universidade Emory, à Faculdade Mercer e à Universidade da Geórgia. Todo estudante da Universidade Oglethorpe estava sob forte convicção do pecado, e muitos foram salvos.

Avivamentos estudantis aconteceram na Universidade da Carolina do Norte e na Faculdade de Wake Forest. Na Universidade da Virgínia, houve

236   FOGO DO AVIVAMENTO

reuniões de oração, convicção do pecado e conversões. A YMCA (Associação Cristã de Moços — ACM) foi organizada na Virgínia, e os estudantes avivados saíam para evangelizar entre as pessoas de etnia negra, bem como entre os habitantes das montanhas na região.

O avivamento de 1858-1859 espalhou-se pelo Norte, levando vida espiritual renovada à Universidade de Michigan. A Faculdade Dennison, em Ohio, viu a conversão de muitos estudantes, e o presidente da faculdade batizou-os em um riacho gelado. Houve grandes resultados na Universidade de Miami em Oxford, Ohio, e um número recorde de estudantes ingressou no ministério. Na Universidade Wilberforce, em Ohio, de estudantes negros, muitos chegaram a Cristo. Todos esses avivamentos nos *campi* foram "solenes e sérios, e nenhuma acusação de fanatismo podia ser encontrada".[2]

Um grupo estudantil no *campus* de Princeton prevaleceu em oração pela campanha de Moody em 1875, em que cerca de 1/3 do corpo estudantil se converteu. Em 1872, estabeleceu-se a Associação Cristã de Moços, interestudantil, e até 1890 havia 250 associações estudantis, com doze mil membros, com o foco em evangelismo e oração.

O avivamento de 1859 afetou profundamente as universidades britânicas de Oxford e Cambridge, e ali foram formadas Uniões de Oração. Mais tarde, Moody fez campanhas nessas cidades. Deus estava começando um movimento estudantil interdenominacional por todo o mundo. Entre os resultados, havia o Movimento Voluntário Estudantil (*Student Volunteer Movement*), de onde cerca de vinte mil estudantes foram enviados aos campos missionários nos cinquenta anos seguintes. Indiretamente, como resultado desse avivamento, a Missão do Interior da China [*China Inland Mission* — hoje conhecida como Overseas Missionary Service] foi fundada como a primeira sociedade missionária de fé, e a *Intervarsity Christian Union* [União Cristã entre Universitários — conhecida no Brasil como ABU, Aliança Bíblica Universitária] foi estabelecida nos *campi* britânicos.

AVIVAMENTOS DE 1905-1908 NOS *CAMPI*

Na primeira década dos anos 1900, Deus começou um poderoso movimento de avivamento em Gales por intermédio do jovem Evan Roberts, que durante treze anos estivera pedindo a Deus que enviasse o avivamento. Descrevemos como o fogo do Espírito incendiou o avivamento, saltando de Gales para a Índia, a Coreia, o norte da China e Estados Unidos, além de outras partes do mundo. Isso acendeu também uma vida espiritual renovada nos *campi* das faculdades. O avivamento chegou à Universidade Cornell em 1907-1908. Em Princeton, mais de mil dos 1.384 alunos assistiam às reuniões evangelísticas semanais naquela época.

O FOGO DO AVIVAMENTO NOS *CAMPI*

Nesse mesmo período, um interesse espiritual incomum, com as consequentes respostas, foi encontrado tanto nas cidades quanto nos *campi*. Atlantic City, Nova Jersey, dizia não ter mais que cinquenta pessoas não convertidas em sua cidade de sessenta mil habitantes. Cidade após cidade de Nova Jersey relatou avivamento. Na Universidade Rutgers, em 1905 metade do corpo discente estava matriculada voluntariamente em classes bíblicas. De Newark reportou-se que o Pentecostes se repetia, e na Universidade de Princeton uma média de mais de 70% dos estudantes frequentava as reuniões evangelísticas semanais.

Por toda a Nova Inglaterra, sem nenhuma campanha especial, documentaram-se avivamentos e "uma intensa sensação da presença de Deus nas congregações, como no avivamento galês" em Maine, New Hampshire, Vermont, Massachusetts, Rhode Island e Connecticut. Durante a campanha realizada pelo evangelista J. Wilbur Chapman em Atlanta e Louisville, quase todas as lojas, fábricas e escritórios fechavam ao meio-dia para oração. No mesmo ano, muitas instituições educacionais, tanto faculdades menores quanto grandes universidades, tinham reuniões de evangelismo sem nenhum pregador ou campanha especial tanto para os estudantes como para o corpo docente. Reportaram que "o Espírito de Deus está sendo derramado graciosamente".[3]

Na Faculdade Trinity, em Durham, Carolina do Norte, 1/3 do corpo discente foi salvo durante o avivamento, e só 25 alunos não afirmavam ter nascido de novo. Relatos semelhantes vieram da Carolina do Sul, Flórida, Geórgia, Alabama, Louisiana e Texas. "Uma extraordinária agitação sacudiu o *campus* da Universidade Baylor, em Waco, Texas. Começou com reuniões de oração, continuou com a confissão de pecados, resultando em muitas conversões e a matrícula da maioria dos estudantes em classes para o preparo missionário."[4]

O espaço não permite que enumeremos os muitos eventos empolgantes de avivamento em 1905-1906 na Universidade da Califórnia, em Berkeley, Universidade Stanford, Universidade Northwestern, Faculdade Estadual de Iowa e Universidade McGill, em Montreal. No Canadá, houve as mesmas evidências da operação do Espírito Santo que apareceram nos Estados Unidos: oração por avivamento, profundo interesse pelos não salvos, ardente evangelismo e respostas imediatas nas igrejas, comunidades e *campi*.

Na Faculdade Seattle Pacific, hoje universidade, o avivamento chegou em 19 de dezembro de 1905. "Havia tempos em que o espírito era de tal maneira derramado que seria impossível descrever as cenas. Vinham onda após onda de bênção, e a glória divina rolava sobre toda a congregação [...]. Era tão grande o poder de Deus que os não salvos não conseguiam resistir, e muitos deles se quebrantaram e começaram a buscar o Senhor. O culto continuou em poder e interesse até muito depois da meia-noite, e numerosas pessoas foram salvas."[5]

238 FOGO DO AVIVAMENTO

Na Universidade Taylor, em Upland, Indiana, o presidente Winchester pregou sobre "O batismo do Espírito Santo" em 6 de janeiro de 1905. Deus operou tamanho fardo de oração nos estudantes cristãos ativos e tanta convicção do pecado nos descrentes que as questões acadêmicas e sociais foram suspensas por uma semana para se buscar o Senhor, e Deus enviou o maior avivamento conhecido naquele *campus*.

Os avivamentos nas faculdades em 1905-1906 demonstraram que as campanhas organizadas eram menos frutíferas que os movimentos espontâneos de avivamento. Destes, surgiram milhares de voluntários para a obra missionária, e novas missões interdenominacionais de fé foram fundadas. Em 1896, cerca de dois mil estudantes universitários estavam matriculados em classes de estudo para missões, mas em 1906 havia onze mil.

AVIVAMENTOS EM WHEATON

Diversas faculdades norte-americanas mantiveram um compromisso doutrinário evangélico e fervor espiritual no século 20, muitas vezes vendo o fogo do avivamento aceso em seus *campi*. Procedentes delas, há também grande número de missionários estrangeiros, evangelistas, pastores e líderes cristãos. Duas delas, a Faculdade de Wheaton, na região de Chicago, e a Faculdade Asbury, em Wilmore, Kentucky, se destacam.

Há muito que a Faculdade de Wheaton tem sido um baluarte da fé e da vida evangélica, influenciando o movimento evangélico desde a sua fundação em 1860, logo após o avivamento de 1859. Não é surpreendente que Deus tenha visitado Wheaton numerosas vezes com o avivamento espiritual.

No outono de 1935, uma equipe estudantil de evangelismo esteve com o dr. Edwin Orr em Toronto e ficou desejando que o avivamento chegasse a Wheaton. Don Hillis, Adrian Heaton, Robert Evans e Jack Murray começaram a orar. Depois de orarem durante vários meses por avivamento, Hisse encontrou-se com Orr e perguntou o que deveriam fazer para ter avivamento no *campus* de Wheaton. Orr respondeu: "O avivamento vem sempre que os cristãos se acertam com Deus com respeito a seus pecados".[6]

O dr. J. Edwin Orr, que foi grandemente usado por Deus durante várias décadas para o avivamento em muitas partes do mundo e se tornou o maior historiador dos avivamentos, pregou no avivamento que começou na capela de Wheaton em 13 de janeiro de 1936. Orr instou com mil professores e estudantes por um novo despertamento. As reuniões de oração entre estudantes iam até a meia-noite todos os dias.

Várias semanas mais tarde, promoveu-se uma semana de cultos especiais no *campus*. Ao término de uma mensagem, o deão dos homens levantou-se e declarou que não sabia o que estaria impedindo a obra do Espírito. Talvez houvesse pecado não confessado. Don Hillis, líder estudantil, ficou em pé e

O FOGO DO AVIVAMENTO NOS *CAMPI* 239

lamentou que os estudantes de Wheaton temessem tanto as emoções a ponto de muitas vezes impedir a manifestação do poder do Espírito. Começou então a confessar o pecado em sua vida.

Um estudante após outro começou a fazer confissão. As aulas foram canceladas, eles deixaram de almoçar e, depois de breve pausa na hora do jantar, voltaram ao culto, que continuou até cedo da manhã seguinte. Profundas transformações ocorreram no *campus*. Muitos pediram perdão, e restituição era feita a cada dia. A dureza de coração foi substituída por terna humildade. Mesmo membros do corpo docente pediram perdão.

Wheaton foi novamente visitada pelo Espírito em 1943. Em fevereiro, durante os cultos evangelísticos do meio do inverno, quando um pastor relativamente desconhecido pregava, um ex-aluno e agora destacado atleta veio correndo pelo corredor até o palco e, com profundo arrependimento, confessou pecados cometidos enquanto estudava ali. As pessoas em todo o auditório começaram a se levantar e, chorando, esperavam sua vez para confessar os seus pecados.

No dia inteiro, as confissões, restituições e orações continuaram. Depois do culto da noite, confissões, testemunhos e orações continuaram até a meia-noite, quando o presidente Edman mandou os estudantes para os seus quartos. Na sexta-feira pela manhã, o pregador virou e indagou se não havia necessidades no corpo docente. Um professor depois de outro levantou-se chorando, confessou e deu o seu testemunho. Novamente, o culto durou até a meia-noite. O domingo à tarde foi encerrado com um abençoado culto de louvor. O dr. Edman disse que acreditava que todas as pessoas do *campus* — estudantes, professores e equipe administrativa — foram movidas pelo Espírito Santo nesse avivamento. Muitos estudantes acabaram tornando-se líderes evangélicos em todo o mundo nas décadas seguintes. Mais de 30% da classe dos formandos foi para o serviço cristão de tempo integral.

Em 1948, o Espírito Santo mandou mais uma onda de avivamento, que começou na Igreja Bíblica de Wheaton, quando um jovem pastor, Stephen Olford, conduzia reuniões especiais. Ele passara a noite anterior inteira em oração, sentindo intenso fardo espiritual.

O poder convincente do Espírito Santo veio sobre esse culto. No encerramento, todas as cabeças estavam abaixadas em oração. Várias pessoas oraram e caíram em choro. Então, Peter Joshua foi à frente. Ele era irmão de Seth Joshua, o homem que foi tão usado por Deus no avivamento de Gales em 1904. Joshua havia pregado o evangelho por muitos anos, mas Deus o convenceu da sua hipocrisia. "Deus me mandou confessar meu pecado", disse ele. O Espírito de Deus moveu-se poderosamente nesse culto.

Então, o pastor da igreja, rev. Joe McCauley, levantou e confessou seu pecado de profissionalismo. "Não tenho derramado lágrimas pelas almas.

240   FOGO DO AVIVAMENTO

Tenho feito minhas orações e meus sermões de forma a impressionar a universidade e seus professores."[7] Em seguida, a esposa do pastor levantou-se e confessou que ela o estimulara a fazer isso. O culto continuou até as 2 horas da madrugada.

No dia seguinte, o fogo do avivamento saltou da Igreja Bíblica de Wheaton para o culto da capela da faculdade. Por duas semanas, as aulas foram canceladas, e o Espírito operou com profundidade em todo o *campus*. O então presidente de Wheaton, dr. Roger K. Voskuyl, disse que todos no *campus* foram tocados, de uma ou de outra maneira, pelo avivamento. Muitos se entregaram a Cristo pela primeira vez. Muitos mais foram desafiados a uma maior consagração, nunca antes conhecida. O Espírito Santo esquadrinhava profundamente os corações, e muitas coisas foram acertadas diante do Senhor.

Entre os muitos estudantes que atenderam ao chamado de Deus, estavam os cinco homens que mais tarde ficaram conhecidos como "os mártires do Equador". Jim Elliot, talvez o mais famoso deles, seguiu uma sugestão de Olford e começou a fazer um diário de suas horas a sós com Deus, que tem desafiado milhares de pessoas. Muitos outros estudantes também responderam ao chamado de Deus para os campos missionários.

Em 1950, após três meses de oração sincera da parte de muitos alunos, os cultos evangelísticos de inverno em Wheaton foram programados para 4 de fevereiro. As classes estavam em assembleia, orando a Deus por avivamento. Na noite do quarto dia, o Espírito Santo tomou conta do que fora planejado como um tempo de testemunhos de apenas dez minutos. Mas os testemunhos e as confissões continuaram sem intervalo. Entre cinquenta e cem estudantes ficaram de pé esperando sua vez de falar.

Nos quartos dos alojamentos e das casas começaram reuniões espontâneas de oração e louvor. As confissões sempre tendiam a ser específicas em nomear pecados, mas se evitava qualquer sensacionalismo. Os testemunhos e confissões eram, em sua maioria, breves.

Inicialmente, o avivamento espalhou-se principalmente entre cristãos, mas, depois de doze longas horas na capela, homens e mulheres jovens não convertidos ou que haviam se desviado foram tocados pelo Espírito Santo. Os estudantes começaram imediatamente a fazer restituição na faculdade e até mesmo voltando para as suas casas e comunidades.

Naquela mesma noite, a equipe de debates estava na Flórida. O Espírito tocou, e a confissão e a oração conduziram a um tempo precioso de vitória naquele estado. Em outros lugares do Sul, o coral da capela fazia turnê e foi tocado por Deus, e tiveram avivamento ao mesmo tempo. A essa altura, o avivamento estava nas manchetes dos jornais dos Estados Unidos e de outros países.

Quando os estudantes que foram para seus quartos tarde na noite de quarta feira chegaram à capela na quinta-feira de manhã, encontraram cerca de cem

O FOGO DO AVIVAMENTO NOS *CAMPI*   241

pessoas que passaram a noite inteira na capela e ainda esperavam sua chance de falar. O culto continuou sem intervalo toda a quinta-feira, noite adentro, até as 9 horas da manhã de sexta-feira, quando o presidente Edman o encerrou. Do lado de fora, as pessoas e a imprensa chegavam, mas o presidente Edman não queria que o avivamento fosse alvo de sensacionalismo.

O culto de louvor de sexta-feira à noite estava repleto de cânticos congregacionais celestiais. Os cultos continuaram sendo abençoados durante o total de nove dias. Centenas de vidas foram transformadas pela graça de Deus. O fogo do avivamento atravessou Chicago até o Seminário Teológico Batista do Norte, onde Deus concedeu doze horas de avivamento.

Em 1970, veio um quinto toque de avivamento sobre a Faculdade Wheaton, que seguiu o modelo semelhante a tempos anteriores de renovação.

AVIVAMENTOS POSTERIORES EM OUTROS *CAMPI*

Até o fim de fevereiro de 1936, Deus mandara avivamento não somente a Wheaton, como também à Faculdade Nazarena do Leste e à Faculdade Gordon, ambas em Massachusetts. A Faculdade Nazarena do Leste [*Eastern Nazarene*] também experimentara avivamento em 1930.

Em maio e junho de 1949, Deus enviou despertamentos à região de Minneapolis, afetando seis *campi* universitários. Oração, sondagem de coração e restituição e duradouros resultados espirituais tocaram mais de duas mil vidas.

Em agosto de 1949, uma conferência informativa sobre as faculdades foi realizada na sede de conferências de *Forest Home*, perto de San Bernardino, na Califórnia. Essa conferência fora idealizada pela sra. Henrietta Mears. Mil estudantes de uma dúzia de universidades diferentes do oeste americano foram tocados pelo Espírito Santo enquanto Billy Graham e Edwin Orr pregavam. Deus deu às pessoas a graça de buscá-lo de todo o coração. Houve arrependimento, confissão em particular e pública de pecados e carências espirituais, restauração de desviados e profundo avivamento.

Nessa conferência, certa noite, muito depois da meia-noite, Billy Graham testemunhou ter recebido uma transformação espiritual mais profunda quando esteve na floresta a sós com Deus. Dentro de semanas, começara a sua histórica campanha de Los Angeles, que deu origem a seu novo ministério, expandido, de alcance mundial.

Até novembro de 1949, Deus dera avivamento com ardente oração, confissão e testemunhos ao Seminário Teológico Batista do Norte e Faculdade North Park, ambos na região de Chicago. Dez meses depois, veio novo avivamento sobre dúzias de *campi* por todos os Estados Unidos, incluindo Wheaton, Asbury, Faculdade Seattle Pacific, e Universidade Baylor, no Texas.

Em março de 1950, um poderoso avivamento tomou conta da Faculdade Seattle Pacific. O Espírito Santo colocou um fardo de oração incomum em muitos estudantes e professores. Houve muito aconselhamento pessoal, confissão e testemunho. O dr. J. Edwin Orr ministrava duas vezes ao dia. Umas 150 pessoas foram à frente pedindo oração em um único culto. Semelhante despertamento ocorreu na Faculdade Bíblica Simpson, naquele tempo localizada em Seattle.

A Faculdade Houghton, próxima a Buffalo, estado de Nova Iorque, experimentou avivamento em outubro de 1951, com a pregação do evangelista Dwight H. Ferguson. As orações duravam a noite inteira, as aulas da manhã foram canceladas por vários dias, e os estudantes viajavam para diversas cidades vizinhas para testemunhar e dirigir cultos.

CAPÍTULO QUARENTA E DOIS

O ESPÍRITO VEM SOBRE A FACULDADE ASBURY

Talvez nenhum *campus* de renome nos Estados Unidos tenha experimentado avivamentos com mais frequência que a Faculdade Asbury. O fogo do avivamento saltou dessa pequena faculdade para inúmeras instituições educacionais por toda a nação. A Faculdade Asbury, escola interdenominacional fundada em 1890 na pequena cidade de Wilmore, Kentucky, por um piedoso pastor metodista, tem profundo compromisso com o movimento *holiness* e sua ênfase no Espírito Santo. Alguns sugerem que as escolas que enfatizam a plenitude do Espírito Santo tendem a esperar e experimentar avivamento com maior frequência do que outras instituições evangélicas.

O AVIVAMENTO DE 1905

Durante uma tempestade de neve no inverno de 1905, Deus enviou o primeiro de vários avivamentos à Faculdade Asbury. O dr. E. Stanley Jones, muito usado por Deus na Índia, conta a história. Quatro jovens rapazes estudantes estavam em reunião de oração em um quarto. Para surpresa deles, por volta das 22 horas pareceu-lhe que o Espírito Santo entrara no aposento e, de repente, todos foram ao chão. Outros estudantes ouviram o barulho e vieram correndo. Durante quatro horas, continuaram na presença do Senhor, e naquela noite nenhum deles conseguiu dormir.

Pela manhã, foram ao culto no *campus* da faculdade. O Espírito Santo tomou conta, com poderosa obra de avivamento. Houve confissão de pecado, intercessão espontânea e renovado e profundo compromisso com o Senhor. As pessoas estavam de joelhos na capela buscando a Deus. Muitos derretiam-se em lágrimas. Alguns estavam prostrados diante de Deus. O avivamento espalhou-se pela faculdade e pela cidade, e multidões de pessoas começaram a vir das regiões vizinhas. No momento em que chegavam ao *campus*, caíam de joelhos e se convertiam antes mesmo de chegar ao auditório.

244 FOGO DO AVIVAMENTO

Em pequena escala, isso relembra uma das "zonas de santa influência" que pareciam às vezes se estender pela costa leste dos Estados Unidos no avivamento de 1858. Por três dias, não houve aulas. Toda sala de aula tinha reunião de oração. "No final de três dias, acho que todos os estudantes estavam convertidos, bem como muitas pessoas de fora do *campus*", disse Stanley Jones.[1]

Durante vários dias, enquanto muitos estudantes se regozijavam pelas novas vitórias, Jones ficou quieto. Muitos sentiram que suas orações prevalecentes faziam parte da preparação para o Senhor trazer até lá esse poderoso Pentecostes. Jones apenas ficou sentado na primeira fileira e escutava. De repente, no domingo de manhã, a porta da igreja se abriu, e Jones entrou pelo corredor correndo, exclamando louvores a Deus. Ele saltou para o púlpito e começou, como um profeta do Antigo Testamento, a derramar a verdade em nome do Senhor.

Foi pedido a Jones que falasse em uma reunião missionária dos estudantes. Ele sentiu-se inadequado, mas orou até que, no coração, soube que pelo menos uma pessoa sentiria o chamado de Deus quando ele falasse. Disse isso aos estudantes, ao iniciar a sua pregação, e, para sua surpresa, na conclusão do primeiro apelo, Deus lhe disse: "Você é o homem". Por várias semanas, havia poucas aulas, porque muito tempo era dedicado à intercessão e aos cultos de avivamento.

Stanley Jones disse que esse avivamento foi a experiência mais influente durante seu tempo na Faculdade Asbury. "Eu só conseguia andar louvando e louvando a Deus."[2] Nesse mesmo tempo, Deus enviou o avivamento a faculdades e seminários em Louisville, Kentucky, e Kansas City, Missouri. Semelhante fogo de avivamento ao da Faculdade Asbury também foi visto na Faculdade de Wheaton, Universidade Taylor, Faculdade Seattle Pacific, Faculdade Bethel, em Minnesota, e Universidade Baylor.

No começo de 1907, Deus enviou outro derramar do Espírito em verdadeiro avivamento à Faculdade Asbury. Este foi descrito como avivamento de louvor.

AVIVAMENTOS DE ORAÇÃO PREVALECENTE

Em 18 de fevereiro de 1908, o avivamento chegou à Faculdade Asbury pela terceira vez em quatro anos. Enquanto alguém orava durante um culto na capela, de repente caiu sobre todo o corpo estudantil um espírito de intercessão em que parecia que os céus tinham se rasgado, pelos clamores agonizantes e importunadores de rapazes e moças. Esse culto durou até a meia-noite, tendo apenas curtos intervalos para as refeições. Durante todo o tempo, os pecadores buscavam o Senhor. Por duas semanas, esse espírito de avivamento continuou. Quase toda a escola lutou em intensa oração. Repetidamente, a alegria do Senhor era demonstrada, mas esse avivamento caracterizava-se pela oração prevalecente.

O ESPÍRITO VEM SOBRE A FACULDADE ASBURY

Não havia líder designado. Os estudantes oravam desde a madrugada até o horário do culto na capela. Um poderoso espírito de intercessão parecia vir sobre todos em cada culto. Esse espírito era de fervor quase irresistível.

Certo dia, anunciou-se um intervalo para o jantar, mas o fogo do avivamento veio sobre o refeitório, e poucos conseguiram comer. Os estudantes dirigiram o culto vespertino, caracterizado por muitas confissões públicas e particulares. Cartas foram enviadas pedindo perdão, e foi feita restituição. O espírito de avivamento continuou pelo restante do ano letivo. Muitos testificaram ter aprendido o segredo da oração prevalecente. Houve tremenda influência missionária, e em um só culto 33 pessoas testemunharam terem sido chamadas para o campo.

No ano letivo de 1915-1916, Deus usou a Associação Ministerial Estudantil para iniciar um grande avivamento na Faculdade Asbury. Numa sessão semanal, um estudante pregou com urgência incomum. Sentia que alguém precisava encontrar a Deus. Ding Bing Chen, estudante chinês, veio à frente e confessou nunca ter nascido de novo. Buscou a face de Deus em oração, e foi maravilhosamente convertido. Isso trouxe grande espírito de oração sobre os estudantes. A faculdade começou a promover reuniões a cada noite, dirigidas por alunos pregadores. Essas reuniões cresceram em intensidade e poder a cada noite. Os cultos especiais continuaram por três semanas e tiveram tremendo efeito sobre a vida espiritual em todo o *campus*.

As reuniões especiais de avivamento de inverno foram planejadas para fevereiro de 1921. A faculdade preparou-se para isso convocando dias de oração durante os meses do outono e no começo do inverno. O dr. C. W. Butler foi o palestrante e pregou sobre as grandes verdades doutrinárias. Nos primeiros dias de janeiro, o Espírito de Deus esteve graciosamente presente enquanto a família da faculdade e a comunidade preparavam o caminho do Senhor em oração. A pregação do dr. Butler era simples e sem emoção, tratando especificamente dos assuntos de justificação e santificação. Veio profunda convicção sobre alunos e corpo docente. Em cada convite para ir à frente para oração, as pessoas estavam prontas. Não era necessário cantar ou insistir; o povo não queria nada, senão buscar Deus.

No primeiro culto, houve cenas inenarráveis. Parecia que as pessoas buscavam a Deus por vitória no momento que chegavam ao altar e ali se ajoelhavam. Alunos avivados cercavam alguns que não tinham ido à frente, orando e instando com eles até que chegassem à vitória. Um poderoso senso da presença de Deus permeava o ambiente. No primeiro culto da noite, alguns confiaram em Deus por vitória enquanto subiam o corredor até o altar, começando a louvar a Deus pela bênção descoberta.

Até o final da semana, os estudantes estavam completamente absortos em planejamento e oração pelo avivamento. No culto final do domingo, a oração ao redor do altar continuou a noite toda, até as 6 horas da manhã seguinte. Decidiu-se então que um dos professores continuaria os cultos por mais três dias.

Durante todo o encontro, as pessoas buscavam Deus continuamente. Todos pareciam desejosos de obedecer a Deus. A oração era obviamente o fator principal; não havia lugar para drama ou fenômenos sobrenaturais. Era geral a fome por santidade, e todos receberam grandes bênçãos.

O AVIVAMENTO DE 1950

No começo de 1950, a Faculdade Asbury experimentou outra série de avivamentos como os que Deus enviara ali desde 1905. Continuou sem intervalo por 118 horas. Um pequeno grupo de rapazes estudantes orou e jejuou toda noite, durante muitas semanas, pedindo avivamento. Frequentemente, eles oravam à noite toda no ginásio de esportes e em seus quartos. O grupo crescia em número. Grupos de estudantes reuniam-se para jejum e oração nos dormitórios, em diversas capelas, no ginásio de esportes e outros lugares. Pediam o pacto da promessa de Deus firmado em 2Crônicas 7.14.

Durante o culto na capela em 23 de fevereiro, um estudante levantou-se e deu testemunho, e logo seguiram outros, um após outro. Como havia ali um pregador de fora para falar, o diretor interrompeu para pedir que a mensagem fosse entregue. O evangelista estava tão impactado pela presença de Deus que falou apenas brevemente. O Espírito Santo veio sobre o *campus* inteiro.

Parecia que a presença de Deus se movia sobre as pessoas. Jovens começaram a se levantar no auditório todo. Meu amigo, o ex-professor dr. W. W. Holland, relatou: "Era tão poderosa a presença do Espírito Santo naquele culto da capela que os estudantes não podiam deixar de testemunhar. Os testemunhos foram seguidos de confissões, depois por altares cheios, que por fim deram lugar a gloriosas vitórias espirituais [...]. Foi assim durante vários dias. Onda após onda de glória cobria o enorme auditório. Triunfo após triunfo tomou lugar no altar". Um tremendo senso de sacralidade repousou sobre o auditório, enquanto os alunos abriam o coração em humilde confissão e pediam perdão. Os estudantes instavam com outros estudantes quando esses não se entregavam imediatamente ao Senhor.

Prevalecia um pujante senso da presença de Deus. Era como se um gigantesco ímã atraísse as pessoas ao grande auditório Hughes. Estudantes davam telefonemas a suas igrejas de origem, pais e entes queridos, testemunhando, pedindo perdão, contando o que Deus fizera. O Seminário Teológico Asbury, do outro lado da rua, não teve aulas por algum tempo. Delegações vindas de igrejas de outros lugares chegavam para estar presentes e experimentar a bênção do Senhor.

O culto começara às 9 horas da manhã da quinta-feira. Continuou sem interrupção naquele dia e a noite toda. Poucas pessoas deixaram a capela.

O ESPÍRITO VEM SOBRE A FACULDADE ASBURY   247

Centenas ficaram orando a noite inteira. Outras multidões voltaram depois das 6 horas da manhã, e assim continuou na sexta, no sábado e no domingo, quando muitos foram para suas igrejas locais em Wilmore. Depois da meia--noite de domingo, o deão pediu que as moças voltassem aos seus dormitórios, onde continuaram em reuniões em pequenos grupos. Os rapazes continuaram orando na capela. Somente às 7 horas da manhã de terça-feira, 1º março, o culto na capela foi concluído, depois de 118 horas. No restante da semana, multidões lotaram o auditório. Centenas de pessoas buscaram uma experiência espiritual de Deus.

Foi típico do impacto o caso do treinador de basquete do colégio de Paris, Kentucky. Ele fora até a Faculdade Asbury para investigar o que estava acontecendo, e foi vencido sobrenaturalmente pela presença de Deus ao entrar no prédio. Compelido pelo Espírito Santo, anunciou seu nome, posição e conversão; no mês de setembro seguinte, estava matriculado no Seminário Teológico Asbury, e hoje é ministro do evangelho.

INFLUÊNCIA NACIONAL

Desde a primeira noite, dois jornalistas estavam presentes, fazendo reportagens e tirando fotografias. Os jornais diários de Louisville e Lexington espalharam as notícias por todo o país. Até a noite de domingo, 26 de fevereiro, chegaram oito repórteres, representando a *United Press*, a *Associated Press* e a *National Broadcasting Company*. Eles foram ao *campus* e lá permaneceram durante oito horas. O avivamento era a segunda maior manchete dos jornais nos Estados Unidos, vindo depois das notícias sobre a greve nacional dos carvoeiros. Uma rádio próxima pediu permissão para transmitir os cultos ao vivo em sua estação. Toda essa propaganda foi feita sem solicitação, e as reportagens eram sempre positivas e simpáticas ao avivamento. Muitas cidades telefonavam pedindo notícias.

Estudantes de diversas faculdades próximas foram aos cultos e, abençoados, voltaram a suas escolas, trazendo outros colegas. Muitas pessoas da cidade foram profundamente tocadas. Mais de vinte alunos do colégio de Wilmore se converteram, incluindo diversos do time de basquete. Chegaram telefonemas de igrejas de todo o país pedindo que orassem a Deus por avivamento em suas igrejas.

No fim da primeira semana, mais de 2.300 pessoas professaram a fé durante essas reuniões externas em que alunos ou professores deram testemunhos. Na semana seguinte, contavam mais de quatro mil relatos de conversões. Quinhentas igrejas em todo o país entraram em contato pedindo que se mandasse estudantes e professores [de Asbury] para dirigir cultos no fim de semana em seu templo.

Após cinco dias de cultos contínuos, as aulas voltaram, mas a cada noite multidões de mil a 1.500 pessoas continuaram a encher o auditório. Noite

FOGO DO AVIVAMENTO

após noite, o palco de trinta metros de comprimento na frente do auditório estava cheio de gente em busca de salvação. O fogo do avivamento irrompia em muitas regiões dos Estados Unidos sempre que alguém de Asbury fazia uma visita. A escola não procurava publicidade, mas Deus usou grandemente a publicidade para a sua glória, como muitas vezes fez nos avivamentos.

Veio um chamado de Jackson, Mississippi, e, quando a delegação da faculdade chegou ao local, o avivamento irrompeu nas igrejas metodista e batista e continuou por uma semana. Outra manifestação semelhante de avivamento apareceu em Hattiesburg, Mississippi. Entre 1.800 e duas mil pessoas encontraram Cristo em uma semana nesta cidade. Foram solicitados cultos nas faculdades e colégios de ensino médio. Em uma escola, quando o convite para salvação foi feito, 250 estudantes foram à frente buscar o Senhor. As mensagens geralmente eram de poucos minutos. Não havia demonstrações extremas de emoção ou fanatismo. As diferenças entre as denominações não pareciam existir.

No avivamento da Faculdade Asbury, a oração estava em primeiro lugar. As pessoas faziam revezamento de oração 24 horas por dia. Dia e noite, pessoas visitavam as salas de oração. Pregadores viajavam muitos quilômetros de carro em busca de renovação pessoal. Não era um tempo de empolgação religiosa, mas de grande paz e louvor. Durante a reunião, 51 pessoas foram chamadas ao campo missionário ou outro serviço cristão de tempo integral. W.W. Holland disse-me: "Foi lindo de ver. Quando o deão Kenyon perguntou quantos no auditório haviam se consagrado e se preparavam para o serviço cristão de tempo integral, mais de seiscentas pessoas se levantaram, erguendo as mãos e cantando 'Estou pronto a fazer o que queres, Senhor, irei aonde queres que eu vá'".

Na segunda sexta-feira do avivamento, um derramar extraordinário do Espírito veio sobre a capela do seminário do outro lado da rua, durando a manhã inteira. O presidente da Faculdade Asbury, Z. T. Johnson, disse: "Não havia sentimento de exultação ou jactância por parte de nenhum de nós. A Faculdade Asbury sente-se honrada em ter presenciado tão grande derramamento do Espírito Santo".[3] O dr. Bob Shuler Jr. escreveu: "Parecia tão próximo ao Pentecostes quanto possível nestes dias modernos [...]. O avivamento foi real. Era genuíno. O poder atual estava presente [...]. Foi um autêntico avivamento do Espírito Santo, e nada menos que isso".[4] O dr. T. M. Anderson estima que a rede total de bênçãos que irradiaram do avivamento de 1950 levou cerca de cinquenta mil pessoas a encontrar nova experiência com Cristo.[5]

O AVIVAMENTO DE 1958

No sábado, 1º de março de 1958, Deus mandou outro poderoso avivamento à Faculdade Asbury. Os estudantes reuniram-se ao meio-dia para jejum e oração. O presidente do grêmio estudantil, que estava dirigindo a reunião, perguntou:

O ESPÍRITO VEM SOBRE A FACULDADE ASBURY

"O que você gostaria que acontecesse em Asbury?" Muitas pessoas, tanto estudantes quanto professores, expressaram o desejo de ver um vasto avivamento. Na sexta-feira, na reunião de oração dos professores no dia anterior ao avivamento, membros do corpo docente expressaram o mesmo profundo anseio. Grupos de jovens encontravam-se em várias salas, esperando diante de Deus em oração.

Na capela, no sábado, um professor falou sobre 2Coríntios 13.5: *Examinai a vós mesmos, para ver se estais na fé. Provai a vós mesmos.* Ficou logo evidente que o Espírito Santo estava dirigindo e falava profundamente. Grande consciência da presença de Deus encheu a sala. Quando o pregador estava prestes a terminar, um líder do corpo discente veio ao palco e pediu para dar uma palavra. Ele começou a confessar sua necessidade e pediu aos colegas que lhe perdoassem por dar tão mau exemplo de vida cristã. Então foi até o altar e convidou líderes do *campus* e outros que haviam se afastado do Senhor a acompanhá-lo.

Cerca de 75 pessoas responderam de imediato. Tão logo acabaram de orar por segurança, deram um passo até o palco e testemunharam o que Deus havia feito por eles. Logo quarenta ou mais estudantes esperavam em fila junto ao púlpito para dar testemunho. O comprido palco e os bancos da frente estavam cheios de pessoas à procura de nova vitória do Senhor. Os estudantes oravam e cantavam corinhos. Muitos humildemente confessaram sua negligência e espírito crítico. As aulas foram canceladas e só foram retomadas na terça-feira.

Não havia necessidade de pregador. Toda a atmosfera estava eletrificada pela presença de Deus. Contudo, não era um tempo de grande emoção, mas de profunda e calma obra de refinamento do Espírito Santo, sondando os corações, trazendo convicção do pecado, quebrando a obstinação da vontade e derretendo os corações.

Intercessão, arrependimento e confissão continuaram sem intervalo, exceto pelo cântico de corinhos e orações, desde as 8 horas da manhã de sábado até as 11 horas da manhã de segunda-feira. Mais importantes foram os testemunhos falando do amor por Deus e de uns pelos outros. Muitas pessoas, corações repletos de amor, confessaram seu orgulho, egoísmo e outros pecados.

Pessoas da cidade foram ao auditório assistir a algumas das reuniões. Estudantes secundaristas choravam abertamente ao, diante dos ouvintes, dar testemunho da graça salvadora de Deus. No domingo à noite, depois do término do culto da igreja metodista da cidade, cerca de quinhentas pessoas reuniram-se, sem prévio aviso, no auditório da faculdade, onde alguns alunos continuavam em oração constante. Este se tornou o culto culminante do avivamento.

Alunos ministeriais da faculdade e do seminário, que estiveram em seus pastorados no domingo, voltaram para relatar graciosos derramamentos do Espírito Santo. Naquele domingo, o Espírito Santo veio sobre o culto na igreja metodista de Wilmore, que só acabou às 2h45 da madrugada de terça-feira. O fogo do avivamento ardia simultaneamente na igreja e no auditório da faculdade. Bênçãos espalharam-se para o Seminário Teológico Asbury, para a cidade de Wilmore e muitas outras cidades e comunidades de Kentucky, Mississippi, Tennessee, Michigan, Wisconsin, Illinois, Carolina do Sul, Ohio e Indiana.

Em Jackson, Mississippi, um programa de televisão chamado "Avivamento de oração" recebeu cartas sem conta pedindo orações. Dentro de três semanas, aproximadamente mil pessoas estiveram na igreja buscando Deus.

Depois do avivamento de 1958, havia um maravilhoso e contínuo espírito de poder, amor e fé permeando a Faculdade Asbury. Inundava corações e almas e encontrava voz em cânticos santos, orações e testemunhos. Havia um divino espírito de ternura, doçura e amor que unia todo o corpo discente em linda comunhão.

CAPÍTULO QUARENTA E TRÊS

O AVIVAMENTO DE 1970
NA FACULDADE ASBURY

Durante meses, um pequeno grupo de estudantes da Faculdade Asbury se levantava cada manhã meia hora mais cedo para orar, estudar a Bíblia e planejar o dia com Deus. Outros grupos, grandes e pequenos, também estiveram se reunindo em oração em diferentes horários, pedindo a Deus um despertamento espiritual.

Na última semana de janeiro de 1970, o dr. Eugene Erny, meu precursor na presidência da OMS, e eu, estivemos num comitê em Wilmore, Kentucky. O dr. Dennis Kinlaw, novo presidente da Faculdade Asbury, ouviu falar que estávamos na cidade e mandou nos chamar a seu gabinete depois que termi-nássemos os afazeres do comitê. Naquela época, Asbury tinha cerca de mil alunos, e o seminário do outro lado da rua tinha uns quatrocentos.

Quando chegamos, o dr. Kinlaw chamou o deão. Esses dois homens abri-ram o coração, compartilhando o profundo fardo que sentiam pela juventude da América, o declínio dos padrões morais, o problema das drogas entre a juventude e a repercussão desses problemas entre os menos espirituais de seus alunos. Estavam muito preocupados com o que tinha de ser feito. Passamos duas horas conversando e orando sobre isso

Exatamente uma semana mais tarde, em 3 de fevereiro de 1970, o deão de Asbury iniciou na capela um culto de testemunhos compartilhando sua experiência e convidando outros a fazer o mesmo. Seguiram testemunhos fer-vorosos, diretos e ungidos. No final daquela hora designada para a capela, um dos professores subiu ao palco e disse que, se qualquer dos estudantes quisesse orar, que sentisse liberdade para fazê-lo. Instantaneamente, alunos vieram de todo o auditório, enquanto a congregação cantava "Tal qual estou". Quando o sino tocou para as aulas, poucos atenderam. Ao virem à frente para orar, outros estudantes que estiveram aguardando a oportunidade de testemunhar foram ao palco e começaram, um a um, a falar.

252 FOGO DO AVIVAMENTO

Os que foram à frente e se ajoelharam diante do longo altar de Asbury uniram-se aos que estavam no palco, fazendo humilde e chorosa confissão de suas necessidades. Alguns procuraram pessoas específicas na congregação, pedindo perdão, fazendo reconciliação. Uma longa fila começou a se formar; cada pessoa esperava contar o que Deus tinha feito. Enquanto essas confissões eram feitas, outros alunos vinham à frente, enchendo o espaço do altar e dos assentos da frente. Uma intensa manifestação divina continuou até o meio-dia.

Ocasionalmente, estudantes ou professores chegavam ao microfone e davam o seu testemunho. Membros do Canto Orfeônico feminino ficaram em pé nos seus lugares e começaram a cantar em uníssono "Ao contemplar a tua cruz".

As aulas foram suspensas pelo restante do dia. No horário do jantar, alguns saíram, mas outros chegaram e se juntaram ao grupo no auditório. Às vezes, todos os 1.550 lugares do auditório estavam tomados. Algumas pessoas estavam de pé contra a parede, e outras, de fora, olhavam para dentro pelas portas. Toda a frente do auditório estava repleta de gente ajoelhada, alguns orando, outros aconselhando, alguns apenas se alegrando no Senhor. Enquanto isso, os testemunhos e as confissões continuavam sem pausa. Algumas pessoas foram a salas de aula próximas, no porão, para se encontrar com Deus a sós ou em pequenos grupos. Estudantes sentavam-se ou ajoelhavam-se juntos em duplas, Bíblia aberta, conversando sobre as coisas de Deus. Um lindo espírito de união prevalecia enquanto o culto de avivamento continuava sem parar por 144 horas.

O AVIVAMENTO ATRAVESSA A RUA

A história da obra de Deus na faculdade espalhou-se pela rua até o Seminário Teológico Asbury. Os seminaristas reuniram-se para um culto de oração a noite inteira. Há meses, muitos ali sentiam uma intensa ânsia por avivamento. A reunião na capela da manhã seguinte também foi um tempo de avivamento. Os estudantes iam ao altar para orar em encontro com Deus. Seminaristas e professores no púlpito fizeram humilde confissão, reconhecendo inveja, ressentimentos, atitudes mundanas e desejos lascivos. Muitas pessoas confessaram sua indiferença para com as coisas espirituais.

Algumas aulas no seminário voltaram a ser dadas, porém muitos estudantes permaneceram na capela, onde sentiam fortemente a presença do Espírito de Deus. Frequentemente, casais ajoelhavam ou sentavam-se juntos de mãos dadas, conversando e orando. Levantavam-se com lágrimas nos olhos, abraçavam-se e louvavam a Deus.

No fim de semana, os avivamentos do seminário e da faculdade se juntaram, e o movimento continuou de forma ininterrupta. Às 2h30 da madrugada, trezentas pessoas ainda estavam reunidas na capela. Antes do amanhecer, o número diminuiu para menos de cem pessoas, mas, ao alvorecer, o prédio começou a encher-se novamente. Dia após dia, as diversas comunidades do *campus* estavam absortas em uma só coisa: acertar as contas com Deus e buscar a vontade dele. Muitos alunos passaram a maior parte da semana dentro da capela. Sempre havia a presença de alguns membros do corpo docente, mas eles não manipulavam os cultos.

O AVIVAMENTO FLUI

Telegramas, cartas e telefonemas chegavam com apelos urgentes vindos de todos os Estados Unidos e do Canadá. Quando a notícia de alguma vitória era compartilhada, as pessoas louvavam a Deus, e repetidamente a congregação, acompanhada do órgão da capela, cantava "A Deus demos glória". Visitantes vieram de longe, da Califórnia, Flórida e do Canadá. Muitos foram avivados e iam ao palco testemunhar o que Deus fizera em sua vida.

Pessoas da cidade juntaram-se ao avivamento. Adolescentes que antes não tinham interesse na religião se converteram e começaram a ganhar seus amigos para Cristo. No domingo, diversas igrejas da cidade cancelaram seus cultos regulares para que todos pudessem estar no avivamento. Um dos pastores líderes locais foi ao púlpito e derramou a confissão de suas faltas. Sua esposa em seguida fez também uma humilde confissão.

Mais de cem adultos, membros do corpo docente e pessoas da cidade e comunidade foram à frente em busca do Senhor. A frente do auditório e as primeiras fileiras novamente estavam abarrotadas de pessoas chorando, orando e se reconciliando umas com as outras. Houve belíssima cura espiritual e social no domingo pela manhã. Durante anos, nenhum acontecimento tinha resolvido tantos problemas quanto no auditório nesse domingo de manhã.

Os cultos continuaram por 185 horas ininterruptas. Não havia pressão, nada de horários marcados para se reunir, nenhuma oferta levantada, nem prelúdio ou poslúdio, nenhuma impetração da bênção apostólica.

Começaram a chegar apelos vindos de outros *campi* e igrejas do país inteiro para que enviassem delegados estudantis para compartilhar as novas sobre o avivamento. Até o final de maio de 1970, pelo menos 130 escolas de ensino superior, seminários e escolas bíblicas haviam recebido bênçãos de avivamento pelo testemunho dos estudantes da faculdade e do Seminário Asbury. Podemos somar a isso as centenas de equipes que saíram de escolas e igrejas que tinham sido tocadas com a chegada das equipes de testemunho vindas da Faculdade Asbury.

Dois casais do seminário foram para a Colômbia, América do Sul, para o Seminário de Medellín, da OMS Internacional. Falaram 25 vezes e viram a operação de Deus em diversos locais da Colômbia, como Deus fizera na

254   FOGO DO AVIVAMENTO

Faculdade Asbury. Outros testemunharam durante o verão, visitando os cinco continentes do mundo.

Apareceram centenas de artigos nos periódicos cristãos, como também em jornais seculares. O livro *One divine moment* [Um momento divino] recontou a empolgante história dos avivamentos da Faculdade Asbury, com amplo alcance ministerial.

RENOVAÇÃO NO *CAMPUS*

O presidente da Universidade Azusa Pacific, perto de Los Angeles, pediu que um estudante da Faculdade Asbury viesse testemunhar no *campus* deles. O corpo docente da Universidade Azusa passou a noite em oração. Esse aluno chegou e não pregou; simplesmente relatou o que Deus estava fazendo na Faculdade Asbury e como sua vida fora transformada. Ao concluir, 150 estudantes foram em massa à frente, fazendo das cadeiras altares. Começaram os testemunhos. As aulas do período da tarde foram canceladas. Os estudantes continuaram dando testemunho. Outros encontravam-se para orar nos dormitórios e salas de aula.

Algumas pessoas saíram do *campus* e foram a escolas próximas para compartilhar os seus testemunhos. Os estudantes começaram a telefonar para seus pais e pastores por todo o país, compartilhando os seus testemunhos. Na sexta-feira, o culto na capela durou sete horas. No domingo seguinte, esses estudantes espalharam-se para dar testemunho em muitas igrejas na região. Frequentemente, o pastor não pregava o sermão planejado, porque as pessoas iam em busca do Senhor, e o avivamento "explodiu" em muitas igrejas. Na segunda-feira, os estudantes retornaram de sua saída para testemunhar e começaram a compartilhar na capela. Mais uma vez, as aulas da tarde foram canceladas, e havia testemunhos, cânticos e orações durante horas a fio.

No dia seguinte, o capelão da Universidade Azusa Pacific e dez estudantes foram até a Faculdade de Pasadena compartilhar o testemunho da visitação de Deus em seu *campus*. O treinador do time de basquete da faculdade foi ao microfone e confessou sua falha em ser testemunha conforme Deus desejava. O *campus* estava eletrificado, e o avivamento recomeçou.

Quando o avivamento começou no Seminário Asbury, um ex-aluno da Faculdade de Greenville, uma instituição da Igreja Metodista Livre, ficou de pé e compartilhou o fardo que sentia por sua escola de origem, falando das tensões e necessidades de lá. Naquele momento, o pastor local levantou-se e disse que recebera um telefonema de Greenville pedindo que enviassem uma equipe para testemunhar. Imediatamente, pessoas formadas por Greenville, matriculadas no seminário, ficaram ao redor do altar para orar. Selecionaram um grupo, e meia hora depois a equipe já estava a caminho. Dirigindo o carro na neve e chuva gelada, os dez membros chegaram a Greenville. Compartilharam as novas do avivamento, e imediatamente pessoas se humilharam diante de Deus, começando a confessar publicamente suas atitudes erradas, e o avivamento continuou até as primeiras horas da manhã de sábado.

Numerosas equipes saíram da Faculdade de Greenvillle para a maioria das igrejas das três conferências da Igreja Metodista Livre, e o tom espiritual dessas igrejas foi transformado.

Durante dois anos, alguns alunos e professores do Seminário Teológico Batista do Sudoeste, em Fort Worth, Texas, estiveram orando por um movimento de Deus em seu *campus*. Quando chegou a notícia do despertamento na Faculdade Asbury, um professor contou à sua classe a esse respeito. O grupo inteiro caiu de joelhos diante de Deus, confessando e intercedendo com ousadia, pedindo pela misericórdia de Deus. A mesma coisa aconteceu em outra turma. A manhã seguinte era Dia do Fundador, e para a observância deste feriado anunciou-se que quem quisesse saber mais sobre o avivamento deveria ficar na capela. Cerca de doze pessoas saíram, mas o restante, 1.200, permaneceu para ouvir os testemunhos. Muitos foram profundamente tocados pelo Espírito.

A Universidade Nazarena Olivet, em Kankakee, Illinois, sentiu um poderoso impacto no avivamento de 1970. O presidente disse jamais ter visto algo semelhante em seus 21 anos na presidência. As aulas foram canceladas, e o Espírito Santo prevalecia. Centenas de estudantes da Olivet se espalharam por todo o país, até suas igrejas de origem, para compartilhar a notícia do avivamento. Um estudante foi até o Seminário Teológico Nazareno em Kansas City, Missouri. O Espírito Santo desceu sobre a família do *campus* com multidões de bênçãos.

Na Faculdade de Georgetown, próxima a Lexington, Kentucky, seis estudantes da Faculdade Asbury deram seus testemunhos, e a administração e o corpo docente da faculdade, além de cerca de setecentos alunos, uniram-se na "maratona de avivamento". Pelo menos mais 23 outras faculdades e universidades nos Estados Unidos e no Canadá foram impactadas pelo avivamento quando as testemunhas se espalharam de costa a costa.

Na Universidade de Tennessee, Ed Martin, proeminente membro do corpo docente, pediu que quatro estudantes dessem seu testemunho. Duzentos estudantes buscaram o Senhor, e até o fim daquele ano dúzias de estudantes encontraram-se todas as noites nos alojamentos para orar. No Movimento de Estudantes Batistas, contaram a história do Seminário Asbury no Texas A&M, na Universidade do Texas em Arlington, e em cinco das maiores universidades estaduais de Oklahoma. Centenas de estudantes foram impactados, e alguns dos períodos de oração, confissão e testemunho chegaram a durar quatro a cinco horas.

O IMPACTO DA FACULDADE ASBURY SOBRE AS IGREJAS

Centenas de pastores no país todo começaram a pedir que equipes de estudantes viessem às suas igrejas. Por muitos meses, todo sábado uma grande procissão de carros saía da região da Faculdade Asbury para compartilhar o testemunho. Muitos estudantes viajavam de avião. Em quase todo lugar, os pastores e suas congregações davam resposta positiva. Os sermões foram deixados de lado, bem como a ordem do culto. Altares de igrejas, que durante anos tinham sido pouco mais que mobiliário, agora se tornavam lugares onde homens e mulheres se reconciliavam com Deus e uns com os outros. As pessoas esqueciam o relógio e seus almoços, sentadas durante horas no santuário da igreja, em um encontro com Deus.

Na Igreja de Deus South Meridian, em Anderson, Indiana, a equipe de Asbury chegou no sábado à tarde, 21 de fevereiro. Ela foi direto ao *campus* da Faculdade Anderson e começou se reunindo com os estudantes, convidando todos para o culto que seria no domingo pela manhã especificamente nessa igreja. No domingo pela manhã, deram testemunhos, e, enquanto ainda estavam falando, as pessoas começaram a vir à frente do altar orar por suas necessidades específicas. O culto durou três horas, e Deus estava presente de modo maravilhoso. No culto da noite, houve uma frequência ainda maior, e ele continuou por várias horas.

Na segunda-feira à noite, cerca de mil pessoas lotaram o santuário da igreja South Meridian, que geralmente acomodava 750 pessoas. Muitos tiveram de ficar de pé ao longo das paredes, enquanto a turma de Asbury compartilhava seus testemunhos em Anderson. Deus moveu-se sobre toda a congregação. Pequenos grupos espalharam-se pelo prédio e começaram a orar. Estudantes do ensino médio e universitários formaram uma multidão diante do altar, e repetidamente o pastor teve de pedir que voltassem a seus lugares e dessem espaço para os novos desejosos de se ajoelhar e orar. Foi colocado um grande anúncio no jornal da cidade, e na terça-feira à noite o santuário, bem como o ginásio de esportes, estavam cheios, com 1.400 pessoas. Entre os convertidos conhecidos, estavam um alcoólatra, um famoso atleta e um católico romano. As reuniões do meio-dia começaram na prefeitura da cidade, com até duzentas pessoas presentes. Visitantes de outros estados começavam a chegar: de Kentucky, Virgínia Ocidental, Illinois, Nebraska, Kansas, Canadá e até do longínquo Oeste, como a Califórnia.

Uma reunião especial foi realizada no ginásio esportivo do colégio de Anderson no domingo à tarde, 8 de março, com mais de dois mil presentes. No domingo seguinte, realizou-se uma reunião para a cidade toda, com mais de 2.600 pessoas presentes. Pastores de diversos estados pediram que as equipes de testemunho fossem até suas igrejas. Até a primeira semana de maio, essas equipes de Anderson tinham visitado grande número de igrejas em 31 estados mais o Canadá. Aonde iam, era manifesto o poder do Espírito Santo, e centenas de jovens e adultos assumiram um compromisso com Cristo. Em um domingo em Roanoke, Virgínia, mais de 250 pessoas buscaram o Senhor. Em

O AVIVAMENTO DE 1970 NA FACULDADE ASBURY

Huntington, Virgínia Ocidental, o avivamento espontâneo surgiu com cultos que duraram duas semanas.

Enquanto isso, a Igreja de Deus South Meridian, de Anderson, continuou os cultos ininterruptamente durante cinquenta noites, com frequência média de cerca de mil pessoas. Membros de muitas denominações, negros e brancos, jovens e idosos, chegaram ao pé da cruz. O culto típico durava duas a três horas e consistia principalmente em cânticos, confissão, oração e testemunhos. Um artigo de primeira página no *Chicago Tribune* chamou o movimento de "Avivamento de amor em Anderson".[1]

Eram abundantes os testemunhos de pessoas libertas do alcoolismo, lares desfeitos que foram reconstruídos e igrejas visitadas com tamanho avivamento que as congregações tiveram de mudar para templos muito maiores. Pessoas de muitas denominações faziam parte do movimento do Espírito. Os cultos frequentemente duravam horas. Em uma pequena comunidade, quinhentos dos setecentos alunos no colégio local assumiram o compromisso com Cristo, e um pastor comentou: "Nossa cidade é uma nova cidade desde que chegou o avivamento. Jovens rudes converteram-se, lares quebrados refizeram-se, alcoólicos foram reabilitados à sociedade e nossas igrejas foram revitalizadas. Isto é obra de Deus!"[2]

Uma pequena cidade da Pensilvânia pediu um pregador de Asbury. Só estava livre uma moça da faculdade que morava ali perto e que estava em casa para o feriado de primavera. Com tremor, ela foi até a igreja dar seu testemunho. O poder de Deus veio sobre o povo, e o avivamento começou e continuou durante oito noites, com multidões de pé. Em um culto, o pai dessa moça, afligido desde menino com uma curvatura da espinha, foi imediatamente curado. Toda a comunidade foi abalada.

Dentro de três meses, umas duas mil equipes de testemunho saíram da Faculdade e do Seminário Asbury, e centenas de outras equipes de outras instituições educativas e igrejas foram impactadas pelo avivamento. A pequena cidade de Wilmore, Kentucky, tornou-se centro de uma rede de avivamento que tocou, abençoou e deu vida espiritual renovada a milhares de indivíduos em vários milhares de igrejas nos Estados Unidos e em outros países.

O único relato completo do avivamento de 1970 na Faculdade Asbury está no céu. O que aconteceu repetidamente ali no século 20 pode acontecer novamente. Deus é Deus de avivamento. Não faz acepção de pessoas, lugares, instituições ou igrejas. Não há dois relatos de avivamento que sejam exatamente iguais. Mas onde o povo de Deus cumpre o pacto do avivamento dado por Deus em 2Crônicas 7.14, onde o povo de Deus se dispõe a orar, o Santo Espírito de Deus pode ser novamente derramado. O preço desse humilhar, de buscar a face de Deus, pode parecer difícil, mas valerá a pena por toda a eternidade. Deus está pronto a mandar hoje o avivamento. Estamos nós preparando o caminho do Senhor?

CAPÍTULO QUARENTA E QUATRO
O AVIVAMENTO ESTÁ CHEGANDO

Deus em sua iniciativa nos deu, por sua vontade soberana, a aliança do avivamento de 2Crônicas 7.14. Ele é sempre fiel à sua Palavra e espera que nós cumpramos a nossa parte. Em milhares de ocasiões, Deus cumpriu o pacto de avivamento em uma família, igreja local ou comunidade, em uma região ou em uma nação. Quanto mais profundas, amplas e totais a oração e a obediência de seus filhos, mais o avivamento de Deus se espalha pelo poder do Espírito.

Não podemos produzir o avivamento, merecê-lo ou planejar a agenda de Deus para que ele nos visite com avivamento. Só podemos cumprir as condições que Deus requer ao buscar a sua face. O que aprendemos sobre os segredos do reino de Deus ao estudar os avivamentos do passado?

1. Savonarola provou que uma pessoa só pode mudar a maré. Deus pode operar por meio de qualquer um que esteja totalmente entregue a ele, sedento de avivamento, disposto a pagar o preço com obediência ao pacto. A mesma empolgante verdade é vista nos avivamentos de Asa e de Josafá.

2. Ninguém é novo demais para ser usado por Deus. Aos 22 anos, Whitefield mostrou que um jovem em chamas por Deus pode ser poderoso instrumento. A fome espiritual de Evan Roberts aos 13 anos conduziu-o a um ministério dinâmico aos 26 anos. A paixão consumadora de John Wesley pela vida de santidade quando moço de 26 anos permitiu que Deus o enchesse e iniciasse um poderoso ministério quando ele contava 35 anos.

3. Parece que Whitefield, Wesley e Finney foram escolhidos especificamente para o avivamento desde quando foram cheios do Espírito Santo. Do momento em que foram batizados pelo Espírito até sua morte, eles levavam o fogo santo de Deus por onde iam. Jonathan Goforth, Jonathan Edwards, David Brainerd, Louisa Vaughn, Aletta Jacobsz e Duncan Campbell são exemplos de cristãos que foram usados para acender o fogo do avivamento desta forma em determinado período de sua vida.

4. Testemunhar e evangelizar são ordens de Deus e constantemente usados por ele. Têm seu papel designado, mesmo em tempos de avivamento.

Mas o avivamento trata da soberania de Deus, caracterizado especificamente pela rapidez e magnitude dos resultados e pelas transformações da igreja e da comunidade. O evangelismo sem avivamento carece da plena manifestação da gloriosa presença e do poder de Deus.

5. A maioria dos movimentos de avivamento são caracterizados por profunda convicção do pecado e muita confissão pública. Deus tem usado essas confissões para convencer outros, tanto cristãos quando descrentes, dos seus pecados. Os avivamentos da Coreia, do norte da China e dos *campi* de faculdades nos Estados Unidos demonstraram o poderoso efeito que a confissão tem sobre os ouvintes, especialmente quando ela é acompanhada de restituição e reconciliação.

6. Outra característica comum do avivamento é a grande alegria nas pessoas que encontraram liberdade espiritual. Os cânticos são destaque, e os que foram avivados cantam e se regozijam de coração por horas, atraindo outros a Cristo. Isso valeu de maneira especial no avivamento no País de Gales e em alguns períodos de renovação na África.

7. O fogo do avivamento pode espalhar-se por meio de testemunhos orais e escritos, jornais, rádio e TV, cartas e até pelo telefone. Em Gales, Irlanda do Norte, Índia, no avivamento de 1858 nos Estados Unidos, na Coreia, no norte da China e nos *campi* universitários, o Espírito Santo usou vozes, livros e a mídia para espalhar as chamas.

8. O Espírito Santo é o líder em todos os avivamentos enviados por Deus. Ele conhece o anseio do Pai de enviar o avivamento a seu povo. Ele mesmo intercede, com gemidos mais profundos que palavras, junto com Cristo. O Espírito dá as preocupações e os fardos de oração por avivamento sobre muitos dos filhos de Deus, para que se unam na mesma intercessão que prevalece.

9. Finalmente, a história dos avivamentos mostra que Deus pode enviar e envia avivamento repetidamente ao mesmo lugar ou a lugares diferentes, se houver gente disposta a cumprir as condições de seu pacto. Pode parecer que ao longo da História os avivamentos tenderam a ocorrer repetidamente nos mesmos lugares: Gales, Irlanda do Norte, partes da Escócia, a área do Cabo da África do Sul e em algumas escolas cristãs de ensino superior dos Estados Unidos, como Wheaton e Asbury. Seria isso por uma escolha soberana e arbitrária de Deus? Provavelmente não. Parece que o avivamento vem onde, no decorrer dos anos, grupos de pessoas demonstram clara e nítida fé evangélica, reverente temor a Deus e fidelidade em oração. São lugares onde o Espírito Santo é honrado, onde sua presença é desejada e buscada, e onde as pessoas não somente têm certeza do perdão dos pecados, mas também creem e buscam a plenitude do Espírito Santo.

260 FOGO DO AVIVAMENTO

A aliança de Deus no avivamento foi dada como iniciativa de Deus. Nenhum ser humano implorou a Deus até que ele mesmo tivesse prometido avivar. Por ser o Deus do avivamento, ele declarou voluntariamente o seu pacto como o seu convite a nós para, famintos, sermos renovados.

Deus declarou seu pacto de avivamento de diversas formas por toda a Bíblia, especialmente nestas passagens do Antigo Testamento: Isaías 41.18; 44.3; 62.1,6,7; 64.1,2,4,5. Mas, provavelmente, a passagem mais conhecida é 2Crônicas 7.14: *Se o meu povo, que se chama pelo meu nome, se humilhar, orar e buscar a minha presença, e se desviar dos seus maus caminhos, então ouvirei dos céus, perdoarei os seus pecados e sararei a sua terra.*

Deus quer que nos lembremos e reflitamos sobre como ele trabalhou no passado. Quer que essa lembrança nos dê fome de vê-lo agir novamente com todo o seu histórico poder. Se o povo de Deus tiver fome profunda, Deus ouve e envia o avivamento. É por essa razão que dei detalhes seletos de tantas operações de Deus em renovação em séculos passados e em nossos dias. Que cumpramos nossa parte do pacto. Que aceitemos o santo desafio de 2Crônicas 7.14.

1. *Se o meu povo se humilhar.* Quantas pessoas dentre o povo de Deus você conhece que levam a sério o mandamento do Senhor? Quantos realmente estão se humilhando diante de Deus? Humilhe-se em oração privada. Humilhe-se em reuniões de oração e assembleias solenes. Humilhe-se em jejum, como fez Davi (Sl 35.13).

2. *Orar e buscar a minha presença.* Sempre que o avivamento aparece na história da igreja, ele é uma consequência da extensa oração e busca da face do Senhor por parte de alguns de seus filhos. Quando estudamos a história da obra de Deus sobre a terra, sempre encontramos santos fiéis que oram, muitas vezes escondidos, persistindo em oração, instando que Deus avive o seu povo. Haverá sempre pessoas — frequentemente muitas — que no íntimo de seu coração clamam a Deus sem cessar.

   Deus quer mais do que orações casuais por avivamento. Ele deseja que seu povo tenha fome e sede por seu grande poder. Buscar a face de Deus é muito mais que apenas mencionar o avivamento de passagem em nossa oração. Envolve oração repetida e prolongada. Requer santa determinação em oração, examinando a nós mesmos para ver se há algo em nossa vida que impeça a ação divina. Quem procura avivamento, está preparado para dar o passo necessário que ajude a obter resposta. Quem busca avivamento está pronto a obedecer a Deus em tudo. Buscar a face de Deus muitas vezes requer que se peça perdão a outros (Mt 5.23,24; 6.14,15; Mc 11.25; Lc 6.36; Cl 3.13). Muitas vezes requer resolver contendas que impedem a resposta às orações (1Pe 3.7). Você está buscando a face do Senhor?

3. *E se desviar dos seus maus caminhos*. Qualquer coisa que entristeça a Deus — quer coisas que fazemos quer aquilo que deixamos de fazer — será empecilho em nosso esforço por atender ao pacto de Deus para o avivamento. Temos de estar sensíveis ao Espírito Santo e àquilo que ele aponta em áreas de nossa vida que impedem a obra e roubam de nós a bênção plena de Deus. Às vezes o Espírito Santo nos corrige com sua forte voz e convicção do nosso fracasso. Outras vezes o seu toque é terno ao nos dirigir para a vontade de Deus.

Obediência imediata ao que o Espírito Santo nos mostra, arrependimento imediato por aquilo que entristeça a Deus — isso prepara o caminho do avivamento. Ninguém é mais rápido em sentir a repreensão do Espírito, ninguém mais sensível e responsivo a Deus do que a pessoa cheia do Espírito. Portanto, ninguém deve ser mais rápido em se arrepender quando falha do que uma pessoa cheia do Espírito! Deus requer gente cheia do Espírito para desenvolver papéis-chave em sua estratégia de avivamento.

Apresentamos os três passos essenciais no preparo do caminho do Senhor para o avivamento. São as condições pactuais de Deus para quem deseja ver sua obra poderosa. Tão certo como Deus está no céu, quando cumprimos as suas condições, Deus faz duas coisas: perdoa-nos por tudo que fizemos e que o tenha entristecido e dá graciosa cura à nossa terra.

O mundo inteiro foi ferido por Satanás e pelo pecado. Toda nação está desesperadamente carente de cura. Muitas igrejas, grupos, famílias precisam sarar. O avivamento sempre traz cura aos lares, igrejas, comunidades e nações. "Ó Deus, sara nossa terra!" deve ser o clamor do coração de todo cristão.

Será que virá outro grande avivamento? Para Deus, nunca é tarde demais. Se cumprirmos as condições de Deus, veremos cumpridas as promessas do pacto de Deus. A questão não é "será que Deus mandará o avivamento?", mas "estamos prontos a cumprir as condições pactuais de Deus para o avivamento?"

Será esta a hora de Deus? Sempre é hora de Deus salvar, sempre é hora de Deus avivar. Tão certo como "hoje é o dia de salvação", é também o dia de avivamento, porque é dia de graça. Pode levar tempo para que nos adequemos ao que Deus requer para preparar o caminho do Senhor e para orar até vencermos a batalha da guerra espiritual. Mas Deus não demora em conceder avivamento. Não é preciso mendigar diante de Deus.

Nos vários séculos passados, Deus concedeu muitos avivamentos grandes e pequenos. Talvez os avivamentos de Finney fossem mais extensos do que os de Wesley e Whitefield. Os avivamentos de 1858-1859 foram muito mais amplos que os avivamentos de Finney e podem ser considerados como *follow-up* (prosseguimento) do avivamento de Finney. Com certeza, o avivamento de 1858-1859 foi o primeiro avivamento internacional.

O avivamento de 1905-1909 provavelmente foi precedido por oração e fome em escala mais internacional do que outro avivamento anterior. A bênção de Deus foi derramada sobre mais nações do que em qualquer outro movimento anterior. Mas jamais na história da humanidade houve tanto anseio por renovação em tantas partes do mundo, por parte de gente de tantas origens denominacionais diferentes, do que hoje em dia.

Com certeza essa fome é resultado do chamado para oração por parte do Espírito Santo ao povo de Deus. Hoje temos mais livros sobre oração que em qualquer outra época. Um grande número de organizações e denominações têm conclamado um ano de oração ou ano de avivamento, mais do que em outra época qualquer. Sem dúvida, é o Espírito Santo que chama o povo de Deus para ficar de joelhos. Sem dúvida, é ele que guia seu povo a se unir a Cristo, nosso sumo sacerdote, em seu grande anseio e santa determinação para ver outro grande avivamento. Sem dúvida, o Espírito Santo geme com gemidos inexprimíveis por avivamento na igreja (Rm 8.26).

O Espírito Santo não brinca conosco nem com nossa vida de oração. Quando nos dá fome e fardo por orar, ele mesmo e nosso amado sumo sacerdote são um conosco nesse santo desejo. Será que a intercessão de Deus será em vão? O chamado de Deus à oração prova que o Deus trino anseia enviar o avivamento. É o tempo de Deus.

Por que não esperar que Deus nos dê mais um maravilhoso derramar do Espírito Santo antes do advento de nosso Senhor Jesus? Por que isso não deveria ser o mais amplo avivamento que a Igreja já conheceu? É claro que o milênio será o maior de todos os avivamentos. No passado, Deus usou a mídia para ajudar a espalhar fome, expectativa e notícias de avivamento. Por que Deus não faria isso em proporções ainda maiores nesta era do rádio, da televisão e da internet?

Ainda somos demasiadamente descuidados e pouco efetivos em nossa vida de oração. Ainda temos de recrutar muitos filhos de Deus para uma intercessão séria e prevalecente em prol do avivamento. Será lastimável para milhões de cristãos por toda a eternidade que tenham falhado tragicamente em sua vida de oração. Como se envergonharão diante do trono de Cristo! Mas, ah!, que alegria para os que hoje se despertam e investem tempo de qualidade e em quantidade adequada, em sincera intercessão especial por avivamento.

Louvamos a Deus por seus avivamentos no decorrer dos anos. Louvado seja Deus porque ele é hoje o mesmo que ontem. Louvado seja Deus porque ele prometeu mandar o avivamento se cumprirmos o que ele requer. Nós não podemos "merecer" o avivamento — é tudo pela graça. Mas podemos participar no preparo do caminho do Senhor, se nos dispusermos.

Assuma um novo compromisso com Deus de orar. Junte-se ao Deus trino — Pai, Filho e Espírito Santo — intercedendo por avivamento. Separe um tempo regular para oração. Caia de joelhos agora mesmo e ore!

DÁ-NOS MAIOR FOME

Dá-nos maior fome, Senhor, do que jamais conhecemos.

Ajuda-nos a esperar juntos, em acordo, até que teu poder seja demonstrado.
Mantém-nos, teus filhos, de joelhos, buscando a ti com poderosos rogos
até que, como o mar, inundações de bênçãos cubram tudo o que te pertence.

Dá-nos senso de urgência que não seja negada.
Dá-nos desejo tal de ver tua obra que deixemos tudo o mais de lado.
Dá-nos alma faminta, alma sedenta, até que os corações rompam de anseio,
que desejemos ser malditos se as almas não forem resgatadas!

Senhor, começa tua poderosa obra; revela teu forte e santo braço.
Ó Deus, não permitas que nos esquivemos nem que nos conformemos
com este século!
Revela o grande poder do teu Espírito; oh, vem sobre tua igreja nesta hora!
Por tua obra, Senhor, reveste-nos de poder, até que vençamos o forte de Satanás.

Ajuda cada um de nós a fazer a nossa parte; Senhor, não nos deixes fracassar.
Dá direção clara a cada coração, até que escalemos os mais altos montes.
Usa-nos conforme queres; nenhum fardo iremos recusar, Senhor.
Mas toma-nos, Senhor, põe-nos onde tu quiseres, onde prevalecerás.

Oh, envia teu Santo Espírito prometido sobre nós que, ajoelhados,
pedimos mais tua obra santa, até que homens sejam convencidos.
Senhor, ainda hoje é o dia da tua graça; tem misericórdia de nossa mortal raça!
Manda avivamento a todo lugar; revela teu milagre!

— Wesley L. Duewel

(Escrito na *Faith Mission Bible College*, Edimburgo, depois de conversar com o rev.
Duncan Campbell em 20 de outubro de 1958.)

APÊNDICE A

PERGUNTAS PARA REFLEXÃO
E DISCUSSÃO

1. O que significa dizer que quando uma pessoa muito espiritual está "ardendo em fogo por Deus"? Você conhece alguém assim?

2. O que o fogo nos ensina sobre o caráter e a obra de Deus?

3. Todos os líderes cristãos hoje deveriam estar "ardendo com o fogo de Deus"?

4. Você conheceu tempos quando a presença de Deus era especialmente real em sua vida?

5. Você já teve alguma experiência espiritual durante o culto em sua igreja, experiência essa em que você esteve especialmente consciente do amor e da presença de Deus?

6. Conhece pessoas ou igrejas de outrora por quem Deus tenha feito coisas maravilhosas, mas por alguma razão hoje elas não são tão eficazes?

7. Que passos nós, cristãos, devemos dar para a reforma moral e o avivamento em nossa terra?

8. A fome de Deus da parte de John Wesley era tão contagiante que outros próximos a ele procuravam ser mais santos. Você e seus amigos estão com tanta fome por avivamento que se dispõem a adotar um estilo de vida de oração e jejum?

9. Os ministérios de George Whitefield e dos irmãos Wesley repetidamente provocaram grande oposição. Por que há tão pouca oposição a nossos líderes cristãos hoje em dia?

10. Que espécie de origem espiritual prepara as pessoas para receber o Espírito Santo em sua vida?

FOGO DO AVIVAMENTO

11. Charles Finney tornou-se imediatamente ganhador de almas quando ficou cheio do Espírito. Alguém que esteja cheio do Espírito pode esperar diferença imediata em sua vida e ministério?

12. Você conhece pessoas que hoje podem ser chamadas "guerreiras de oração"? O que distingue um guerreiro de oração?

13. Se hoje vier um avivamento, qual o impacto que a mídia atual teria sobre a eficácia e o crescimento do avivamento? Por que as questões espirituais raramente são focalizadas pela mídia secular de hoje?

14. Quais as áreas de nossa sociedade que mais necessitam de avivamento hoje?

15. É possível a cristãos atuais se unirem em oração, apesar de diferenças denominacionais?

16. Por que alguns cristãos — Wesley, Whitefield, Finney e outros — acendiam o fogo do avivamento por onde passavam, enquanto outros ministram passaram anos sem ser usados por Deus no avivamento? Isso significa que Deus não os esteja usando?

17. Hoje quase não se lembra mais do grande avivamento norte-americano de 1904-1905. Por que você acha que os efeitos desse avivamento não permaneceram?

18. "Hyde que orava" e seus companheiros passaram meses antes das convenções jejuando e orando por avivamento. Será que mais oração hoje renderia resultados? O que nos impede de dedicar essa espécie de tempo à oração?

19. O que você acha de manifestações físicas extraordinárias do Espírito Santo? Que propósito eles tiveram em avivamentos do passado?

20. Os padrões morais cristãos podem ser mantidos nas igrejas e na vida cristã de indivíduos sem que haja avivamentos ocasionais? Você acha que os seus padrões morais hoje são tão altos quanto logo depois que você se converteu?

21. Por que não ouvimos falar de avivamentos nas faculdades hoje em dia, mesmo nas cristãs?

22. A Faculdade Asbury experimentou o avivamento em parte porque muitas pessoas oraram a respeito disso por muito tempo. Como outras

APÊNDICE A: PERGUNTAS PARA REFLEXÃO E DISCUSSÃO

escolas cristãs hoje poderiam construir e manter uma sustentação em oração?

23. A maioria dos movimentos de avivamento não buscava notoriedade, mas assim mesmo o avivamento se espalhou por intermédio da publicidade. Será que hoje em dia espalhar reportagens sobre oração e fome por avivamento ajudariam a preparar o caminho do Senhor para novos movimentos?

24. De que maneira sua igreja poderá ter um papel profético em sua comunidade? Em sua nação?

25. Em muitos avivamentos, Deus usou as orações de crianças. O que você pode fazer para ajudar seus próprios filhos e as crianças de sua igreja a desenvolver uma vida de oração mais ativa?

26. Frequentemente, Deus usou pessoas idosas para preparar o caminho do avivamento. Você conhece alguma pessoa idosa que tenha uma vida de oração exemplar? Como você pode aprender com ela?

27. Se Deus enviasse o avivamento à sua igreja, quais os passos que você daria pessoalmente levar outros a compartilhar a bênção de Deus?

APÊNDICE B

MOVIMENTOS ADICIONAIS DE AVIVAMENTO

Não é possível incluir em um só livro relatos sobre todos os movimentos de avivamento, especialmente os dos últimos três séculos. Alguns leitores poderão questionar por que alguns movimentos de destaque do Espírito em determinadas regiões não foram relatados com mais detalhes, ou talvez nem tenham sido descritos. Nossa tentativa foi dar, nos relatos deste livro, uma indicação sobre o fluir do Espírito Santo em diferentes partes do mundo.

Entre os movimentos de avivamento, grandes ou pequenos, que não foram incluídos, estão os seguintes:

Francisco de Assis (1209-1225)

Morávios na Alemanha (1722)

Jonathan Edwards na Nova Inglaterra (1734-1735; 1740-1741)

Cambuslang, Escócia (1742)

David Brainerd entre os índios norte-americanos (1745-1746)

Kilsyth e Dundee, Escócia (1839)

William Taylor em todo o mundo (1856-1900)

Avivamento pentecostal de Azusa (1906)

Louisa Vaugn em Shantung, entre presbiterianos e outros (1896-1912)

Xangai (1925)

Aletta Jacobsz, entre presbiterianos, metodistas e OMS na Coreia e norte da China (1938-1940)

Avivamento canadense (1970-)

[Não temos dados confiáveis sobre um avivamento no Brasil, uma vez que o conceito de avivamento é incerto e às vezes confunde "louvorzão", cultos de expulsão de demônios e outros. Mas, se olharmos do ponto de vista bíblico, podemos concluir que o Brasil de fato precisa de um avivamento, como afirma Augustus Nicodemus Lopes:

> ... creio que é seguro dizer que, apesar de toda a agitação em torno do nome, o Brasil ainda não conheceu um verdadeiro avivamento espiritual. Depois de Finney, Billy Graham, do metodismo moderno e do pentecostalismo em geral, "avivamento" tem sido usado para designar cruzadas de evangelização, campanhas de santidade, reuniões onde se realizam curas e expulsões de demônios ou pregações fervorosas. Mais recentemente, após o neopentecostalismo, avivamento é sinônimo de louvorzão, dançar no Espírito, ministração de louvor, show gospel, cair no Espírito etc. Nesse sentido, muitos acham que está havendo um grande avivamento no Brasil. Eu não consigo concordar. Continuo orando por um avivamento no Brasil. Acho que ainda precisamos de um.[1]

No *16º Encontro para a Consciência Cristã*, Paul Washer afirmou: "Tenho ouvido muitos relatos sobre avivamento no Brasil e na América Latina, mas vi que a maioria deles era superficial, se não totalmente errônea".[2] Talvez, como afirmou o reverendo Augustus Nicodemus Lopes: devemos continuar orando por um avivamento no Brasil, pois ainda precisamos de um.]

---

[1] LOPES, Augustus Nicodemus, *estamos experimentando um avivamento no Brasil?* Em http://tempora-mores.blogspot.com.br/search?q=avivamento acessado em 11 de maio de 2015.
[2] http://conscienciacrista.org.br/Conteudo.asp?Id=2267 acessado em 11 de maio de 2015

NOTAS

Introdução
[1] GOFORTH, Jonathan. *By my spirit* (Minneapolis: Bethany Fellowship, Inc., 1964), 9.

Capítulo 2: Quando o fogo realmente caiu
[1] DYER, Helen S. *Pandita Ramabai, a great life in indian missions* (Londres: Pickering & Inglis, s.d.), 100-101.

Capítulo 6: O avivamento de um monge
[1] LAWSON, James Gilchrist. *Deeper experiences of famous christians* (Anderson, IN: The Warner Press, 1911), 79.

Capítulo 7: Aurora do Grande Avivamento
[1] BELDEN, Albert D., *George Whitefield — The awakener* (Londres: Sampson Low, Marston & Co. Ltd., s.d.), 54-56.
[2] BURNS, James e BLACKWOOD, Sr., Andrew, *Revivals, their laws and leaders* (Grand Rapids, MI: Baker, reimpresso em 1960), 288-289.
[3] DOUGLAS, J. D. (ed. ger.). *The new international dictionary of the christian Church*, ed. rev. (Grand Rapids, MI: Zondervan, 1974), 476.
[4] TELFORD, John. *The life of John Wesley* (Nova Iorque: Hunt & Eaton, s.d.), 117.
[5] LAWSON, *Deeper experiences of famous christians*, 178.

Capítulo 8: George Whitefield: em chamas por Deus
[1] BELDEN, *George Whitefield — The awakener*, 65.

Capítulo 9: O ministério de Whitefield continua
[1] BELDEN, *George Whitefield — The awakener*.
[2] Ibid.
[3] Ibid.
[4] Ibid.
[5] Ibid., 217-218.

6 Ibid., 219.
7 Ibid., 221.
8 Ibid., 222.

Capítulo 10: Wesley, o avivalista

[1] TELFORD, *The life of John Wesley*, 8.
[2] Ibid., 59.
[3] Ibid., 92.
[4] Ibid., 101.
[5] Ibid., 122.
[6] Ibid., 164.
[7] Ibid., 312.
[8] BURNS e BLACKWOOD, *Revivals, their laws and leaders*, 326.

Capítulo 11: Os avivamentos do metodismo

[1] TELFORD, *The life of John Wesley*, 199.
[2] Ibid., 201.
[3] Ibid., 263.
[4] Ibid., 318.
[5] Ibid., 320.
[6] Ibid., 356.
[7] Ibid., 345.
[8] Ibid., 345
[9] Ibid., 349-352.

Capítulo 12: Fogos de avivamento seguem Finney

[1] LAWSON, *Deeper experiences of famous christians*, 243.
[2] FINNEY, Charles G. *The memoirs of Charles G. Finney*, ed. Garth M. Rosell e
Richard A. G. Dupuis (Grand Rapids, MI.: Zondervan, 1989), xxxi-xxxii.
[3] Ibid., 13.
[4] Ibid., 23.
[5] Ibid., 75.
[6] Ibid., 78.
[7] Ibid., 80.
[8] Ibid., 102.

Capítulo 13: O fogo do avivamento se espalha pelo centro do estado de Nova Iorque

[1] FINNEY, *The memoirs of Charles G. Finney*, 147.
[2] Ibid., 164.
[3] Ibid., 168.

NOTAS 273

[4] Ibid., 172.
[5] Ibid., 195.
[6] Ibid., 212.
[7] Ibid., 239.

Capítulo 14: Cidades em chamas
[1] FINNEY, *The memoirs of Charles G. Finney*, 325.
[2] Ibid., 326.
[3] Ibid., 331-335.
[4] Ibid., 362.
[5] Ibid., 378.
[6] Ibid., 377-378.

Capítulo 15: Oberlin e além
[1] FINNEY, *The memoirs of Charles G. Finney*, 405-406.
[2] Ibid., 451.
[3] Ibid., 513-514.
[4] Ibid., 622-623.

Capítulo 17: A glória de Deus sobre terra e mar
[1] ORR, J. Edwin. *The fervent prayer* (Chicago: Moody, 1974), 18.

Capítulo 18: Atravessando o mar até Ulster
[1] GIBSON, William. *The year of grace* (Belfast: Ambassador Productions, Ltd., 1989), 24-25.
[2] PAISLEY, Ian R. K. *The "fifty-nine" Revival* (Belfast: The Free Presbyterian Church of Ulster, 1958), 39.
[3] Ibid., 48.
[4] Ibid., 50.

Capítulo 19: A conexão Belfast
[1] WEIR, John. *Heaven came down* (Belfast: Ambassador Productions Ltd., 1987), 48-49.
[2] Ibid., 43.
[3] Ibid., 109.

Capítulo 20: O ano da graça na Irlanda
[1] WEIR, *Heaven came down*, 126.
[2] PAISLEY, *The "fifty-nine" revival*, 90.
[3] Ibid., 134.
[4] Ibid., 141.

5 Ibid., 158-159.

6 WEIR, *Heaven came down*, 172.

7 Ibid., 173.

8 PAISLEY, *The "fifty-nine" revival*, 101-102.

9 Ibid., 102.

10 Ibid.

11 Ibid., 112-113.

12 Ibid., 41.

13 WEIR, *Heaven came down*, 176.

14 GIBSON, *The year of grace*, 85.

Capítulo 21: Avivamento de oração de 1859 no País de Gales

1 PHILIPPS, Thomas. *The welsh revival* (Edimburgo: The Banner of Truth Trust, 1989), 9-10.

2 Ibid., 31.

3 Ibid., 33.

4 Ibid.

5 Ibid., 37.

6 Ibid., 42.

7 Ibid., 54-55.

8 Ibid., 56.

9 Ibid., 75-77, 122.

10 Ibid., 64.

11 Ibid., 78-79.

12 Ibid., 60.

Capítulo 22: O fogo do avivamento na África do Sul

1 ORR, J. Edwin. *Evangelical awakenings in Africa* (Minneapolis: Bethany Fellowship, Inc., 1975), 58.

2 Ibid.

3 Ibid., 59.

4 Ibid., 60.

5 Ibid., 68.

6 Ibid., 69.

7 Ibid., 70.

8 Ibid., 76.

9 Ibid., 72.

Capítulo 23: Preparo em oração

1 JONES, R. B. *Rent heavens* (Londres: Stanley Martin & Co., Ltd., 1930), 36.

Capítulo 24: A visão de Evan Roberts

[1] PENN-LEWIS, Jessie. *The awakening in Wales* (Londres: Marshall Brothers, Keswick House, Paternoster Press, E.C., 1905), 58.

[2] JONES, *Rent heavens*, 43.

[3] Ibid., 43-44.

[4] Ibid., 45.

[5] EVANS, Eifion. *Revival comes to Wales*, 70.

[6] Ibid., 73.

[7] Ibid., 74.

Capítulo 25: Cânticos de avivamento no sul de Gales

[1] PHILLIPS, D. M. *Evan Roberts* (Londres: Marshall Brothers, Keswick House, Paternoster Row, 1923), 239-240.

[2] Ibid., 227-228.

[3] EVANS, *Revival comes to Wales*, 95.

[4] Ibid., 102.

[5] Ibid., 104.

[6] PHILLIPS, *Evan Roberts*, 299.

[7] Ibid., 299-302.

[8] Ibid., 303.

Capítulo 26: A chama se espalha

[1] EVANS, *Revival comes to Wales*, 113.

[2] Ibid., 114.

[3] Ibid., 115-116.

[4] Ibid., 141.

[5] Ibid., 171-173.

[6] Ibid., 180-182.

Capítulo 28: Colheita na América

[1] ORR, J. Edwin. *The flaming tongue* (Chicago: Moody, 1973), 70.

[2] Ibid., 74.

[3] Ibid.

[4] Ibid., 73-75.

[5] Ibid., 81.

[6] Ibid.

Capítulo 29: Avivamento no Mukti de Ramabai

[1] SANGUPTA, Padmini. *Pandita Ramabai Saraswati — Her life and work* (Londres: Asia Publishing House, 1970), 286.

[2] DYER, *Pandita Ramabai*, 102-103.

[3] Ibid., 109-110.

Capítulo 30: A oração transforma o centro e o norte da Índia

[1] Miller, Basil. *Praying Hyde* (Grand Rapids, MI: Zondervan, 1943), 36.

[2] Ibid., 48-49.

Capítulo 31: Um ano de bênção no sul da Índia

[1] Orr, J. Edwin. *Evangelical awakenings in India* (Nova Délhi: Masiki Sahitya Sanstha, 1970), 88.

[2] Ibid., 88-89.

[3] Ibid., 89.

[4] Ibid.

[5] Ibid., 90-91.

[6] Ibid., 90.

[7] Ibid., 91.

[8] Ibid., 92-94.

[9] Ibid., 95-96.

[10] Ibid., 96-97.

[11] Ibid., 100.

[12] Ibid., 106.

Capítulo 32: Avivamento no estado de Andhra

[1] Orr, *Evangelical awakenings in India*, 75-76.

[2] Ibid., 76.

[3] Ibid., 79.

[4] Ibid., 80.

[5] Ibid., 81.

[6] Ibid., 82.

[7] Ibid., 85.

Capítulo 33: Poderosas ondas de avivamento no nordeste da Índia

[1] Nenhum autor atribuído, *Calling to remembrance* (Atlantic City, NJ: The World-Wide Revival Prayer Movement, s.d.), 66.

[2] Ibid., 81-82.

[3] Ibid., 86.

[4] Ibid., 90-91.

Capítulo 34: O Pentecostes presbiteriano na Coreia

[1] Blair, William & Hunt, Bruce. *The korean pentecost* (Edimburgo: The Banner of Truth Trust, 1977), 67.

[2] Ibid.,73.

[3] Ibid., 74.

Capítulo 35: Goforth e o avivamento do norte da China
[1] GOFORTH, *By my spirit*, 19-20.
[2] Ibid., 31.
[3] Ibid., 34.
[4] Ibid., 41-42.
[5] Ibid., 41-45.
[6] Ibid., 48-49.

Capítulo 36: A grande colheita chinesa
[1] GOFORTH, *By my spirit*, 36.
[2] Ibid., 131.
[3] Ibid., 138.

Capítulo 37: Fogos de avivamento na África
[1] GRUBB, Norman. *Rees howells intercessor* (Londres: Lutterworth Press, 1952), 166.
[2] Ibid., 173-174.

Capítulo 38: O avivamento de Shantung
[1] MONSEN, Marie. *The awakening* (China Inland Mission/Overseas Missionary Fellowship, 1986), 83.
[2] CULPEPPER, C. L. *The shantung revival* (Dallas: Crescendo Book Publications, 1971), 13.
[3] Ibid.
[4] Ibid, 27.
[5] Ibid.
[6] Ibid., 28.
[7] Ibid., 41.
[8] Ibid, 55.
[9] Ibid., 57-58.
[10] Ibid., 60.
[11] Ibid., 63.

Capítulo 39: O avivamento no leste da África
[1] THOMPSON, C. R. *Revival in Africa* (Calcutá, Índia: Evangelical Literature Depot, s.d.), 4.
[2] CHURCH, J. E. *Quest for the highest* (Reino Unido: The Paternoster Press, Ltd., s.d.), 68.
[3] SMITH, A. C. Stanley. *Road to revival* (Londres: Church Missionary Society, s.d.), 71.
[4] BATES, Gerald E. *Twentieth century African renewal* (monografia, 1988), 13.

278 FOGO DO AVIVAMENTO

⁵ Ibid., 2.
⁶ Ibid., 18.

Capítulo 40: O avivamento nas Ilhas Hébridas

¹ WOOLSEY, Andrew. *Duncan Campbell* (Londres: Hodder and Stoughton, The faith mission, 1974), 115.
² Ibid., 119-120.
³ Ibid., 122-123.
⁴ Ibid., 133.
⁵ WOOLSEY, *Duncan Campbell*, 134.
⁶ Ibid., 139-140.
⁷ Ibid., 140-141.
⁸ Ibid., 134-135.
⁹ CAMPBELL, Duncan. *When God stepped down from heaven* (mensagem gravada em áudio).
¹⁰ Ibid., 172.
¹¹ Ibid., 173.
¹² Ibid.
¹³ Ibid., 191.

Capítulo 41: Fogo do avivamento nos campi

¹ ORR, J. Edwin. *Campus aflame* (Glendale, CA: G/L Regal Books, 1971), 19.
² Ibid., 65-66.
³ Ibid., 108-109.
⁴ Ibid.
⁵ Ibid., 111.
⁶ DORSETT, Mary. "*Revival*", *Wheaton alumni bulletin* (Abril-Maio de 1989): 5.
⁷ OLFORD, Stephen F. *Breakthrough in Wheaton* (monografia), 1.

Capítulo 42: O Espírito vem sobre a Faculdade Asbury

1 JONES, E. Stanley. *Chapel address at Asbury Theological Seminary* (28 de setembro de 1966).
2 ORR, *Campus aflame*, 122.
3 JOHNSON, Z. T. "*Asbury College Revival*", *The herald* (22 de março de 1958).
4 PAGE, dr. Bob Shuler's. *The methodist challenge* (Maio de 1950): 9.
5 McPHEETERS, J. C. "*The revival again*", *The herald* (12 de março de 1969).

Capítulo 43: O avivamento de 1970 na Faculdade Asbury

¹ COLEMAN, Robert E. *One divine moment* (Old Tappan, NJ: Fleming H. Revell Company, 1970), 74-75.
² Ibid., 76-80.

BIBLIOGRAFIA

Para leitores interessados em saber mais sobre a história dos avivamentos, os livros mencionados nas notas são excelentes recursos.

BROWN, Michael L. *The end of the american gospel enterprise*. Shippensburg, PA: Destiny Image Publishers, 1989.

CARSON, John T. *God's river in spate*. Belfast: Church House, Publications Board, Presbyterian Church in Ireland, 1958.

COLEMAN, Robert E. *Dry bones can live again*. Old Tappan, NJ: Fleming H. Revell Company, 1969.

_____. *The spark that ignites*. Minneapolis: World Wide Publications, 1989.

EVANS, Eifion. *The welsh revival of 1904*. Evangelical Press of Wales, 1969.

KULP, George B. *The calloused knees*. Cincinnati: God's Revivalist Office, 1909.

LLOYD-JONES, D. Martyn. *Revival*. Westchester, IL: Crossway Books, 1987.

MALLALIEU, Willard Francis. *The why, when and how of revivals*. Nova Iorque: Eaton and Mains, 1901.

MATTHEWS, David. *I saw the welsh revival*. Chicago: Moody Press, 1951.

MORGAN, George E. *Mighty days of revival*. Londres: Morgan and Scott, 1922.

NICHOLSON, Martha Snell. *His banner over me*. Westchester, IL: Christian Readers Club, Division of Good News Publishers, 1957.

OLFORD, Stephen F. *Heart cry for revival*. Ed. rev. Memphis, TN: Encounter Ministries Inc., 1987.

_____. *Lord, open the heavens!* Wheaton, IL: Harold Shaw Publishers, 1980 (anteriormente publicado como *Heart cry for revival*, 1962, 1969).

ORR, J. Edwin. *The eager feet*. Chicago: Moody Press, 1975.

_____. *Evangelical awakenings in eastern asia*. Minneapolis: Bethany Fellowship, Inc., 1975.

PRIME, Samuel. *The power of prayer*. Edimburgo: The Banner of Truth Trust, 1991(primeira publicação em 1859).

RAMABAI, Pandita. *Pandita Ramabai*. Melbourne: George Robertson & Co. Proprietary Limited, 1903.

RAVENHILL, Leonard. *Revival God's way*. Minneapolis: Bethany House Publishers, 1983.

_____. *Revival praying*. Zachary, LA: Ravenhill Books, 1962.

RICE, John R. *We can have revival now!* Wheaton, IL: Sword of the Lord Publishers, 1990.

SHEARER, John. *Old time revivals*. Londres: Pickering & Inglis, s.d.

SIMON, John S. *The revival of religion in England in the eighteenth century*. Londres: Robert Culley, s.d.

STEVENS, Abel. *The history of the methodist episcopal church in the United States of America, vol. I*. Nova Iorque: Eaton & Mains; Cincinnati: Curts & Jennings, setembro de 1864.

_____. *The History of the religious movement of the eighteenth century called methodism, vol. III*. Nova Iorque: Eaton & Mains; Cincinnati: Jennings & Graham, s.d.

TARR, Charles R. *A new wind blowing*. Anderson, IN: The Warner Press, 1972.

WALLIS, Arthur. *In the day of thy power*. Londres: Christian Literature Crusade, 1956.

_____. *Revival: The rain from heaven*. Old Tappan, NJ: Fleming H. Revell Company, 1979.

WATSON, Eva M. *Glimpses of the life and work of George Douglas Watson*. Cincinnati: God's Bible School and Revivalist, 1929.

WATT, Eva Stuart. *Floods on dry ground*. Londres: Marshall, Morgan & Scott, Ltd., 1939.

WHITE, John. *When the spirit comes with power*. Downers Grove, IL: InterVarsity Press, 1988.

WOOD, Arthur Skevington. *And with fire*. Londres: Pickering & Inglis Ltd., 1958.

BIBLIOGRAFIA 281

Woods, Grace W. *The half can never be told*. Atlantic City, NJ: The World--Wide Revival Prayer Movement, 1927.

LIVROS EM PORTUGUÊS SOBRE AVIVAMENTO

Appleby, Rosalee M. *Labaredas de fogo*. São Paulo: Renovação Espiritual, 1963.

Edman, V. Raymond. *Finney vive ainda*. Belo Horizonte: Renovação Espiritual, 1962.

Lloyd Jones, D. M. *Avivamento*. São Paulo: Publicações Evangélicas Selecionadas, 1992.

Moody, D. L. *O poder do alto*. Rio de Janeiro: Livros Evangélicos O.S.Boyer, s.d.

Smith, Oswald J. *Davi Brainerd: sua mensagem para os nossos dias*. Compilado e editado de seu diário. Belo Horizonte: Renovação Espiritual, 1961.

Taylor, Howard. *O segredo espiritual de Hudson Taylor*. São Paulo: Mundo Cristão, 1994.

Tognini, Enéas. *Batismo no Espírito Santo*. São Paulo: Edições Enéas Tognini, 1967.

_____. *Renovação espiritual no Brasil*. São Paulo: Renovação Espiritual, 1983.

O reavivamento entre os missionários da Coreia (autor desconhecido; tradução Carolyn Charles). Renovação Espiritual, 1961.

SOBRE O AUTOR

Wesley L. Duewel nasceu em 3 de junho de 1916 em St. Charles, Missouri, filho dos falecidos Louis e Ida Luelf Duewel, e faleceu em 5 de março de 2016.

O Dr. Duewel dedicou-se a missões mundiais por 75 anos. Após o ministério na Índia por quase 25 anos, ele foi presidente da One Mission Society (1969-1982). Ele foi membro da Conferência Wabash da Igreja Metodista Livre por 48 anos.

Desde a infância, o dr. Duewel tinha um profundo amor pela Palavra de Deus. Seus escritos e poemas sobre o Espírito Santo, o avivamento e a conquista de alma convocam o povo de Deus de volta à oração, fonte de todo poder para o ministério e expressam sua fome e paixão. Mais de 2,5 milhões de cópias de seus livros estão em 58 línguas.

Reconhecido como uma autoridade em missões, o dr. Duewel serviu durante 16 anos no conselho de diretores da Missio Nexus (ex-Evangelical Fellowship of Mission Agencies), como presidente 1969-1972, 19 anos na North American Board of World Evangelical Fellowship, 20 anos depois Conselho da Associação Nacional de Evangélicos, e um administrador de vida do Seminário Teológico de Asbury. Em 2007, a Missio Nexus homenageou-o apresentando seu primeiro Lifetime of Service Award. Em 2009, Evangelical Fellowship of India apresentou-lhe o "Lifetime Service Award em reconhecimento de sua liderança de servo exemplificado para o Corpo de Cristo e fiel contribuição para a Igreja e Missão na Índia".

Ele foi proeminente na liderança da North India Christian Literature Society e Sociedade Bíblica da Índia. Ele ajudou a liderar Evangelical Fellowship da Índia e foi seu presidente até ele ser transferido da Índia.

O Dr. Duewel doutorou-se em Educação pela Universidade de Cincinnati e em Divindade pela Taylor University. Seus artigos apareceram em muitas publicações, e durante 12 anos editou a *Revival Magazine* [Revista de Avivamento], publicada em 12 idiomas. Ele ministrou em 45 países.

Por anos, o Dr. Duewel ensinou uma classe sênior de escola dominical. Ele compartilhou seu testemunho da fidelidade de Deus, com uma profunda preocupação pelos milhões de não evangelizados e uma ênfase constante na oração como chave para a colheita e o reavivamento.

OUTROS LIVROS DO AUTOR

Há mais no cristianismo que ser um pecador perdoado. Você é um filho de Deus, designado a operar no poder do seu Espírito. Mas o que significa ser cheio do Espírito Santo? Andar no Espírito é a sua experiência diária?

Se você anseia por uma caminhada de transformação mais profunda e por crescimento espiritual, então *Cheio de Deus, cheio do Espírito* é para você. Com o entusiasmo e a clareza que o caracterizam, Wesley Duewel compartilha verdades sobre o Espírito Santo que podem afetar poderosamente sua vida cristã.

Deus tem para você uma vida de oração mais eficaz do que você jamais imaginou ser possível. Permita que este livro seja a sua porta de entrada para maravilhosas respostas de oração. Aqui está o seu guia pessoal para uma vida de oração de poder que prevalece.

Permita que esta obra fale ao seu coração, faça que você caia de joelhos e o ajude a obter respostas de oração em situações de dificuldade e resistência. Leonard Ravenhill chama este volume de "enciclopédia". Você desejará lê-lo e citá-lo repetidas vezes. Este é um investimento para a vida.

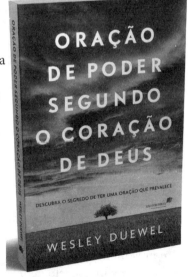

Um equilíbrio maravilhoso. Tanto um mandamento quanto um meio de prevalecer em oração. A igreja evangélica é culpada pelo pecado da falta de oração. Wesley Duewell fornece exatamente o que precisamos: uma exposição bíblica saudável da oração que prevalece e sugestões práticas de formas para prevalecer em oração.

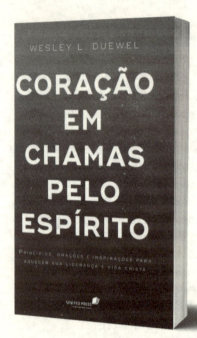

Não é preciso ser um teólogo para reconhecer que a quantidade de pessoas realmente preparadas para ministrar em nome de Cristo está longe de ser a ideal. Líderes cheios de boas intenções, mas vazios do que realmente pode fazer a diferença em seus ministérios: a graça capacitadora do Espírito Santo. Em *Coração em chamas pelo Espírito*, o autor destaca essa verdade. Com profunda sensibilidade e humildade, ele apresenta as qualidades de um ministério transformador. Sua abordagem é simples e "pé no chão" e reflete a mente de alguém que tem procurado viver aos pés de Cristo. Leitura obrigatória para todo líder cristão, seja ele pastor, líder leigo, professor da Bíblia ou de escola dominical, líder de jovens ou missionário.

Toque o mundo por meio da oração explica como cada cristão pode orar por missionários, líderes eclesiásticos e políticos nos países ao redor do mundo onde o evangelho está sendo pregado.

O autor mostra promessas bíblicas específicas que podemos reivindicar nas nossas orações intercessórias. Ele descreve como orar no poder do nome de Jesus, como frustrar a influência de Satanás, como reconhecer a obra dos anjos em resposta à oração, e muito mais.

Esse livro sugere planos passo a passo para elaborar uma lista de oração, organizar um círculo de oração e um retiro de oração para os cristãos que têm uma incumbência. "Deus tem um plano maravilhoso pelo qual você pode exercer uma influência mundial", escreve Duewel. "O plano de Deus é que cristãos comuns como você e eu nos tornemos poderosos em oração para a bênção e a salvação das pessoas e a colheita da safra de Cristo."

Sua opinião é importante para nós.
Por gentileza, envie-nos seus comentários pelo e-mail:

editorial@hagnos.com.br

Visite nosso site:

www.hagnos.com.br